Steve Thomas / Ben Searle / Dave Smith

DAS GROSSE RENNRADBUCH

Training · Technik · Taktik

Delius Klasing
EDITION MOBY DICK

Titel der englischen Originalausgabe:
The Racing Bike Book

Erschienen bei Haynes Publishing, Sparkford/UK

Die Deutsche Bibliothek – CIP-Einheitsaufnahme

Thomas, Steve: Das große Rennradbuch: Training, Technik, Taktik / Thomas/Searle/Smith. [Übers.: Ulrich Herzog. Fotogr. im Innenteil: Nick Pope ...]. – 2. Aufl. – Kiel: Moby Dick Verlag, 2000 (Delius Klasing – Edition Moby Dick)
Einheitssacht.: The racing bike book <dt.>
ISBN 3-89595-162-5
Die Überarbeitung für die vorliegende 2. Auflage wurde von Hilary Stone und Joe Beer durchgeführt.

2. Auflage
ISBN 3-89595-162-5

Übersetzung: Ulrich Herzog, Sottrum
Umschlaggestaltung:
Buchholz/Hinsch/Hensinger, Hamburg
Titelfotos: Daniel Kraus, München
Fotografie im Innenteil: Nick Pope
(soweit nicht anders angegeben)
Satz: Fotosatz Habeck, Herford
Printed in France 2000

INHALT

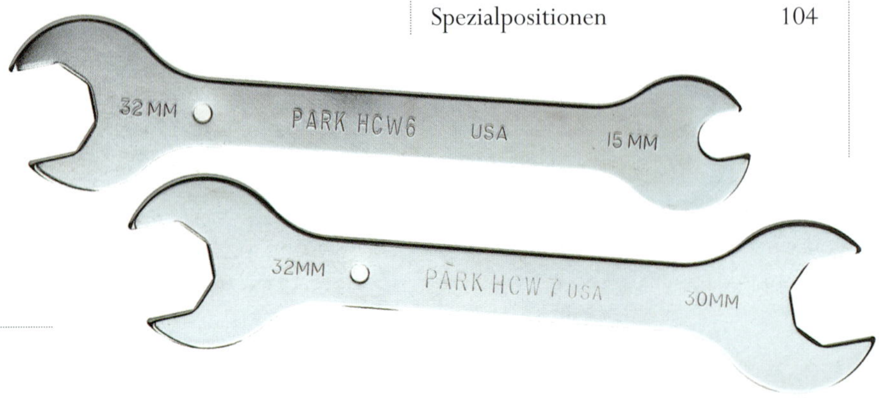

7. Kapitel

8. Kapitel

9. Kapitel

France-Loire
71
FRANCE-LOIRE

Vorwort

Für mich ist Radfahren Sport, Freizeit und überhaupt: A great way of life. Ich weiß nicht mehr, wann ich damit angefangen habe. Aber auch nach fast 20 Profi-Jahren mit vielen ehrenvollen Siegen und all den Härten, die einfach dazugehören, macht alles noch Spaß wie am ersten Tag. Am Wochenende kurbeln wir mit den Freunden vom Club los, reden miteinander, sprinten bis zum nächsten Verkehrsschild. Das ist einfach das Größte.

Meine Profi-Karriere bestand größtenteils aus Lernen. Aus Irland, einem Land ohne Radsporttradition, kam ich auf den Kontinent, um im Mekka des Rennsports als Lehrling anzufangen. Ich lernte mehr zu ertragen, härter zu trainieren und klarer zu denken. Für mich war es ohne Übertreibung eine Schule fürs Leben. Ich habe beinahe jeden Augenblick genossen. Auch die harten Zeiten hatten irgendwie ihr Gutes.

Mein Weg war die harte Tour ohne Kompromisse. Heute gibt es viele Methoden, bei denen man weniger leiden muss. Und wir wissen mehr über Training, Technik, Taktik, Ernährung und Psychologie; eine wertvolle Hilfe für ehrgeizige Fahrer. Die Erfahrungen der alten Hasen - Experten und Radfahrer wie ich - können Ihnen viel mühsames Herumprobieren ersparen.

Diese Buch lege ich Ihnen ans Herz, es führt Sie und Ihr Rad auf die Straße... Sie werden Ihre Fahrtechnik perfektionieren und eine Menge dazulernen. Sie werden mehr Spaß haben, noch schneller werden und vielleicht irgendwann das Siegertreppchen besteigen.

Wir seh'n uns unterwegs!

Sean Kelly

Sean Kelly gehört zu den Großen des Rennsports. Seine Siege:

Tour de France (Grünes Trikot des Punktbesten) 1982, 1983, 1985, 1989

Paris-Nizza 1982-1988, sieben Siege in Folge

Vuelta a España 1988, Gesamtsieger

Paris – Roubaix 1984, 1986

Lombardei-Rundfahrt 1983, 1985, 1991

Lüttich – Bastogne – Lüttich 1984, 1989

Mailand – San Remo 1986, 1992

Tour de Suisse 1983, 1990

Grand Prix des Nations 1986

Critérium Internationale 1983, 1984, 1987

Creteil – Chaville Classic 1984 (Paris–Tours)

WordPerfect
COLNAGO

Einführung

Dieses Ihnen vorliegende Rennrad-Buch ist ein Basiswerk über alle Aspekte des Radrennsports. Grundlage sind die langjährigen Erfahrungen der Autoren, ergänzt durch das wertvolle Wissen von Weltklasse-Fahrern, Trainern, Mechanikern und Ärzten. Klipp und klar geschrieben, mit so wenig Fachausdrücken wie möglich. Für jeden, der in diesen faszinierenden Sport einsteigen will, eine unschätzbare Hilfe.

Im ersten Teil erleben Sie die Welt des Rennsports: die einzelnen Disziplinen mit ihren Helden und ihrer Geschichte. Dank ausführlicher Anleitungen zur Fahrtechnik können Sie das Gelernte bald erfolgreich in die Praxis umsetzen.

Der Trainingsteil, das Kernstück unseres Buches, zeigt Ihnen, wie Sie am meisten aus sich herausholen. Mit Ernährung und Massage geht es los, und es endet bei ausgefeilten Trainingsprogrammen.

Im dritten Teil geht es ganz handfest um die Hardware, das Fahrrad. Um Fitness und Know-how in pure Geschwindigkeit umzusetzen, brauchen Sie ein perfektes Velo. In Ergänzung zu den ersten Abschnitten erhalten Sie hier Tips zum Rennrad-Kauf und erfahren, wie Sie Ihr Rad in Top-Zustand halten.

Kurz gesagt, »Das große Rennrad-Buch« hilft Ihnen in den Sattel und auf die Straße. Mit diesem Buch können Sie in Ihren ersten Rennjahren wesentlich mehr Spaß, Power und Selbstbewusstsein gewinnen. Lesen, ausprobieren, etwas draus machen - jetzt sind Sie an der Reihe!

Steve Thomas

1. KAPITEL

Radrennen – eine Welt für sich

Willkommen in der wunderbaren Welt des Straßenrennens. Dieser elegante, facettenreiche Sport bietet jedem etwas: Teamsport und individuelle Herausforderung, knallharten

Kampf und Philosophie. Sie können es athletisch oder intellektuell, draufgängerisch oder überlegt angehen - es wird Sie faszinieren. Die legendären Rennen mit ihren Heroen gehören ebenso dazu wie der einsame Kampf des Amateurs, über den niemand spricht. Ob drei Minuten oder drei Wochen, ob über Alpenpässe, auf der Holzbahn oder sogar im Gelände, auf zwei oder drei Rädern: Der Rennsport fasziniert Menschen und schweißt sie zusammen. Was Sie auch suchen, auf dem Rennrad können Sie es finden.

Die großen Rundfahrten

Auf den drei bedeutendsten Länder-Rundfahrten misst sich die Weltelite in mehrwöchigen Etappenrennen. Die extreme Dauerbelastung dieser großen Profirennen ist einzigartig in der Sportwelt. Hier ist der Fahrer mit all seinen Fähigkeiten gefordert und wird bis ans körperliche Limit getrieben. Schon die bloße Teilnahme ist eine Auszeichnung, ein Etappensieg eine Heldentat. Einmal Tour-Sieger zu sein, ist ein Traum. Nur für eine Handvoll Menschen wird er sich erfüllen.

Die Tour de France ist das schwerste Etappenrennen, ja, sogar das größte jährliche Sportereignis der Welt. »La Grande Boucle«, die große Schleife, wie die Tour genannt wird, ist die Krönung des Radsports. Seit 1903, wo alles anfing, hat sie sich zu einem atemberaubenden Dreiwochen-Drama entwickelt. Das gelbe Trikot (»maillot jaune«) des Führenden im Gesamtklassement ist die begehrteste Trophäe überhaupt.

Im heißen Juli nehmen die Fahrer täglich 160 km und mehr unter die Reifen, jagen kreuz und quer durch Frankreich, absolvieren vielleicht noch ein paar Etappen in den Nachbarländern. Ein schnelles, hartes Rennen für die »céme de la créme«. Wer hier an den Start geht, hofft, Fahrradgeschichte zu schreiben. In den Alpen und Pyrenäen spielen sich wahrhaft dramatische Kämpfe ab. Hier müssen viele aufgeben, lange bevor der Eiffelturm in Sicht kommt und das Finish auf den Pariser Champs Elysées ankündigt.

Der Giro d'Italia

Im Mai/Juni läuft die Italien-Rundfahrt, der »Giro«. Viele Tour-de-France-Piloten nutzen dieses Rennen zur Vorbereitung und um die Konkurrenz auszutesten. Obwohl der Giro international hinter der Tour de France rangiert, ist er kaum weniger anspruchsvoll. Heute entscheiden sich bereits viele Teams, nur an einem der beiden Events teilzunehmen. In seiner Heimat ist der Giro unglaublich populär. Jeder italienische Radprofi kämpft verbissen darum, bei diesem Heimspiel eine gute Figur zu machen.

Es ist ein sehr hartes Rennen, besonders in den Alpen und Dolomiten. Die Jagd nach dem »maglia rosa«, dem rosa Trikot, findet dort auf schwersten Strecken und oft unter extremen Gelände- und Wetterbedingungen statt.

Der Spanier Abraham Olano im »maglia rosa« führt das Rennen durch die Berge des Giro d'Italia.
RECHTS OBEN: *Endstation Paris: Nach drei Wochen Quälerei endet die Tour de France.*
RECHTS UNTEN: *Mit Paris-Nizza beginnt die Rennsaison, oft genug mit Schneefall auf dem Weg gen Süden.*

Die Vuelta a España

Traditionell fand Spaniens Tour früher im Mai statt. Man hat sie in den September verlegt, um nicht mit dem

Giro in Konflikt zu geraten. Die Vuelta kommt gleich hinter dem Giro, steht ihm aber an extremer Härte in nichts nach. Sie gilt als Klettertour. Ihre häufigen Bergankünfte sind wie geschaffen für die spanischen »Bergziegen«. Die Vuelta berührt große Teile der Halbinsel und überquert nur selten die Landesgrenzen.

Weitere große Rennen

Die großen Dreiwochen-Touren werden von einer ganzen Reihe kürzerer Etappenrennen umrahmt. Zu den bekanntesten gehört die »Fahrt in den Frühling« Paris-Nizza, die erste Fernfahrt der Saison. Frisch etabliert im internationalen Rennkalender hat sich inzwischen die frühsommerliche »Deutschlandrundfahrt«.

Bis in die späten 80er Jahre war die Friedensfahrt (Warschau-Berlin-Prag) das größte Rennen im Ostblock. Hier lieferten sich Weltklasse-Amateure beinharte Wettkämpfe. Seitdem viele Ost-Amateure ins Profilager gewechselt sind, hat das Rennen an Klasse eingebüßt.

Die Tour de l'Avenir gegen Ende der Saison vereint junge Top-Amateure und Profis. Viele ambitionierte Radsportler geben hier ihr Profi-Debut oder erhalten die Gelegenheit zu einem Gastspiel bei einer Profi-Mannschaft.

In Ländern wie Frankreich, Spanien und Italien veranstaltet praktisch jede Region ihr eigenes kurzes Etappenrennen. Hier holen sich Spitzenradler gerne ihr Warm-Up oder bereiten sich auf große Rennen vor. Auch in den USA, Australien, Südafrika, Malaysia und China werden erfolgreich Rennen veranstaltet.

Die Klassiker

Die sogenannten Klassiker sind Eintagesrennen. Viele werden seit der Gründerzeit des Radsports Jahr für Jahr ausgetragen und jedes ist von einem eigenen Nimbus umgeben. Die meisten Klassiker sind Weltcup-Rennen und haben in den Ohren jedes Profifahrers einen magischen Klang.

Die meisten Frühjahrs-Klassiker werden in Europas Norden ausgetragen. Andere laufen im Herbst, zum Saisonschluss, wenn die großen Rundfahrten gelaufen sind. Es sind die Rennen der Spezialisten: Nur wenige Fahrer starten gleichermaßen erfolgreich bei Eintages- und Etappenrennen. Sehen wir uns im Folgenden die berühmtesten Eintages-Events an.

Mit Mailand-San Remo geht im März der erste große Klassiker über die Bühne. Das Finale der »Primavera« verläuft auf der hügeligen, windigen Küstenstraße entlang der italienischen Riviera. Das zum Schluss immer schneller werdende Rennen gipfelt meistens in der alles entscheidenden Attacke am Poggio di San Remo, dem letzten Anstieg. Die anschließende Abfahrt führt direkt ins Ziel.

Die belgische »Flandern-Rundfahrt« führt durch das hügelige Westflandern und findet Anfang April statt. Das Rennen ist berüchtigt wegen seiner unzähligen »murs«, kurze und gemeine Hügel, für kopfsteingepflasterte Straßen und endlose, rauhe Feldwege. Dies ist ohne Frage einer der härtesten Klassiker.

GANZ OBEN: *Die Lombardei-Rundfahrt*
OBEN: *Ein Fahrer kämpft sich bei der Flandernrundfahrt eine holperige »mur« empor.*

Ein Sieg auf diesem Pflaster ist sehr prestigeträchtig, immerhin ist Flandern eines der Stammländer des Straßenrennsports.

»Paris-Roubaix« ist wohl das anstrengendste Eintagesrennen der Welt. Start ist in Compiegne, nördlich von Paris. Nach über 240 Kilometern endet die »Hölle des Nordens« im Velodrom von Roubaix. Die große Herausforderung liegt buchstäblich auf der Straße: Die Strecke ist zwar flach, führt aber über rund 25 kurze Kopfsteinpassagen, schlimmer als ein Sturzacker. Sie unterwerfen Mensch und Maschine einer extremen Belastung. Die Wirkung dieser

Flach, offen, Kopfsteinpflaster: Paris-Roubaix ist die »Königin der Klassiker«, für die meisten Fahrer die Hölle.
LINKS: *Mailand-San Remo schlängelt sich über weite Strecken an der windumtosten Mittelmeerküste entlang.*

»pavès«, verschärft durch eisige Aprilschauer, prägt den Charakter von Paris-Roubaix, dem faszinierendsten und am meisten gefürchteten Klassiker von allen.

»Lüttich-Bastogne-Lüttich« im April ist der älteste aller Klassiker und zudem einer der hügeligsten. Schauplatz sind die belgischen Ardennen, bekannt für ihre vielen steilen Anstiege.

Das »Amstel Gold Race« ist ein Newcomer, gerade mal 20 Jahre alt. Doch als einziges größeres Rennen in Holland, einer Nation von passionierten Radlern, hat es sich schnell zu einem Klassiker gemausert. Der Termin Ende April lockt regelmäßig Spitzenfahrer an, die noch auf den letzten Drücker einen Sieg in einem Frühjahrsklassiker einfahren wollen.

Die »Lombardei-Rundfahrt« in Norditalien wird das »Rennen der fallenden Blätter« genannt, es wird im Oktober ausgetragen. Immer ein Schauplatz packender Duelle - sei es, um entscheidende Weltcup-Punkte herauszufahren, sei es, um sich vielleicht einen Kontrakt für die nächste Saison zu sichern.

Helden von heute

Sie haben ihren Namen in das Ruhmesbuch geschrieben: Spitzenradsportler, deren Charakter und Stil, Kampfgeist und Siege sie groß gemacht haben. Ein ganzes Buch könnten wir den berühmten Sportlern widmen und würden doch viele Helden der Landstraße dabei unerwähnt lassen. Rücken wir stattdessen einige der Größten der letzten 25 Jahre ins Rampenlicht.

Der Belgier Eddy Merckx ist der Erste unter den Matadoren der modernen Radsport-Historie. »Der Kannibale«, so sein Spitzname, gilt als der größte Rennradfahrer aller Zeiten, und dabei wird es wohl bleiben. Während seiner Glanzzeit in den siebziger Jahren dominierte er das Renngeschehen auf unnachahmliche Weise. Der jüngste Weltmeister der Amateure ging fünfmal bei der Tour de France als Sieger über die Ziellinie und gewann so ziemlich alles, was es zu gewinnen gab. Er erreichte mehr als jeder zuvor.

Eddy Merckx. RECHTS: *Bernard Hinault.* OBEN: *Greg LeMond.*

Der Franzose Bernard Hinault setzte die Siegesserie von Eddy Merckx fort. Auch er gewann fünfmal die Tour de France, die meisten anderen großen Rennen, Weltmeisterschaften und eine ganze Serie von Klassikern in den frühen achtziger Jahren. Eine herausragende Erscheinung.

Der großgewachsene Miguel Indurain ist das vorerst letzte Mitglied im Club der Fünffach-Sieger der Tour de France. Er kontrollierte das Rennen mit Siegen bei den Zeitfahrten und durch Beständigkeit im Gebirge, fuhr berechnend und riskierte nichts. Ein Stil, der nicht besonders glanzvoll wirkte, aber sehr erfolgreich war.

Es gab nur wenige Eintagesrennen, bei denen der großartige Ire Sean Kelly nicht den Sieg davontrug. In den 80ern beherrschte er die Klassiker durch seinen unglaublichen Siegeswillen.

Stephen Roche, ebenfalls aus Irland, war einer von zweien, denen jemals der Dreifach-Triumph gelang: Sieg in Tour, Giro und Weltmeisterschaft in einem Jahr (1987) - der andere war Eddy Merckx.

Dreimal Gewinner der Tour, zweifacher Weltmeister - die unverwechselbare Handschrift des Amerikaners Greg LeMond. Als erster Nicht-Europäer lehrte er die europäische Profiszene das Fürchten.

Als eines der ganz großen Talente der letzten Jahre erkämpfte sich Jan Ullrich 1997 den Tour-Sieg auf den Etappen durch die Pyrenäen und 1999 den Sieg bei der Vuelta. Seine zahlreichen Fans beeindruckt er durch seinen Kampfgeist, sein natürliches und uneitles Auftreten und seinen Einsatz für den Radsport in Deutschland. Als ganz besonders beeindruckendes Comeback muss der Gewinn der Tour 1999 durch den Amerikaner Lance Armstrong angesehen werden, der die Zeitfahren dominierte und seinen Vorsprung im Gebirge verteidigte – dies alles, nachdem wenige Jahre zuvor eine Krebserkrankung seine Karriere zu beenden schien.

LINKS OBEN: *Jan Ullrich*
GANZ LINKS: *Miguel Indurain*
LINKS: *Lance Armstrong*
OBEN: *Jeannie Longo*

Die Französin Jeannie Longo ist die Championesse des Frauen-Radsports. Während ihrer Karriere trug sie mehr Siege nach Hause als jede andere Athletin, so Olympisches Gold, zahlreiche Weltmeistertitel und den Sieg bei der Tour Feminin, der Frauen-Tour de France.

Cross und Triathlon

Leicht abseits vom Mainstream des Radsports bilden Querfeldein und Triathlon eine eigene Szene. Ursprünglich als Ergänzung zum Straßen- und Bahnrennen entstanden, haben sie längst eine eigene Kultur mit eigenen Traditionen entwickelt.

Den Cross-Sport, das Querfeldeinrennen auf speziellen Rennrädern, gibt es schon seit bald hundert Jahren. Erfunden haben ihn leistungshungrige Straßen- und Bahnfahrer, um sich während der Winterpause fit zu halten und »Biss« zu bewahren.Die Crosser der ersten Generationen fuhren Räder mit fünf Gängen oder ganz ohne Schaltung und suchten gerne den Wettbewerb mit Läufern.

Cross - ein schneller, zermürbender und reichlich schlammiger Wintersport

In den fünfziger Jahren wurde der Sport immer populärer, Weltmeisterschaften wurden ausgerichtet. Die Entwicklung spezieller Bikes und Komponenten waren die logische Folge und auch die Fahrer spezialisierten sich immer mehr.

Seitdem hat der Sport immer neue Höhepunkte erreicht, mit World Cup und einem vollen internationalen Rennkalender. Die Hochburgen des Cross-Sports sind Belgien und die Schweiz. Die Geländesaison dauert von September bis Februar.

Triathlon

Genaugenommen sind es keine Radrennen, aber immerhin wird eine Teildisziplin des Triathlons auf dem Rad bestritten. Damit ist eine deutliche

Verbindung zum Radrennsport gegeben, speziell zum Zeitfahren. Mehr als ein Rad-Profi ist über den Triathlon zur Straße gekommen, so der amerikanische Berufsfahrer Lance Armstrong. Triathlon entstand Mitte der Siebziger in den USA, hat sich explosionsartig verbreitet und wird im Jahr 2000 olympische Disziplin sein.

Der klassische Triathlon startet mit dem Schwimmwettkampf, geht ins Radrennen über und gipfelt im Lauf-Finish. Die Strecken können dabei erheblich differieren: Sprint-Events fangen mit 400 m Schwimmen an (oft in der Halle), werden von 20 km im Fahrradsattel gefolgt und enden mit

einem 5-km-Lauf. Am oberen Ende der Skala lauert der mörderische Ironman, in Hawaii aus der Taufe gehoben: Nach 4.800 m Schwimmen in den Wellen des Pazifik müssen 180 Bike-Kilometer bewältigt werden. Mit einem Marathonlauf über volle 42,2 km endet der spektakuläre Kampf.

Daneben werden auch Duathlons Bike-Run-Bike-Rennen ausgefochten, gute Gelegenheiten, um vom Radrennen auf Triathlon umzusatteln. Die Distanzen fallen dabei sehr unterschiedlich aus. Der »Powerman« in der Schweiz ist das Höchste der Gefühle mit 13 km Lauf, 150 km hinterm Bike-Lenker und abschließendem Lauf über 30 km. Das ist, wie gesagt, ein Event der Top-Kategorie. Woanders müssen Sie vielleicht nur 3 km laufen, 20 km kurbeln und dann nochmal 6 km laufen.

Triathlons und Duathlons setzen viel Fitness voraus, trotzdem nehmen Wettkämpfer unterschiedlichster Leistungsklassen teil. Als Rennradfahrer sind Sie ohnehin in Form und haben schon für ein Drittel der Disziplin gute Karten.

CROSS, DER SPASS IM GELÄNDE

Querfeldeinrennen haben ein freundliches, lockeres Ambiente. Der normale Wettkampf dauert eine Stunde und geht über einen Rundkurs zwischen einem und drei Kilometern. Die Bandbreite der Parcours ist enorm: von schnellen Graspisten, wo die Füße die ganze Zeit auf den Pedalen bleiben, bis zu Schlammwüsten, bei denen viel gelaufen werden muss.

OBEN: *Ironman, Hawaii: Keiner ist härter.*
LINKS: *Die Wettkämpfer im hastigen Wechsel zwischen Bikes, Laufschuhen und Wetsuits.*

Radsport extrem

Im Sattel eines Velos lässt sich einiges mehr veranstalten als die uns allen bekannten Sportarten. Es gibt jede Menge extremer, kultiger Radrennen; zum Teil ziemlich verrückt, aber immer interessant. Und alle zusammen ergeben die bunte Palette eine großen Sports.

Mit der majestätischen Aura eines mittelalterlichen Turniers geht es beim Grasbahnrennen zu - ein Geschehen wie aus einer anderen Zeit. Hier jagen die Pedalritter auf Bikes mit wenigen Gängen und Stollenreifen um Ruhm und Ehre. Das Ganze hat durchaus Ähnlichkeit mit einem richtigen Bahnrennen, nur dass es hier über rauhen, holperigen Boden geht.

Das Rennen ist schnell, hart und spannend, und funktioniert in der Regel nach dem Handikap-System. Die meisten Events laufen bei Feten oder Festivals. In Schottland, wo alles anfing, sind diese Rennen wichtiger Programmpunkt vieler Highland Games. Dort toben sich inoffizielle Grasbahnprofis aus, und es wird hoch und leidenschaftlich gewettet.

Geschwindigkeitsrekorde

Die aktuelle Höchstgeschwindigkeit (1995) für Fahrräder zu Lande liegt bei 268 km/h, Titelhalter ist der Holländer Fred Rompelberg, nebenbei der älteste Radprofi.

Speed-Rekordversuche sind kostspielige Unternehmungen. Der Fahrer wird angeschleppt, dann macht ein Rennwagen mit Spezialverkleidung den Schrittmacher. Salzseen und ähnliche Flächen sind Schauplätze solcher Aktionen.

Die gefahrenen Übersetzungen sind monströs und lassen sich nur mit Hilfe komplexer Umlenkungen fahren. Die Fahrradrahmen sind überdurchschnittlich lang und verstärkt, um den hohen Belastungen standzuhalten.

Weltrekordhalter zu sein, ist eine tolle Sache, doch der Preis ist hoch. Rompelberg hat seinen Titel als Speedkönig über die Jahre mit unzähligen Knochenbrüchen bezahlen müssen.

Bergrennen

Am Ende der Rennsaison finden in einigen Gebirgsregionen, vor allem in Spanien und Kolumbien, Bergrennen im Massenstart statt. Hier geht es einfach nur bergauf, und das manchmal über eine Stunde lang.

In England klingt die Saison mit einer Serie individueller Hill Climbs aus. Die Rennen führen im Stil eines Zeitfahrens einige der steilsten, giftigsten Anstiege empor. Diese Spurts dauern nur wenige Minuten, was ihre Intensität noch unterstreicht.

Meistens fahren vier gleichzeitig mit dem Ziel, als erster den Zeiger einmal um die Uhr zu bekommen. Dieses »Zeitfahren« heizt die Stimmung mächtig an: Ein spannendes Rennen, ohne dass Fahrer und Zuschauer sich vom Platz bewegen müssen.

Tandems und Trikes

Der Rennspaß macht auch vor Tandems nicht halt. Doppelsitzer kommen beim Zeitfahren und Bahnrennen zum Einsatz, ab und zu werden sogar spezielle Tandem-Straßenrennen veranstaltet.

Die vor allem in England populären Trike-Rennen bieten ein tolles Bild. In der Regel sind es Zeitfahren, aber auf der Grasbahn oder bei Massenstarts geht es erst richtig zur Sache. In waghalsiger Schräglage schleudern die Fahrer auf zwei Rädern durch die Kurven.

Staffelrennen

Nur noch selten hat man Gelegenheit, ein Staffelrennen zu beobachten. Das berühmteste ist das »Little 500« in Minneapolis, USA. Einheimische College-Teams fahren 500 Runden im Leichtathletik-Stadion. Jede Mannschaft fährt eine Zeitfahrmaschine.

LINKS: *Der holländische Veteran Fred Rompelberg und seine Speed-Maschine auf dem Salzsee.*
OBEN: *Er gibt sein Letztes: ein englischer Fahrer auf einem kurzen Drei-Minuten-Uphill.*
RECHTS: *Tandemrennen sind rasante Spektakel. Heute sieht man die Doppel-Velos fast nur noch auf der Bahn.*

Rollenrennen

Dieser etwas ins Abseits geratene Hallensport ist besonders auf Festivals ein Riesenhit. Die Fahrer kurbeln auf einem Hometrainer. Eine große Uhr zeigt die aktuelle Kilometerleistung.

WordPerfect
WordPerfect
SOFTWARE
COLNAGO

2. KAPITEL

Straßenrennen

Straßenrennen haben viele Facetten. Manche werden Ihren Vorlieben, Ihrem Ehrgeiz und Ihren körperlichen Fähigkeiten besser entsprechen als andere. Dieses Kapitel enthält Entscheidungshilfen, um die für Sie idealen Disziplinen herauszufinden. Egal, bei welchem Wettkampf Sie schließlich in den Sattel steigen, überall sind körperliche Fitness, Fahrtechnik und taktische Raffinesse gefragt. Fähigkeiten, die man normalerweise in langen, teilweise sehr harten Lehrjahren erwirbt. Damit kommen wir zu unserem zweiten Anliegen: Ihnen diesen Weg zu erleichtern. Am Ende des Kapitels werden Sie die wichtigsten Techniken kennen, um Rennen erfolgreich zu bestehen.

Die Straßen-Disziplinen

Der Begriff Straßenrennen umfaßt eine breite Palette von Disziplinen. Einige erfordern ganz spezifische Fähigkeiten, manche spielen nur in bestimmten Ländern eine Rolle.

Ein Straßenrennen dauert gewöhnlich einen Tag und beginnt mit einem Massenstart. Klassiker wie Paris-Roubaix gehen in der Regel von einem Ort zum anderen, aber bei den weitaus meisten Straßenrennen handelt es sich um einen Rundkurs, der mehrfach absolviert wird. Je nach Kategorie betragen die Strecken 50-240 Kilometer.

Diese Events bilden in den meisten Ländern das Rückgrat des Rennsports. Je nach Strecke, Schwierigkeitsgrad und Gelände ist für jeden etwas dabei.

Etappenfahrten

So bezeichnet man Rennen über mehrere Tage. Ob es die dreiwöchige Tour de France ist oder eine regionale Wochenend-Rundfahrt, immer ist es eine Herausforderung an die Allround-Fähigkeiten des Fahrers. Oft gibt es ein Zeitfahren, daneben bergige und flache Etappen. Schon mit einem Etappensieg ist viel Ehre verbunden, Ziel ist natürlich die niedrigste Gesamtzeit und damit der Gesamtsieg.

Internationale Etappenfahrten sind überwiegend ganz den Profis der Sportgruppen I und II vorbehalten; lokale Wettkämpfe werden meist nur von Elitefahrern bestritten.

Kriterien

Diese kurzen, schnellen Rennen dauern etwa eine bis zwei Stunden. Der kurze Rundkurs von vielleicht zwei Kilometern wird gerne in ein Stadtzentrum gelegt. Viele europäische Städte halten ihr Kriterium im Rahmen eines Festivals ab. Ein guter Anlaß für die Lokalmatadoren, sich ihren Fans zu präsentieren.

Diese Rennen garantieren rasante Action, und Extraprämien für jede oder jede zweite Runde bringen die Spannung auf den Siedepunkt. Viele Kriterien werden durch Punktwertung entschieden. Die meisten Zähler bekommt, wer bei vorher festgelegten Runden als erster über den Zielstrich fährt.

Die in Frankreich sehr beliebten »Nocturnes« finden bei Dunkelheit auf festlich beleuchteter Straße statt - Atmosphäre pur!

OBEN: *Grünes, gelbes und gepunktetes Trikot zieren die Top-Fahrer der Tour de France (nach Punkt-, Gesamt- und Bergwertung). Von links: Djamodiline Abdushaparov, Miguel Indurain und Richard Virenque.*
LINKS OBEN: *Die klassischen Eintagesrennen von Stadt zu Stadt sind Großereignisse der Profi-Szene.*
LINKS: *High-Speed in der City - Markenzeichen der Kriterien. Besonders in Nordeuropa ziehen sie gewaltige Zuschauermengen an.*
RECHTS: *Ein typisches Amateurrennen, bei dem ein Rundkurs mehrfach absolviert werden muß.*

Kermes

Ein Kermes-Rennen liegt zwischen Straßenrennen und Kriterium. In Belgien und Holland werden die meisten Rennen als Kermes gefahren; sie sind berüchtigt wegen ihrer Härte. Die etwa 80 bis 120 Kilometer lange Distanz wird auf einem relativ flachen Schleifenkurs (5-10 Kilometer) zurückgelegt. Den Rundensiegern winken Prämien, und viele »hungrige« Nachwuchsstars halten sich mit diesen Preisgeldern über Wasser. So wird immer mit hohem Tempo gefahren.

Handikap- oder Australische Verfolgungsrennen

Ausgetragen auf der Straße oder im Rundkurs beträgt die Distanz hier 50 bis 80 Kilometer. Die Fahrergruppen starten je nach Handikap mit unterschiedlichen Zeitvorgaben. Alter, Geschlecht, Kategorie oder Leistung geben den Ausschlag. So könnte ein männliches Seniorenteam zwei Minuten nach dem Frauenteam und

fünf Minuten vor der Spitzengruppe antreten. Im Idealfall liefert sich das ganze Starterfeld ein gemeinsames Finish, aber das hängt nicht zuletzt vom Zusammenspiel in den Gruppen ab. Diese Rennen erfordern konstante hohe Leistung und werden deshalb viel als Trainingsrennen in der Frühsaison genutzt.

Radrennen ohne Lizenz

Für die zahllosen, begeisterten Rennrad-Freunde, die nach Alternativen zu den harten Rennen der Lizenzinhaber suchen, gibt es reizvolle andere Möglichkeiten, die eigenen Grenzen zu erfahren und zu erweitern. Randonnée-Veranstaltungen bieten auch den besten Fahrern noch ausgezeichnete Trainingsmöglichkeiten und dem Neuling einen idealen Einstieg in Atmosphäre und Abläufe von Radrennen. Hier lassen sich prima Erfahrungen sammeln, ohne dass es gleich der neuesten Ausrüstung oder gar einer Lizenz bedarf.

Paris–Roubaix ist auch als Cyclo-Rennen eine anstrengende Angelegenheit.

Randonées, auch Cyclo- oder Audax-Rennen genannt, und die vielen Radtourenfahrten und Radmarathons sind dadurch gekennzeichnet, dass es hierbei weniger um den direkten Sieg als schnellster Teilnehmer geht (obwohl auch das eine Rolle spielen kann), als um die Teilnahme und erfolgreiche Absolvierung des Kurses innerhalb einer vorgegebenen Gesamtzeit. Nicht immer ist eine gemeinsame Startzeit vorgeschrieben, das Erreichen der einzelnen Etappenziele wird dann jeweils auf dem von jedem Teilnehmer mitgeführten Startausweis vermerkt und quittiert. Sind alle Etappen in der richtigen Reihenfolge und innerhalb der vorgegebenen Zeiten angefahren worden, erhält der Teilnehmer ein Zertifikat.

Manche dieser Veranstaltungen ziehen viele Hunderte von Teilnehmern an, Spitzenamateure sind ebenso vertreten wie sportlich orientierte Freizeitfahrer aller Altersgruppen. So kann jeder Teilnehmer eine Gruppe mit zu ihm passender Leistungsfähigkeit finden und sich in die Technik des Gruppenfahrens einarbeiten. Aber auch einsame Wölfinnen und Wölfe sind hier zu finden, vor allem auf den Langstrecken, die sich gerne dem wortlosen Ringen mit sich selbst hingeben.

Die meisten Klassiker haben eine Randonée-Version, man kann so Paris-Roubaix oder die Flandernrundfahrt am eigenen Leib erfahren. Wer Zeit genug hat, kann sich sogar an der Tour de France versuchen.

Viele der Audax-Veranstaltungen dienen dem Training und der Qualifikation für das legendäre Langstreckenrennen Paris-Brest-Paris über 1200 km, das alle vier Jahre veranstaltet wird.

Permanente Radmarathons

Einige solcher Marathon-Strecken sind ständig ausgeschrieben, und jeder kann sie auf eigene Faust unter die Reifen nehmen. Bedingung ist die Anmeldung beim ausrichtenden Verein, die mit der Zusendung einer Kontrollkarte bestätigt wird. Etappenziele sind etwa Tankstellen oder ähnliche, ständig erreichbare Einrichtungen. Wenn die vollständig abgestempelte Kontrollkarte als Beleg für das erfolgreiche Absolvieren des Kurses an den Verein gesandt wird, kommen Zertifikat oder Medaille auf dem Postweg zurück.

Eine der berühmtesten dieser Strecken führt über die Pyrenäen von Hendaye am Altantik bis Cerbère am Mittelmeer. Unterwegs sind die wichtigsten Gipfel der Tour de France zu erobern. Ziel ist es, die 710 km in weniger als hundert Stunden zu durchfahren.

HINWEISE FÜR RADMARATHONS

1. **Informieren Sie sich genau über den Routenverlauf und führen Sie stets eine Straßenkarte mit sich, am besten für das schnelle Lesen unterwegs vorbereitet (z.B. durch markierte Kopien einzelner Etappen, die in die Lenkertasche passen).**
2. **Führen Sie Reservekleidung, Werkzeug und etwas Verpflegung mit sich - Sie sind unter Umständen auf sich allein gestellt.**
3. **Denken Sie an die Beleuchtung, wenn auch nur die geringste Chance besteht, dass Sie nach Einbruch der Dunkelheit noch unterwegs sein könnten.**
4. **Wenn gemeinsam gestartet wird, suchen Sie sich eine Gruppe, die Ihrem Leistungsniveau entspricht. Die Strecken sind lang, und wer sich am Anfang überfordert, muss oft genug unterwegs abbrechen.**

OBEN: *Das »Raid Pyrénéen« zieht Fahrer aus aller Welt an, die sich über das Rückgrat dieses Gebirges kämpfen wollen. Jeder erhält seine eigene Nummer zur Befestigung am Rahmen.*
LINKS UND UNTEN: *Radmarathons führen durch alle Arten von Gelände. Man kann sie in Gruppen oder auch alleine fahren - ganz nach Geschmack und Tagesform.*

Fahrtechnik im Feld

Können, gute Nerven und einige Kenntnisse sind die Voraussetzung, um ein großes Rennen in der Gruppe mitzufahren. Haben Sie sich die nötige Technik einmal angeeignet, werden Sie erheblich leichter und erfolgreicher fahren.

Das A und O der Gruppentechnik ist das Windschattenfahren. Im Schutz eines oder mehrerer Fahrer sparen Sie enorm viel Kraft. Im Rennen geht es vor allem darum, die Reserven bis zum entscheidenden Zeitpunkt aufzusparen, sicher zu fahren und Anschluss zu halten. Die erste Regel: Vermeiden Sie das Ende des Pelotons. Hier fährt man härter, und das Unfallrisiko ist am größten. Hüten Sie sich genauso vor der kräftezehrenden Spitzenposition. Die hier verbrauchte Energie wird Ihnen später fehlen, wenn Sie sie am nötigsten haben. Ideal fahren Sie im ersten Viertel des Feldes - mit geringem Sturzrisiko, windgeschützt, aber angriffsbereit!

In der Ebene ist der Wind Ihr Hauptgegner. Beobachten Sie genau: Nach jeder Kurve, hinter jeder Straßenbiegung trifft Sie der Wind aus einer anderen Richtung. Ändern Sie konsequent die Fahrposition. Versuchen Sie, immer in Deckung zu bleiben, am besten irgendwo in der Mitte. Bei Seitenwind formiert sich die Spitze des Feldes sofort zu Staffeln (siehe Abb.) Wenn Sie dort keinen Platz erwischt haben, finden Sie sich schutzlos auf der Windkante. Hier ist die Arbeit doppelt anstrengend, und Sie können abgehängt werden. Unser Tip: Auf windigen Streckenabschnitten gleich nach vorne vorkämpfen. Auch wenn das ein kurzes, anstrengendes Solo durch den Wind bedeutet - es zahlt sich aus.

Bergauf

Ob Sie ein guter Kletterer sind oder nicht, halten Sie sich beim Beginn des Anstieges dicht bei der Führungsgruppe. So verlieren Sie nicht den

Die Staffel gegen den Wind: Die Linie fächert sich quer über die Straße aus. Nur der erste Fahrer ist dem Wind ausgesetzt. Nach einer Weile lässt er sich ans Ende der Staffel zurückfallen. Wer bei einer Staffel abreißen lässt, muss allein gegen den Wind kämpfen.

OBEN: Bei Regen sind schnelle Reaktion und vorausschauende Fahrweise gefragt. UNTEN: Spannung liegt in der Luft - wer geht als Erster ins Finish?

Anschluss, wenn vorne richtig Druck gemacht wird: Lassen Ihre Kräfte nach, fallen Sie innerhalb des Feldes langsam zurück, anstatt gleich abgehängt zu werden. Bei kurzen Anstiegen sollten Sie unter allen Umständen im Peloton bleiben. Auf langen Steigungen versuchen Sie am besten, Ihr eigenes Tempo zu finden und Kraft zu sparen. Aber achten Sie darauf, nicht plötzlich allein auf weiter Flur zu sein. Es ist nicht leicht, wieder Anschluss zur Gruppe zu bekommen (s.S.30-31).

Bergab und in Kurven

Während einer Abfahrt und auch bei kurzen, schnellen Rundstrecken sind Sie vorn im Feld am besten aufgehoben. Der Weg nach vorn kann zwar mühsam sein, aber hier fahren Sie anschließend viel leichter als am Ende. Sie bleiben im Geschehen und fahren sicherer (s.S.32-35).

DER RENN-KNIGGE

1. **Entspannt und aufmerksam fahren, nicht hart bremsen.**
2. **Geben Sie den Mitstreitern Raum. Sehen Sie sich um, bevor Sie die Position verändern.**
3. **Niemals in Kurven den Weg abschneiden.**
4. **Kämpfen Sie um Ihren Platz, wenn Druck gemacht wird. Ein Zeichen von Schwäche, und Sie sind abgehängt.**
5. **Man darf jederzeit attackieren, nur an Verpflegungs- oder Unfallstellen ist es verpönt.**
6. **Beim Sprint in einem großen Feld fahren Sie am sichersten gleich hinter den Fahrern, die um den Sieg kämpfen.**

Taktik

Beim Radrennen siegt nicht immer der Gute, aber oft der Clevere. Ein großes Herz und starke Beine muß jeder Athlet haben, doch ohne taktisches Geschick kommt er damit nicht weit. Auf der Straße siegt der Kopf oft über die Muskeln. Lesen Sie, mit welcher Taktik Sie das Rennen machen.

GANZ OBEN: *Bleiben oder ausreißen? Ein Fahrer der Spitzengruppe prüft die Lage.*
OBEN: *Er fährt mit vollem Einsatz eine Soloattacke, obwohl die breite, offene Straße dafür ungünstig ist.*

Der Erfolg im Straßenrennen steht und fällt mit der Attacke. Wann, wo und wie wird sie gefahren? Überlegen Sie vorher, was Sie bezwecken: Ein Vorstoß »just for fun« wäre reine Energieverschwendung. Man reißt entweder aus, um allein an die Spitze zu gehen oder um andere Fahrer zum Mithalten zu zwingen und damit eventuell einige Hinterradfahrer am Ende des Feldes abzuschütteln. Haben Sie einen Entschluß gefasst, geht es nur noch um den richtigen Ort und Zeitpunkt.

Beobachten Sie das Renngeschehen und checken Sie Ihre Kondition. Sie müssen sicher sein, den Angriff erfolgreich durchzuführen. Auf breiter, offen einzusehender Straße, 50 Kilometer vor dem Ziel und mit starken Konkurrenten im Gefolge, haben Sie keine Chance.

Gegenwind und flache, gerade Strecken sprechen gegen einen Ausreißversuch. Kurvenreiche enge Straßen, Gefälle, Schlechtwetter, Innenstädte und Rückenwind sind dagegen ideal.

Ihr Ausreißversuch muss überraschend kommen. Passen Sie einen Moment ab, wo die Gegner vermutlich nicht sofort reagieren. Der Scheitelpunkt eines Berges oder die Einfahrt in eine Kurve sind klassische Gelegenheiten, einen Angriff einzuleiten. Wenn Sie in der Schlussphase eines Rennens merken, dass Sie den Sprint nicht gewinnen können, reißen Sie bei den letzten 500-800 Metern aus. Die Aufholjagd wird mit größter Wahrscheinlichkeit zögerlich sein.

Lassen Sie sich nicht anmerken, was Sie im Schilde führen. Manövrieren Sie sich unauffällig in eine Position, wo die führenden Fahrer Sie nicht sofort sehen können. Schalten Sie in den richtigen Gang und attackieren Sie mit Höchstleistung auf der Gegenseite der Fahrbahn. Mindestens zehn Sekunden lang sollten Sie sich nicht umsehen.

Beobachten

Behalten Sie jeden vielversprechenden Ausreißversuch im Auge. Ein Fahrer mit angespanntem Gesichtsausdruck, der die Schuhe fester zieht und den Gang wechselt, ist verdächtig.

Wenn Sie bergauf einen Verfolger im Nacken haben und plötzlich das angriffslustige Klicken seiner Schaltung hören, kann ihn ein kleiner Seitenschlenker fürs erste ablenken. Auf jeden Fall sollten Sie sich am Berg nicht die geringste Schwäche anmerken lassen.

Befinden Sie sich kurz vorm Finish in einer kleinen Spitzengruppe, muß vorausgedacht werden. Hängen Sie sich an einen Fahrer, der ein möglichst gleichmäßiges Tempo fährt und sehen Sie zu, dass Sie nicht den schnellsten Fahrer am Hinterrad haben und ihm einen perfekten Endspurt vorbereiten. Eine schmerzliche Grimasse kann Ihnen vielleicht dabei helfe, ein paar Führungswechsel an der Spitze auszulassen und sich so klammheimlich in die beste Position zu schieben.

Auf der anderen Seite lässt sich mancher Verfolger, der aus Ihrem Windschatten herausspurten will, durch ein Pokerface und etwas mehr Tempo einschüchtern.

TAKTIK-TIPS

1. **Lassen Sie sich nie in die Karten sehen. Offenheit ist nur geboten, wenn Sie Müdigkeit vortäuschen wollen, um sich um die Führungsarbeit zu drücken.**
2. **Selbstvertrauen und Aggressivität wirken einschüchternd. Eine gewisse Rücksichtslosigkeit hilft Ihnen auf dem Weg nach oben.**
3. **Analysieren Sie Ihre Gegner. Wer sind die stärksten Sprinter und Kletterer? Wer vergeudet Kraft? Nutzen Sie Ihre Beobachtungen.**
4. **Ziehen Sie Teamgeist und Freundschaften ins Kalkül. Einige Fahrer vermeiden Duelle mit Freunden, andere kämpfen sogar gegen Teamkollegen. Suchen Sie sich Ihren Partner für den Ausreißversuch sorgfältig aus.**
5. **Überlegen Sie zweimal, bevor Sie Ihren Kollegen davonfahren. Bergauf könnten Sie Vorsprung gewinnen, aber in der Ebene müssen Sie vielleicht auf wertvolle Hilfe verzichten. Die Situation ist nicht immer eindeutig...**

Der Vordermann rackert sich ab, der Verfolger im Windschatten wartet gelassen auf seine Chance.

LINKS: *Sie verfolgen das gleiche Ziel und helfen sich gegenseitig, um die Spitzengruppe einzuholen.*

Bergauffahren

Steigungen bringen Härte ins Spiel. An Bergen werden Rennen gewonnen und verloren. Sind Sie ehrgeizig, wollen Sie weiterkommen? Dann fangen Sie beim Klettern an.

Lange Anstiege, wie man sie von den großen Touren kennt, erfordern eine gleichmäßige Ausdauerleistung.

Berge lassen sich in zwei Kategorien einteilen: kurze, steile Powersteigungen und lange Ausdauersteigungen, oft in großen Höhen. Früher meinte man, typische Bergspezialisten seien klein und drahtig. Große, athlethische Fahrer wie Indurain und Merckx haben jedoch bewiesen, dass fast jeder ein guter Kletterer sein kann. Es ist nicht schwer, seine Bergfähigkeiten zu steigern. Fitness ist der wichtigste Faktor, wenn auch nicht der einzige.

Mit Power bergauf

Powersteigungen sind meistens zu kurz, um Ihr Durchhaltevermögen zu testen. Hier kommt es auf explosive Kraftentfaltung an. Der Angriff auf den Berg erfolgt am besten im relativ hohen Gang und im Wiegetritt. Bei dieser Technik kommt die Kraft vorwiegend aus dem unteren Rücken und den Oberschenkeln; gleichzeitig üben Oberkörper und Arme Zug am Lenker aus. Reißen Sie jedoch nicht zu stark am Bügel und werfen Sie das Rad nicht zu heftig hin und her, das bedeutet Kraftverlust. Wichtig ist ferner der volle Einsatz der Beinmuskeln sowie das Drücken und Ziehen der Pedale in einer kraftvoll fließenden Bewegung.

Während eines Rennens sollten Sie bei Beginn der Steigung vorn im Feld fahren und diese Position um jeden Preis halten. Vergessen Sie nicht, dass ein Ausbruch häufig auf der Bergkuppe erfolgt. Legen Sie rechtzeitig einen Gang ein, mit dem Sie mithalten können.

Mit Ausdauer nach oben

Lange Steigungen wie in den Alpen verlangen mehr Ausdauer und Fitness. Hier zählen gleichmäßiger Rhythmus

WIEGETRITT ❶ Die meiste Energie leisten der untere Rücken und die Oberschenkel. ❷ Der angespannte Oberkörper verbindet diese Kraft mit dem Lenker und bildet ein Widerlager für die Beine, die in perfektem Gleichmaß treten und ziehen. ❸ Der Schwerpunkt des Fahrers liegt tief und weit hinten über dem Sattel, um Traktion aufs Hinterrad zu bringen, damit es nicht durchrutscht.

FAHRTECHNIK BERGAUF

1. **Denken Sie positiv, haben Sie keine Angst und versuchen Sie, immer cool zu bleiben.**
2. **Sparen Sie Gewicht, wo es geht: leichte Reifen, leere Trinkflasche - jedes Gramm zählt.**
3. **Schalten Sie vorausschauend, nicht erst, wenn Sie Tempo verlieren.**
4. **Achten Sie bei Nässe besonders darauf, im Wiegetritt das Gewicht über dem Hinterrad zu halten.**
5. **Seien Sie bei langen Anstiegen auf Kälte und Nässe an der Passhöhe gefaßt, halten Sie Jacke und Mütze bereit.**

Voller Schub im Wiegetritt lässt sich nur über kürzere Zeit durchhalten. Im Bilde der Belgier Johan Museeuw.

und kontinuierlicher Leistungs-Output. Fahren Sie solche Kletterpartien in einer Geschwindigkeit, die Sie die ganze Zeit bequem durchhalten können. Ihr ideales Tempo finden Sie nur durch Fahrpraxis heraus. Auf jeden Fall muss es gleichmäßig sein: Fahren Sie einen Gang, der Ihnen ein ebenso zügiges wie ermüdungsfreies Vorankommen ermöglicht. So brauchen Sie nur ausnahmsweise aus dem Sattel zu gehen. Im Wiegetritt darf der Oberkörper nicht verkrampft werden: Alle Power muss von unterhalb der Hüfte kommen. Nicht zuletzt sollten Sie auf eine bewusste Atmung achten. Atmen Sie tief und regelmäßig.

Beim Bergrennen liegt die strategisch günstigste Position weit vorn. Von hier können Sie sich notfalls langsam zurückfallen lassen oder aber das Tempo angeben. Mit ausgefeilter Bergtechnik sind Sie schneller und haben taktische Vorteile. Bewusst fahren heißt aber nicht, sich die Härten des Anstiegs vorzustellen. Das schlägt auf die Moral und lässt Sie doppelt leiden.

AUSDAUER-KLETTERN ❶ Der Fahrer sitzt im Sattel; die untere Rückenpartie und die Beine sorgen für gleichmäßige, effektive Pedalaktion. ❷ Der Oberkörper ist entspannt, die Hände oben auf dem Lenker. Der entlastete Rücken gewährt eine ungehinderte Atmung. ❸ Aus dem Sattel geht man nur, um den Rhythmus zu halten und um die schmerzenden Rückenmuskeln zu entspannen. Der Wiegetritt sollte sehr relaxed gefahren werden, mit wenig Belastung auf dem Oberkörper.

Bergabfahren

Bergexperten können auf langen Schussfahrten allein durch Können und Konzentration mehrere Minuten herausfahren. Um Ihre Leistung zu steigern, brauchen Sie vor allem Selbstvertrauen.

Aus irgendeinem Grund scheinen nur wenige Rennradler Wert auf eine ausgefeilte Downhill-Technik zu legen. Doch Sie müssen nur die Tour de France verfolgen, um deren Bedeutung zu erkennen. Sicher bringt es eine Menge, wenn man schnell den Berg hochkommt, aber hinter dem Pass muss es dann auch schnell und sicher weitergehen. Sonst war der Kampf nach oben vergeblich.

Bei langen Abfahrten wie etwa bei den Bergetappen der Tour geht es um die Aerodynamik, also vor allem um eine windschlüpfrige Körperhaltung. Aber versuchen Sie bitte nicht, die

Profis zu imitieren! Die fahren mit Motorradeskorte auf abgesperrten Straßen und haben jahrelange Erfahrung. Um den Windwiderstand zu reduzieren, ducken Sie sich über den Lenker, ohne dabei aber die Sicht nach vorne zu vernachlässigen. So sieht die Haltung im Einzelnen aus: Ellbogen stark gewinkelt, Hände in der Lenkerkrümmung, Pedale waagerecht, Knie nach innen und Gesäß weit hinten auf dem Sattel.

Bergab müssen Sie mit absoluter Konzentration fahren und das Geschehen um Sie herum mit allen Sinnen registrieren. Spitzen Sie die Ohren, ob sich andere Fahrer oder Autos von hinten nähern. Achten Sie auf Schatten, die im Sichtfeld auftauchen. Schauen Sie immer eine bis zwei Serpentinen voraus; bei diesen Geschwindigkeiten muss man sehr schnell reagieren können.

Die korrekte Fahrlinie ist ebenfalls sehr wichtig, besonders auf kürzeren, technischeren Abfahrten. Fahren Sie auf jeden Fall sicher, also rechts, es sei denn, Sie können die Straße weit nach vorn einsehen. Die Seitenstreifen und den Splitt am Straßenrand sollten Sie meiden. Planen Sie die Kurven so weit im voraus, wie es geht. Nehmen Sie den

BERGABFAHREN ❶ Nahe der Straßenmitte ist die Fahrbahn gut, und der Fahrer hat Spielraum nach links und rechts. ❷ Vor der Kurve peilt der Fahrer die schnellste und kürzeste Linie an und verlegt das Körpergewicht nach hinten. ❸ Er beugt sich über den Lenker, um den Luftwiderstand zu verringern.

SICHER BERGAB

1 **Halten Sie viel Abstand zu den anderen, gehen Sie nervigen Fahrern aus dem Weg.**

2 **Auf unbekannter Strecke hängen Sie sich an einen vernünftigen Fahrer, der sich auskennt.**

3 **Tragen Sie Rennhandschuhe und halten Sie den Oberkörper warm.**

4 **Vergewissern Sie sich vorher, daß Trinkflasche, Pumpe usw. sicher befestigt sind.**

5 **Treten Sie so lange weiter, bis Sie keinen Widerstand mehr spüren und anfangen, im Sattel zu hüpfen.**

Mit aerodynamischer Position machen Sie auf langen Talfahrten wesentlich mehr Speed. So tief geduckt wie hier Pedro Delgado sollten Sie nur auf freier, gut einzusehender Straße fahren.

kürzesten Weg - solange er sicher ist (siehe S. 34/35) - und passen Sie auf, in Haarnadelkurven nicht zu übersteuern.

Bremsen Sie vorausschauend und in die Kurve hinein. Dauerbremsungen heizen die Felgen auf, und die Wirkung der Bremse lässt nach. Dann empfiehlt es sich, bereits in einiger Entfernung vor der Kurve sachte anzubremsen. Bei Nässe müssen Sie mit dem anderthalbfachen Bremsweg rechnen. Nie in der Kurve bremsen. Am Eingang der Kurve sollten Sie sich schon auf die Ausfahrt konzentrieren und eventuell einen Gang herunterschalten.

Um Ihre Abfahrtsqualitäten zu verbessern, steigern Sie im Training das Tempo. So lernen Sie Ihre Grenzen kennen. Bremsen Sie mit immer mehr Gefühl. Experimentieren Sie mit verschiedenen Kurvenlinien und Sitzpositionen. Denken Sie voraus, bleiben Sie wachsam und entspannt.

❹ Arme und Beine zeigen weitestmöglich nach innen. Der weit nach hinten verlegte Schwerpunkt erleichtert diese Haltung. ❺ Die Hände fassen in den Lenkerbogen und sind ständig in Bremsbereitschaft. ❻ In der Kurve liegt die Belastung auf dem äußeren Pedal.

Kurventechnik

Rasantes Kurvenfahren will gelernt sein. Diese Kunst müssen Sie beherrschen, um in einem schnell fahrenden Peloton mithalten zu können.

Die perfekte Fahrlinie sowie die Fähigkeit und der Mut, eine Kurve optimal auszufahren, sind der Schlüssel zum Erfolg. Auf diese Weise behaupten Sie souverän Ihre Position im vorderen Feld. Wenn es dann hart zur Sache geht, entscheidet die Kurventechnik über Ankommen und Sieg. Speziell bei einem Kriterium können die paar Meter, die in der letzten Kurve vor der Zielgerade gewonnen oder verloren werden, das ganze Rennen entscheiden.

Solange Sie logisch denken, ist die Ideallinie leichter zu finden als es aussieht. Bei der klassischen Renntechnik schneidet man die Kurve weit von außen an, durchfährt sie dicht am Innenbogen und kommt wieder weit außen heraus. Nutzen Sie die ganze Straßenbreite, um die Kurve geradezubügeln. Ist Ihnen der Idealkurs in Fleisch und Blut übergegangen, trainieren Sie Ausweichmanöver.
Um Querrinnen, Straßenmarkierungen, Rollsplitt und Buckeln auszuweichen, sollten Sie vor der Kurve zwei bis drei alternative Fahrlinien im Kopf haben.

Technik

Beim Ansteuern einer Kurve sollten Sie noch vor dem Anbremsen soweit herunterschalten, dass Sie am anderen Ende mit voller Beschleunigung wieder antreten können. Bremsen Sie erst im letzten Moment und geben Sie die Bremsgriffe wieder frei, wenn Sie sich in die Kurve legen.

Wenn Sie eine Kurve zügig ansteuern, liegen die Hände tief unten

an den Lenkerenden, das Innenpedal zeigt nach oben, und Sie haben sich zum Hinterende des Sattels zurückgeschoben. Beim Einschwenken stehen Sie beinahe auf dem Außenpedal und heben sich leicht aus dem Sattel. Innenknie und -schulter werden leicht

KURVENTECHNIK ❶ Der Fahrer geht vom Außenrand der Straße in die Biegung, bremst im letzten Moment und ❷ beginnt, sich in die Kurve zu legen. ❸ Innenknie und -schulter sind erkennbar ausgestellt, während das durchgedrückte Außenbein das Velo in der Spur hält.

GEKONNT IN DIE KURVE

1 **Für den Könner ist der Richtungswechsel ein idealer Zeitpunkt zum Angriff.**
2 **Ölflecke in der Kurve sind besonders im Stadtgebiet eine ernstzunehmende Gefahr.**
3 **Visieren Sie bei Schikanen (S-Kurven) nicht nur die erste Kurve an; konzentrieren Sie sich gleich auf die Gesamt-Ideallinie.**
4 **Rauen Sie neue, noch glänzende Reifen mit Sandpapier auf.**

ausgestellt, als wenn sie Sie in die Kurve ziehen würden. Das dämpft die Fliehkraft und verleiht Stabilität, während das Rad sauber den Bogen zirkelt.

Dichtgedrängte Gruppen sind gefährlich: Rechnen Sie immer damit, dass plötzlich ein Kontrahent an Ihrer Innenseite auftaucht. Halten Sie ruhig Ihre Spur, aber wahren Sie Abstand zu Risikofahrern. Am Ende des Feldes hat man zwar schlechte Karten, das ist aber kein Grund zur Rücksichtslosigkeit. Einen anderen Fahrer in der Kurve abzudrängen ist ein absolutes Tabu. Kurvenreiche Rennen sind keine Teststrecken für neues Equipment. Gabeln, Kurbeln, Reifen können das Fahrverhalten in Kurven beeinflussen. Machen Sie sich vorher damit vertraut.

Ein großes Feld in der Kurve: relaxt bleiben, zügig fahren, aufpassen! Kleinere Gruppen ändern die Richtung erheblich schneller. In jedem Fall hat es der Mann an der Spitze leichter als die anderen.

❹ Die Biegung wird am Scheitelpunkt durchfahren, der Winkel dadurch abgemildert. ❺ Der Fahrer verlässt die Kurve elegant wieder nach außen, genau umgekehrt wie beim Ansteuern. ❻ Im Wiegetritt wird sofort wieder beschleunigt.

Sprinten

Weitaus die meisten Rennen gipfeln in einem Endspurt, entweder als Sprintduell zweier Fahrer oder als Massenspurt. Im Sprint gewinnt nicht unbedingt der Schnellste, oft ist es der Listigste. Der Endspurt erfordert neben Speed und Explosivkraft auch Zuversicht, Siegeswillen, taktisches Geschick und perfektes Timing.

Auf den letzten Kilometern eines Rennens entwickelt ein guter Sprinter einen unbezwingbaren Siegeswillen. Mit der Stärke des Killerinstinkts wächst auch seine physische Energie. Hämmern Sie sich immerzu ein: »Ich werde Erster!«. Denn wer sich in Gedanken als Dritten sieht, wird bestenfalls den dritten Platz machen. Pure Willenskraft lässt Sie Ihr Ziel erreichen. Wer keine Zielstrebigkeit aufbringt, lässt sich einschüchtern und von cleveren Fahrern manipulieren. Kurz gesagt, seien Sie beinhart!

Der Endspurt ist eine explosive Kraftanstrengung mit perfektem Timing. Der Fahrer versucht, unter Mobilisierung der letzten Reserven den Zielstrich zu passieren. Dafür müssen Sie Ihre Stärken kennen und ausspielen. Erreichen Sie Ihre Höchstgeschwindigkeit erst auf den letzten Metern, sparen Sie Ihre Kraft solange wie möglich. Sind Sie in der Lage, hohes Tempo länger durchzuhalten, sollten Sie Ihre Gegner mit einem frühen Antritt überraschen. Achten Sie aber stets auf das richtige Timing. Wer zu früh lossprintet, steht plötzlich allein im Gegenwind.

Beim Kopf-an-Kopf-Rennen kann der Satz nach vorn den Sieg bringen.

SPRINTEN ❶ Kurz vor dem Ziel macht sich der Fahrer im roten Trikot zwei Vorteile zunutze: den Windschatten und das Überraschungsmoment. ❷ Während der Fahrer in Blau sich nach dem Verfolger umsieht, greift dieser auf der offenen Seite an und nutzt den Überraschungseffekt, um wertvolle Meter aufzuholen. ❸ Er geht in den Endspurt, holt explosive Kraft aus den Oberschenkeln und dem unteren Rücken und bildet mit Armen und Schultern

Taktik

Bei einem Massenspurt müssen Sie mit Zähnen und Klauen um einen vorderen Platz im Feld kämpfen. Lassen Sie sich nicht einklemmen - die Flanken des Feldes sind am gefährlichsten. Seien Sie wachsam, wenn das Tempo nachlässt. Das Feld gruppiert sich um, Attacken liegen in der Luft. Seien Sie bereit!

Die Zielgerade sollten Sie genau kennen. Halten Sie sich vorm Finish unter den ersten Zehn. Bleiben Sie cool, wenn andere, was häufig geschieht, vorzeitig in die Offensive gehen. Erst wenn ein als stark bekannter Sprinter ausreißt, hängen Sie sich an sein Hinterrad.

Im Endspurt einer kleinen Gruppe geht es darum, wer den anderen überrumpelt. Der beste Platz ist am Ende, wo man die gefährlichsten Rivalen im Auge hat. Jetzt müssen Sie die Nerven bewahren, oder Sie scheitern bei einer fruchtlosen Attacke. Hüten Sie sich vor langen Sprints - es sei denn, Sie haben Rückenwind, freie Bahn und ein Überraschungsmoment.

ERFOLGREICH SPRINTEN

1 **Spitzen Sie die Ohren und achten Sie auf Schatten von Angreifern.**
2 **Gibt es auf den letzten 500 Metern noch eine Kurve, seien Sie dort unter den Ersten.**
3 **Überrumpeln Sie die anderen, wenn diese sich setzen, schalten oder gerade zur Seite sehen.**
4 **Ein kleiner Rempler kann jemanden abschrecken, der Sie überholen oder abdrängen will**
5 **Sprinten Sie immer über den Zielstrich hinaus, und pushen Sie Ihr Rad auf den letzten Metern nach vorn. Viele Siege werden verschenkt, weil die letzte Konsequenz fehlte.**

Beim Endspurt wird selten auf einer Linie gefahren. Ein Massensprint kann beinhart sein - seien Sie auf der Hut.

eine Klammer zum Lenkerbügel. ❹ Als der blaue Fahrer innen zum Gegenangriff ansetzt, verringert der rote Sprinter den seitlichen Abstand, um ihn zu entmutigen. ❺ Nur noch Meter vor dem Zielstrich liegen beide Kopf an Kopf - muss das Zielphoto entscheiden? ❻ Der Mann in Rot schleudert mit einem haarscharf getimten Tigersprung das Velo über die Linie und gewinnt mit einer halben Radlänge Vorsprung.

Moser

3. KAPITEL

Zeitfahren und Bahnrennen

Zwei ganz unterschiedliche Disziplinen, die vielleicht dennoch die reinste Form des Radrennens darstellen. Beim Zeitfahren stehen Schnelligkeit, Stärke und Willenskraft auf dem Prüfstand: Verstecken gilt nicht, Taktik zählt nicht. Aber zum Zeitfahren gehört mehr als rohe Kraft.

Bestimmte Bahnrennen sind ebenfalls Solowettbewerbe und ähneln dem Zeitfahren. Einige Bahn-Events erfordern dagegen ein Höchstmaß an taktischem Geschick, während man bei anderen drängeln und schieben können muss. Eine besondere Attraktion besteht vielleicht darin, dass die Bedingungen für alle fast gleich sind: eine Bahn, eine feste Übersetzung, keine Bremse und keine Einflussnahme von außen.

Das Rennen der Wahrheit

Man sagt, das Zeitfahren sei das »Rennen der Wahrheit«. Hier kämpfen Mensch und Maschine gegen die Uhr, Taktik zählt nichts - vielleicht die kompromissloseste Disziplin im Radsport.

Der fitteste Fahrer wird nicht automatisch Sieger im Zeitfahren. Um hier eine gute Vorstellung zu liefern, muss man nicht allein körperlich, sondern auch mental in Topform sein. Das einsame Rennen gegen die Uhr, vom Start bis zum Ziel am Leistungslimit, ist nur mit enormer Entschlossenheit, Konzentration und Charakterstärke durchzustehen. Selbst die größten Straßenchampions sind nicht unbedingt gute Zeitfahrer - einige können sich einfach nicht mit der gnadenlosen Disziplin anfreunden.

Die rein physischen Anforderungen beim Zeitfahren sind extrem. Der Athlet muss die ganze Zeit konstant am Maximum seiner Leistungsfähigkeit fahren. Fällt er im Tempo ab, ist das Rennen gelaufen. Überschreitet er die Grenze, riskiert er einen Zusammenbruch. Nichts ist hier wichtiger, als seine Fähigkeiten richtig einzuschätzen.

Zeitfahr-Disziplinen

Man unterscheidet verschieden lange und intensive Zeitfahren, auch ihre Bedeutung ist unterschiedlich. In Großbritannien stellen sie zum Beispiel den Löwenanteil des Rennsports. Sie werden in der Regel auf schnellen Hauptstraßen über Standarddistanzen von 10, 25, 50 und 100 Meilen (16, 40, 80, 160 km) ausgetragen. Den Fahrern ist die persönliche Bestzeit meistens wichtiger als der Sieg.

Auf dem Kontinent haben Zeitfahren noch keine so große Fangemeinde. Oft werden sie auf hügeligen, kurvenreichen Rundstrecken veranstaltet. Internationale Etappenfahrten beginnen meistens mit einem kurzen Zeitfahr-

OBEN: *Höchstleistung bis an die Schmerzgrenze ist das Geheimnis großer Zeitfahrer wie Miguel Indurain.*
LINKS UND RECHTS OBEN: *Wenn jede Sekunde zählt, sind windschlüpfige Ausrüstung und ausgefeilte Fahrtechnik das A und O.*
RECHTS: *Zeitfahren im Team werden auf Etappenrennen oder als eigene Veranstaltung gefahren.*

Prolog; auf mindestens einer Etappe wird gegen die Uhr gefahren. Eine Etappe, die - wie bei der Tour de France - rennentscheidend sein kann. Durch die Weltmeisterschaft und Olympische Anerkennung wird das Zeitfahren weiteren Aufwind bekommen.

Technologie

Aerodynamik, Gewicht und Effizienz sind ausschlaggebend. Kein Wunder, dass Zeitfahrer leidenschaftlich gern mit neuen Komponenten und Spezialkleidung experimentieren.

Mitte der achtziger Jahre wurde erstmals spezielles Triathlon-Equipment beim Zeitfahren eingesetzt. Triathlon-Lenker und Scheibenräder sorgten für Aufsehen. 1989 errang der amerikanische Profi Greg LeMond einen dramatischen Sieg in der Tour de France, indem er das Zeitfahren auf der letzten Etappe, flach über einen Tria-Lenker geduckt, für sich entscheiden konnte. Damit begann eine technische Revolution.

Heute sieht man selbst auf kleineren Rennen Fahrer mit Skinsuits (einteiligen, hautengen Rennanzügen), Aerohelmen, Dreispeichen-Laufrädern und Triathlonlenkern (s.S.42, 104, 136).

Technik, die über eine Sekunde pro Kilometer einbringen und den Unterschied zwischen Sieg und Platz zwei ausmachen kann. Dennoch bleibt Zeitfahren das Rennen der Wahrheit: Das beste Equipment taugt nur so viel wie der Fahrer.

Schneller!

Im Kampf gegen die Uhr muss einfach alles stimmen: Training, Vorbereitung, Rennmaschine, Ausrüstung, Tempo - und die persönliche Einstellung.

Mit welcher Ausrüstung Sie bei einem Zeitfahren ins Rennen gehen, hängt stark von der Strecke, dem Untergrund und Ihren finanziellen Möglichkeiten ab.

Welches Rad werde ich fahren? Das ist sicher die wichtigste Vorentscheidung. So wird Ihnen ein spezielles Zeitfahrrad am Berg wenig nützen. Sehr wichtig sind ferner die Gangkombinationen (s.a.S. 112). Dann geht es um das Gewicht und um die Aerodynamik, den zentralen Faktor überhaupt. Hornlenker sind außer bei Uphills sehr effektiv. Richtig nutzen können Sie sie jedoch erst mit einer effektiven, strömungsgünstigen Fahrposition.

Wenn möglich, überprüfen Sie Ihre Körperhaltung anhand von Fotos oder Videos. Perfekt soll sie sein, aber nicht zu unbequem. Was jetzt noch fehlt, sind Skinsuit (Einteiler), Aerohelm und Pulsuhr - eine unschätzbare Trainingshilfe (lesen Sie mehr über Ausrüstung und Bekleidung in den Kapiteln 6, 7, 8).

LINKS: *Der Zeitfahr-Prolog der Tour de France hat kaum Bedeutung für den Ausgang der Tour, aber hier wird das gelbe Trikot zum erstenmal verliehen.*
RECHTS: *Hier nutzt Lance Armstrong seinen Aeor-Bügel zur Minimierung des Luftwiderstandes.*
UNTEN RECHTS: *Mit Trispoke-Laufrädern, Aerohelm, Zeitfahr-Rahmen und Hornlenker kämpft dieser Fahrer um den Sieg.*

Der Countdown

Physisch und psychisch in Hochform treten Sie zum Start eines Zeitfahrens an. Das bedeutet in der Regel 20 Minuten Warm-Up, das Sie gegen Ende bis zur Renngeschwindigkeit steigern. Konzentrieren Sie sich dabei auf das bevorstehende Rennen, in dem Sie Ihre absolute Spitzenzeit fahren werden. Bereiten Sie sich mental auf alles vor, was dabei für Sie ablaufen wird. Sie sollten exakt wissen, wann es losgeht, und ungefähr zwei Minuten vor dem Start bereit sein. In dieser Zeit halten Sie die Spannung und können noch letzte Vorbereitungen treffen. Wenn Sie zur Startlinie vorrollen, muss der richtige Gang zum schnellen Beschleunigen eingelegt sein. In den ersten 30 Sekunden geht es ausschließlich um den perfekten Start. Atmen Sie tief und ruhig durch. Je schneller Sie volles Tempo erreichen, desto besser, besonders bei kurzen Rennen. Doch achten

Sie darauf, kurz nach dem Start ein wenig zu entspannen. Wenn Sie sich am Anfang nicht gleich verausgaben, werden sich Ihre Beine schnell erholen.

Nach dem Start

Während des Trainings haben Sie herausgefunden, mit welcher Leistungsintensität Sie die gesamte Strecke absolvieren können (s.a. Kapitel 5). Ihr Ziel sollte sein, diesen Output konstant zu halten und größere Leistungsschwankungen zu vermeiden. Konzentrieren Sie sich auf ein gleichmäßig gefahrenes Rennen.

Beim Zeitfahren ist es nicht erlaubt, im Windschatten der Kontrahenten zu »surfen«. Lassen Sie sich trotzdem nicht verführen, einen bereits eingeholten Fahrer zu überholen. Es ist klar, dass Sie schneller sind. Versuchen Sie gar nicht erst, es zu beweisen. Umgekehrt gilt: Schließt ein Verfolger vor dem letzten Viertel zu Ihnen auf, jagen Sie ihm nicht mit hängender Zunge nach. Erst auf den letzten Kilometern sollten Sie alles geben. Das gilt auch, wenn Sie allein auf weiter Flur sind: Holen Sie im Endspurt alles heraus, aber machen Sie sich nicht kaputt, bevor Sie den Zielstrich nicht vor Augen haben. Das kostet mehr Zeit, als es vielleicht einbringt.

Langstrecken-Zeitfahren

Es gibt zwar Parallelen zum klassischen Zeitfahren, doch die Marathon-Fahrten verkörpern eine ganz andere Dimension. Die Wettkämpfer nehmen extreme Härten auf sich. Körper und Geist erfahren den absoluten Grenzbereich; manche Fahrer geraten regelrecht in Trance.

Zeitfahrmarathons über zwölf und 24 Stunden sind vor allem in Großbritannien sehr populär. Bei diesen Events muss beispielsweise ein Rundkurs innerhalb einer vorgegebenen Zeit so oft wie möglich absolviert werden. Ebenfalls beliebt sind Rekordversuche von Ort zu Ort, wobei das Rennen von Land's End bis John O'Groats (874 Meilen = 1.400 Kilometer) der ultimative Nonstop-Event ist.

In den USA wird alljährlich das Race Across America über 3.000 Meilen (4.800 Kilometer) ausgetragen. Obgleich das RAAM genaugenommen kein Zeitfahren ist, wird es doch faktisch so gefahren. Nach dem Massenstart fährt jeder sein eigenes Tempo, und wegen der großen Entfernungen sind alle schnell allein.

Ausrüstung

Bei diesen Events ist Komfort wichtiger als Aerodynamik. Rahmengeometrie und Gangabstufung sind darauf abgestimmt (s.a.S. 98 u, 110); man fährt in relaxter Körperhaltung und sorgt mit gepolsterten Armauflagen, dickerer Bereifung und anderem Outfit für ermüdungsfreies Fahren. An den meisten Rädern sieht man Aerolenker, die nicht zuletzt wegen ihres Fahrkomforts geschätzt werden.

Bequem muss auch die Kleidung sein. Beispielsweise tragen sich Radlerhosen mit Ledereinsatz angenehmer als solche aus Synthetik.

Durchgeschwitzte und nasse Kleidung sollte gewechselt werden; man fühlt sich wohler und beugt Erkältungen vor. Bei massiver Erschöpfung kühlen

RAAM: *ein langer und einsamer Trail, ein Härtetest für Körper und Geist.*
RECHTS: *Kurze Pause zum Essen und Umziehen auf dem Rekordrennen von Land's End nach John O'Groats.*

Sie sehr schnell aus - halten Sie immer etwas Warmes zum Überziehen bereit.

Essen und Trinken

Die richtige Ernährung ist bei Marathons extrem wichtig. Je nach Wetter sollte pro Stunde gut ein halber Liter Flüssigkeit getrunken werden. Essen Sie leicht und regelmäßig. Sie könnten zwar auch allein mit flüssigen Nahrungskonzentraten durchhalten, aber bei mörderischen 24 Stunden im Fahrradsattel sind kleine Mahlzeiten schon als psychologische Stimulanz extrem hilfreich. Vermeiden Sie jedoch Fett und Zucker und alles, was Ihren jetzt sehr sensiblen Magen belasten könnte. Leichte Sandwiches, Obst und (nicht zu süße) Kekse stärken Muskeln und Moral. Komprimierte Kraftspender wie Energieriegel sollten Sie häppchenweise zu sich nehmen - am besten erst, wenn sie wirklich nötig sind.

So fahren Sie Langstrecken

Voraussetzung sind gleichmäßiges Tempo und eine vernünftige Übersetzung. Die Trittfrequenz können Sie via Bike-Computer präzise einhalten - wenigstens, solange das kleine Display nicht vor Ihren Augen verschwimmt!

In diesen Stunden greift Ihre Begleitcrew immer stärker ins Geschehen ein. Nach einem vorher festgelegten Fahrplan ist das Team zur Stelle, um Sie seelisch aufzubauen. In seiner Obhut können Sie essen, sich umziehen oder ein kleines Nickerchen machen. Und wenn die Zeit reif ist, setzen die Helfer Sie wieder aufs Rad.

Solche Marathons können einen innerlich zermürben. Aber wenn Sie sich total darauf konzentrieren, was Sie in diesem Moment tun - und versuchen, es perfekt zu tun - bleiben Sie klar im Kopf. Wenn Sie sich ausmalen, wie weit es noch bis zum Ziel ist, können Sie einpacken. Aber Sie sollten auch erkennen, wann Sie kürzer treten müssen, denn eine Überschätzung der Kräfte kann Dauerschäden hervorrufen.

Die Bahn-Disziplinen

Die Bahn bietet schnellen, furiosen Sport nah am Gegner, extrem spannend für Teilnehmer wie für Zuschauer. Das Bahnrennen ist eine großartige Schule für Speed, Power und Fahrtechnik. Die relativ einfache Ausrüstung, wenigstens bei kleineren Veranstaltungen, macht es zu einer erschwinglichen Disziplin.

Die Bahnszene ist farbig und abwechslungsreich, und etwas davon ist auch für Sie und Ihre Fähigkeiten geeignet. Auf Bahn-Events werden meistens verschiedene, wenn nicht alle Disziplinen veranstaltet.

Die Art und Weise von Bahn-Rennen hängt ab vom finanziellen Rahmen, vom Niveau des Wettbewerbs und von den örtlichen Voraussetzungen. Die meisten Disziplinen können Sie auf einem grandiosen Sechstage-Rennen ebenso erleben wie bei einem regionalen Bahn-Turnier.

Die Sixdays bilden die Winterattraktion der Profiszene. In der Frühzeit der Rennen wurde buchstäblich sechs Tage und Nächte nonstop durchgefahren; heute geht es zivilisierter zu. Paarweise jagen die Fahrer über das Holzoval - ein grandioses nächtliches Spektakel.

Einige Wettkämpfe sind gewissermaßen Zeitfahren, an erster Stelle die Einerverfolgung, die Königsdisziplin des Bahnsports. Erst kämpfen die Fahrer einzeln gegen die Uhr, dann im Duell gegeneinander. Der Schnellste über die Gesamtdistanz (gewöhnlich 4000 oder 5000 Meter) ist der Sieger. Der Bahnvierer wird auf die gleiche Weise ausgetragen, nur dass Teams gegeneinander fahren. Die Zeit wird gestoppt, wenn der Dritte den Zielstrich passiert. Beim 1.000-Meter-Zeitfahren fahren die Gladiatoren, oft Sprinter, auf einen Kilometer Distanz einzeln gegen die Uhr. Es ist einer der härtesten Bahnkämpfe (s.a.S.50).

Der Sprint geht in der Regel über 500 oder 1.000 Meter und wird meistens Kopf an Kopf im K.O.-System ausgetragen. Ein taktikbetonter, äußerst reizvoller Zweikampf, bei dem meistens erst auf den letzten 300 Metern auf Biegen und Brechen gesprintet wird.

Beim Omnium werden mehrere Disziplinen durchgeführt, normalerweise eine Langstrecke, ein Sprint und eine Verfolgung. Gesucht wird der beste Allrounder.

Viererverfolgung.
LINKS: Das Madison ist eine rasende Zweierstaffel; die Sieger werden durch Rundengewinne oder nach Punktwertung bestimmter Runden ermittelt.

Das Madison oder Zweier-Mannschaftsfahren wird zwischen Paaren ausgetragen und ist praktisch eine Nonstop-Staffel. Jeweils einer ist voll im Rennen, während der andere die Bahn umkreist und auf seinen Einsatz wartet. Normalerweise kommt der Wechsel alle zwei Runden, wobei der schnellere Fahrer den langsameren auf Touren bringt. Punkte werden auf festgelegten Runden gezählt.

Eine populäre Disziplin ist auch das Punktfahren. Dabei gehen Felder von dreißig und mehr Fahrern ins Rennen über eine festgelegte Distanz (10, 20 oder 50 Kilometer). In festgelegten Wertungsrunden erhalten die besten Drei des Rundensprints Punkte.

Unterhaltsam im Programm von Sechstagerennen sind auch die Ausscheidungsrennen, bei denen jeweils der letzte Fahrer einer Runde ausscheidet. Die vier Übriggebliebenen machen das Rennen dann im Sprint unter sich aus.

Last but not least sind da noch das Keirin und das Schrittmacherrennen, bei denen ein Motorrad für Geschwindigkeit sorgt.

Das Schrittmacherrennen ist eine Langstrecke mit Massenstart. Gefahren wird auf Spezialvelos; das Motorrad fährt die gesamte Zeit vorweg.

GANZ OBEN: *Erste Positionskämpfe bei einem Keirin, während der Schrittmacher das Tempo vorlegt.*
OBEN: *Sprintaktion mit höchstem Einsatz: schnell, verbissen, oft brutal.*
RECHTS: *Stimmung, dröhnende Musik und Alkohol in einer verqualmten Arena - das sind die Sixdays.*

Das schnelle, aggressive Keirin kommt aus Japan und ist dort äußerst beliebt. Bei dieser Sprintdisziplin ist Rempeln und Schieben erlaubt. Die Rennfahrer formieren sich im Windschatten eines Motorrads, das das Tempo in die Höhe treibt und sich erst auf den letzten ein oder zwei Runden ausklinkt.

Die Technik des Bahnfahrens

Auf einem Rad ohne Freilauf an einer schrägen Wand zu fahren - eine etwas beängstigende Vorstellung. Etwas Geschicklichkeit ist schon nötig, aber nach kurzer Eingewöhnung fühlen Sie sich auf der Bahn wie zu Hause. Gerade das Fehlen von Kurven und die Räder ohne Bremsen und Schaltungen machen die Bahn zu einer relativ sicheren Rennstrecke. Hier sammeln Sie unschätzbare Erfahrungen, die Ihnen in allen Bereichen des Radfahrens zugute kommen.

Starre Übersetzungen waren früher bei fast allen Radsportarten üblich. Viele Fahrer setzten sie im Zeitfahren und fürs Training das ganze Jahr über ein. Heute sieht man sie eigentlich nur noch bei Bahnwettbewerben. Wie fährt sich ein Velo ohne Freilauf? Es ist schwer zu beschreiben, aber leicht herauszufinden: Probieren Sie es aus! Die starre Übersetzung erfordert schnelle, geschmeidige und effektive Pedalarbeit. Ein Gangwechsel liegt nicht drin. Folglich müssen Sie lernen, über längere Zeit ohne Unterbrechung zu kurbeln. Es gelingt, wenn Sie sich vollkommen auf den runden Tritt, auf die volle Kurbelumdrehung konzentrieren.

Ein Bahnrad können Sie auf zwei Arten stoppen beziehungsweise verlangsamen. Ein bisschen Rückwärtsdruck auf die Pedale bringt genügend Verzögerung für ein Ausweichmanöver oder einen Sicherheitsabstand. Steuern Sie zum oberen Bahnrand, wirkt die Schwerkraft als Bremse.

Volle Kontrolle: Die Rivalen sind immer im Blick.
LINKS: *Auf Kurzstrecken hängt alles von Timing und Taktik ab.*

So nutzen Sie die Kurvenüberhöhung

Beim ersten Mal ist der Anblick der Steilkurven furchteinflößend, als ob Sie vor der Chinesischen Mauer stünden. Regel Nummer eins: Relaxen und nicht erschrecken. Solange Sie keine ausgesprochene Dummheit begehen oder Schritttempo fahren, besteht keine Gefahr. Ehe Sie sich im Feld auf die Bahn wagen, drehen Sie erst einmal etliche Solorunden. Zur Eingewöhnung arbeiten Sie sich mit zunehmender Geschwindigkeit zum oberen Bahnrand hinauf. Anschließend schwingen Sie die Überhöhung einige Male auf und ab.

Benutzen Sie die Überhöhung, um das Tempo zu kontrollieren oder um auszuscheren und sich nach hinten abfallen zu lassen. Aber vergewissern Sie sich dabei, dass niemand hinter Ihnen fährt.

TIPS FÜR DIE BAHN

1 **Immer auf die Beinarbeit achten: Ob langsam oder schnell - hören Sie nie auf zu pedalieren, oder Sie gehen über den Lenker.**
2 **Flüssig fahren: Machen Sie keine irritierenden Schlenker und gehen Sie nicht innen an einem Fahrer vorbei, wenn nicht genug Platz vorhanden ist.**
3 **Lässt das Tempo nach, steht vielleicht eine Attacke bevor: Ohren spitzen und auf Verfolgerschatten achten!**
4 **Vor dem Wettkampf die Spielregeln lernen: Was ist erlaubt, was ist tabu? Beim Rennen ist das allerdings interpretationsfähig...**
5 **Niemals blockieren lassen: Wird es dicht vorm Finish oder bei einer Verzögerung eng, steuern Sie leicht zur Außenseite des Spitzenfahrers.**
6 **Wachsamer Blick über die Schulter: So wissen Sie, wo die Konkurrenten kämpfen.**

Mit Hilfe der Überhöhung bremsen Sie, greifen an und manövrieren sich in die beste Position. Sie wirkt gefährlich, aber wenn man sie kennt, ist sie eine großartige Hilfe.
LINKS: *Im rollenden Feld ist es reichlich eng, aber weniger gefährlich, als es scheint.*

Fahren in der Gruppe

In einem schnellen Feld durch die Bahn zu jagen ist ein Nervenkitzel. Und sicher obendrein, solange Sie keinen Fehler machen. Dann allerdings könnten Sie sich plötzlich zuunterst unter der gesamten Verfolgergruppe wiederfinden. Aus diesem Grund ist es so wichtig, vor dem Rennen zu üben. Auf vielen kleineren Bahnen können Sie Bahnräder ausprobieren und Sicherheit auf dem Holzoval erwerben.

Die Goldene Regel lautet: Immer und überall das Geschehen im Auge behalten. Hören Sie, ob ein Verfolger naht, und spähen Sie nach vorn.

Einerseits müssen Sie die Ruhe selbst sein, andererseits auf jeden Tempowechsel oder Ausreißversuch reagieren.

Vermeiden Sie unberechenbare Bewegungen, die andere in Gefahr bringen können: Werfen Sie das Rad nicht nach hinten, wenn Sie aus dem Sattel gehen. Schauen Sie sich um, ehe Sie ausscheren.

Solofahren

Der einsame Fight gegen die Uhr ist eine Herausforderung an Charakter und Fitness. Diese Bahndisziplin ist so kurz, dass sie einfach keinen Fehler verzeiht.

Eine der kürzesten Formen des Einzelrennens ist das 1000-Meter-Zeitfahren. Gefragt sind Power und explosive Beschleunigung, aber - bei Spitzenzeiten von einer Minute und zehn Sekunden - nur ein Minimum an Durchhaltevermögen. Aus diesem Grund sind die Kilometer-Kämpfer massiv gebaute Kraftpakete, die für diese Zeitspanne Höchstleistung mobilisieren können. Ein schneller Start ist entscheidend, wichtig ist die perfekte Abstufung der Geschwindigkeit.

Die perfekte Verfolgung

Speed, Fitness und Ausdauer zählen bei der Verfolgung, dazu eine kompromisslose Zielstrebigkeit. Tatsächlich ist es ein kurzes, hochintensives Zeitfahren. Gute Verfolger sind im allgemeinen auch bei Straßenrennen und beim Zeitfahren erfolgreich.

Wenn Sie hier Ehrgeiz entwickeln, sollten Sie ein aerodynamisches Velo fahren. Schmale und leichte Bereifung, Aerolaufräder, Triathlonlenker, Trikot-Einteiler und Aerohelm sind weitere Hilfen im Kampf um jene Sekundenbruchteile, die ein Verfolgermatch entscheiden.

Wählen Sie eine Übersetzung, mit der Sie 100 Pedalumdrehungen pro Minute durchhalten können. Das kann von Fahrer zu Fahrer unterschiedlich aussehen. Viele Verfolger ketten 50 x 15 Zähne, aber extrem starke Fahrer wie Graeme Obree schaffen weit höhere Übersetzungen.

Ein gutes Warm-Up auf der Trainingsrolle ist ein Muß - genauso die mentale Vorbereitung. Es ist sehr wichtig, dass Sie nicht überhasted ins Rennen gehen.

Bei einem Verfolgungsfahren müssen Sie planmäßig vorgehen. Wie, das entscheiden Sie nach einer Analyse Ihrer Trainingsleistungen. Wie schnell muss ich sein? Wie intensiv darf ich fahren? Die Gefahr ist groß, sich schon am Anfang der Verfolgung zu verausgaben; mit einem Fahrplan können Sie das verhindern. Ein Helfer am Rand der Bahn, der Ihnen signalisiert, ob Sie exakt in der Zeit liegen, ist eine unschätzbare Hilfe. Erst wenn es auf die letzten, entscheidenden 1000 Meter zugeht, sollten Sie alle Ihre Reserven in die Waagschale werfen.

GANZ OBEN: *Graeme Obree nimmt Fahrt auf.*
OBEN: *Manchester 1996: Chris Boardman fliegt seinem Stundenweltrekord entgegen.*
RECHTS: *Hinweise am Bahnrand helfen Ihnen, den Output zu dosieren.*
GANZ RECHTS: *Um innerhalb von Minuten buchstäblich alles herauszuholen, müssen Sie top vorbereitet und wild entschlossen sein.*

VERFOLGUNGSFAHREN

1 **Gehen Sie nie über Ihr Limit, auch wenn Sie etwas zurückliegen. Alle Fahrer haben unterschiedliche Geschwindigkeiten.**
2 **Sparen Sie Ihre Kräfte soweit wie möglich, häufig müssen Sie zwei oder drei Runden fahren.**
3 **Zwischen den einzelnen Fahren immer in Bewegung bleiben und Muskeln locker halten. Die Pausen können lang sein, daher immer genug trinken und Kohlenhydrate zuführen.**
4 **Nur perfekt vorbereitet und völlig konzentriert starten.**
5 **Sie sollten alle Regeln, Bedingungen und Standards der Veranstaltung vor dem Antreten hundertprozentig im Blick haben.**

Bei einem so kurzen Fight ist die innere Verfassung vor dem Rennen und währenddessen von allergrößter Bedeutung. Ein Verfolgungsfahrer muss ein hohes Maß an Aggressivität entwickeln, um in dieser kurzen Spanne auf Hochtouren zu kommen. Dazu lässt man das Rennen immer wieder im Kopf ablaufen. Nach dem Start kommt es nur noch darauf an, sich hundertprozentig auf den Job zu fixieren. Der Gegner hat keine Bedeutung mehr. Man konzentriert sich allein darauf, schnell zu sein, den Plan durchzuziehen, einen konstanten Schub zu produzieren, der blauen Linie auf der Bahn zu folgen und gleichmäßig zu fahren. Dem Rivalen sollte man erst im Finish Aufmerksamkeit schenken.

Banesto
Banesto
TOUR
Banesto

4. KAPITEL

Fitness

Fitness ist für jeden erstrebenswert - eine Tatsache, die durch über 20 Jahre Medizinforschung deutlich geworden ist. Seitdem sind viele Fitnessfans in den Fahrradsattel gestiegen. Ein paar Velostunden pro Woche bringen Sie ohne Erschütterungen und Verletzungsgefahr in Form und sind eine herrliche Methode, dem Alltagsstress davonzufahren. Aber obwohl Fitness an sich schon wertvoll ist, sieht der Radrennfahrer sie eher als Mittel zum Zweck. Als Wettkämpfer müssen Sie sehr sorgfältig mit Ihrem Körper umgehen, zum Beispiel durch spezielle Ernährung und Vermeidung von Verletzungsrisiken.

Gut in Form

In den letzten fünfzehn Jahren hat die Fitness-Industrie einen gewaltigen Boom erlebt. Da ist es erstaunlich, dass kaum jemand mit diesem Begriff eine klare Vorstellung verbindet. Durch genaue Betrachtung der Körperfunktionen können wir Fitness und Gesundheit definieren und sehen, was das alles mit dem Radsport zu tun hat.

Gesundheit bedeutet, frei von Krankheit und Verletzung zu sein. Fitness dagegen ist die Fähigkeit, mechanische Leistungen wie Ziehen oder Drücken effektiv zu bewerkstelligen. Demzufolge ist Gesundheit ohne Fitness möglich, und umgekehrt. So könnte ein Radsportler durch Fahrtraining und Gewichtheben ausgesprochen fit sein und trotzdem an Asthma leiden, während jemand anderes kerngesund durch jeden Fitnesstest fallen würde.

Damit soll nicht gesagt sein, dass Fitsein nichts mit Gesundheit zu tun hätte. Wenn Sie sich auf kontrollierte, sichere Weise in Form bringen, dürfte das auch Ihrer Gesundheit zugutekommen. Sie beugen Krankheiten vor, darunter auch so ernsten wie Herzbeschwerden. Körperliche Betätigung wirkt Herzrisiken entgegen, sie spielt auch bei der Rehabilitation von Herzpatienten eine zentrale Rolle. Die positive Wirkung beruht auf verschiedenen, jedoch zusammenhängenden Körpermechanismen. Sie kann sich in einer Senkung des Blutdrucks, der Fettmasse oder des Cholesterinspiegels äußern, sie kann den Kreislauf stärken und den Herzmuskel selbst kräftigen.

Radfahren ist eine von vielen Methoden zur Verbesserung Ihrer Körperfunktionen, zum Beispiel des Herz-Kreislaufsystems mit Herz und Lungen, des Immun- und des Nervensystems. Der Kasten rechts zeigt die Vorteile eines regelmäßigen Workouts, etwa durch Radfahren.

Was der Sport für den Körper bewirkt, würde man beim Auto so bezeichnen: Er verbessert die Brennstoffversorgung (Herz, Lungen, Kreislauf, Energiereserven), den Vergaser (Kreislauf und Lungen) und das Chassis (Knochen, Sehnen und Muskulatur). Es scheint sich auch bestätigt zu haben, dass eine maßvolle Belastung von Herz und Kreislauf im aeroben Bereich die Immunkräfte stärkt. Es stimmt aber auch, dass die extremen Trainingsformen mancher Rennradler die Immunkräfte kurzzeitig oder länger beeinträchtigen können.

Wie sehr Gesundheit und Fitness von regelmäßig ausgeübtem Sport profitieren, lässt sich bereits nach wenigen Wochen nachweisen. Schon drei flotte Radfahrten pro Woche, nicht länger als 20 Minuten, machen sich für das Herz-Kreislaufsystem bezahlt.

Die Fitness-Bausteine

Ihre körperliche Leistungsfähigkeit hängt davon ab, wie gut Sie Ihre Fitness-Bausteine entwickeln konnten. Um zum Beispiel ein schweres Gewicht

Regelmäßiges Training...

...nützt der Gesundheit:
- Vermindert das Herzinfarktrisiko
- Baut Fettpolster ab
- Erhöht den Körperumsatz (Stoffwechselvorgänge) und verhindert Verfettung
- Senkt zu hohen Blutdruck ab
- Wirkt der Osteoporosegefahr nach den Wechseljahren entgegen
- Verbessert die Glukoseverträglichkeit bei Diabetikern
- Sorgt für psychische Ausgeglichenheit

...macht fit:
- Verbessert die Sauerstoffversorgung (Herz und Lungen)
- Erhöht die Blutzufuhr zu den Muskeln
- Intensiviert die biochemischen Abläufe in der Muskulatur
- Erleichtert den Abbau von Milchsäure aus aktiven Muskeln
- Steigert die Fähigkeit des Körpers, Fette in Energie zu verwandeln
- Kräftigt Muskeln, Sehnen und Bänder
- Sorgt für höhere körperliche Belastbarkeit
- Macht weniger hitzeempfindlich durch erhöhte Schweißabgabe

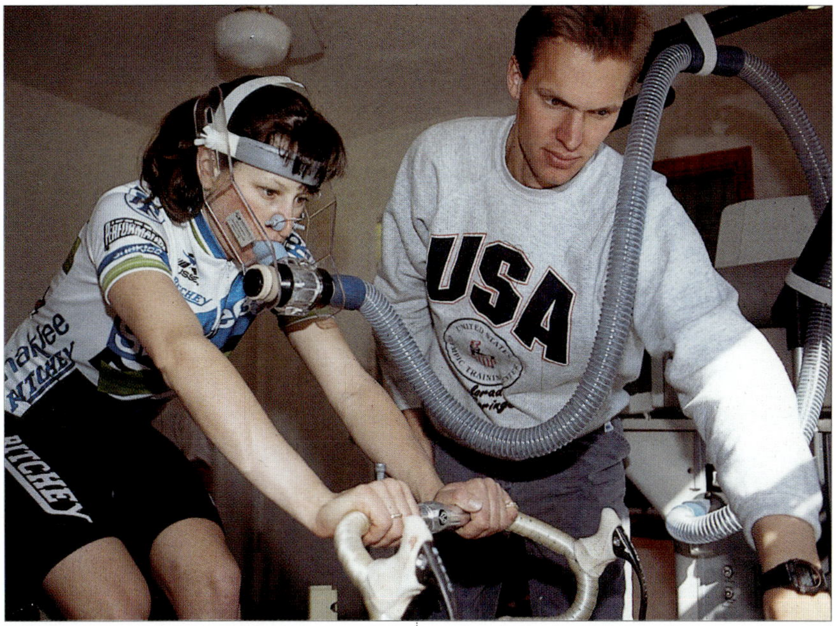

Mit dem VO_2Max-Test kann die Leistungsfähigkeit des Herzkreislauf-Systems eines trainierten Sportlers ermittelt werden. Gemessen wird der maximale Sauerstoffverbrauch des Körpers in Liter pro Minute.

mehrmals zu stemmen, müssen zwei Bausteine in den betroffenen Muskelpartien vorhanden sein: Kraft und Ausdauer.

Die Fitness-Bausteine lassen sich nach ihrer Bedeutung in zwei Bereiche einteilen: Gesundheit und Sport. Die gesundheitsbezogenen Bausteine helfen dem Körper, seine täglichen Anforderungen effektiver zu erfüllen. Es stimmt zwar, dass die meisten Menschen nicht gerade fit sind und trotzdem ihre Alltagsarbeit leisten. Wirkliche gesundheitliche Fitness macht sich aber durch eine höhere körperliche Spannkraft und geringere Anfälligkeit gegen Krankheit und Unwohlsein bemerkbar. Gezielte Übungsprogramme für gesundheitsbezogene Fitness können bei bestimmten Krankheiten sogar therapeutisch eingesetzt werden.

Dies sind die Bausteine mit Bezug auf die Gesundheit:

- Kardiovaskuläre Fitness (Fitness von Herz, Lunge und Kreislauf)
- Zusammensetzung des Körpergewebes (Verhältnis von Fett zu Muskeln)
- Beweglichkeit der Gelenke, Muskeln und Sehnen
- Muskelkraft, die für mechanische Arbeiten zur Verfügung steht
- Muskelausdauer, um körperliche Leistungen (wie zum Beispiel Gewichtheben) zu wiederholen

Jeder sportliche Erfolg basiert eindeutig auf soliden, gesundheitsrelevanten Fitness-Bausteinen. Deshalb ist die umfassende Vorbereitung für alle Sportler so wichtig. Eine besonders große Rolle spielen diese Bausteine bei relativ unspezialisierten Sportarten mit einem kontinuierlichen Rhythmus, wie Laufen und Radfahren.

Bei hohen sportlichen Leistungen kommen zusätzlich andere Faktoren ins Spiel. Bei bestimmten Sportarten, zum Beispiel Billard, sind sie sogar wichtiger als die gesundheitsbezogenen Fitness-Bausteine.

Diese Komponenten (sportbezogene Fitness-Bausteine) sind:

- Schnelligkeit (die Fähigkeit, sich schnell zu bewegen und erhebliche Kräfte schnell zu mobilisieren)
- Reaktionsfähigkeit
- Technik (Beherrschung von Fertigkeiten, Koordinierung von Wahrnehmung und Bewegung)
- Gleichgewichtssinn

Diese Elemente sind eine Kombination der Gesundheits-Bausteine mit dem hochentwickelten Nervensystem, das den Sportler zu präzisen Bewegungen und High-Speed-Muskelaktion befähigt. Am Beispiel eines Fußballspielers verdeutlicht: Herz, Lunge und Kreislauf müssen fit sein, damit er ein 90minütiges Match durchsteht. Muskelkraft und Ausdauer bestimmen sein Spiel. Die Beweglichkeit seiner Gelenke schützt vor Verletzungen. Schnelle Reaktion, Technik und Gleichgewichtssinn machen ihn schließlich zum Ballkünstler, der die gegnerische Mannschaft das Fürchten lehrt.

Fitness für Radsportler

Einige der beschriebenen Fitness-Faktoren müssen bei Radrennen in besonders hohem Maß vorhanden sein.

Im Radsport wird Fitness benötigt, um die kombinierte Masse von Maschine und Fahrer in Bewegung zu versetzen - gegen die Oberflächenreibung und den Luftwiderstand, bergauf auch gegen die Schwerkraft. Die beim Radfahren aufgewandte Leistung wird oft in Watt gemessen, wobei ein Watt der Kraft entspricht, ein Newton (0,102 kg) einen Meter in einer Sekunde zu bewegen. Spitzenfahrer leisten bis zu 400 Watt über die Dauer einer Stunde und über 1000 Watt bei explosiven Kraftanstrengungen, die bis zu 10 Sekunden dauern. Anders ausgedrückt, könnte ein Top-Athlet bei voller Leistung vier 100-Watt-Lampen eine Stunde lang zum Leuchten bringen. Alltagsfahrer kommen vielleicht auf 200 Watt Dauerleistung und 900 Watt im Spitzenbereich.

Kardiovaskuläres Training

Angenommen, Sie können in der Spitzengruppe mithalten. Zwei physikalische Faktoren befähigen Sie, Geschwindigkeit aufzunehmen und durchzuhalten: aerobe Energie und aerobe Kapazität. Die letztere bezeichnet, einfach gesagt, die Menge Sauerstoff und Nahrung, die Ihr Blut befördern und ihre Muskeln verarbeiten beziehungsweise abbauen können. Unter aerober Energie versteht man die Fähigkeit, Sauerstoff und Brennstoff schnell zu aktiven Muskelgruppen zu befördern.

In der Praxis muß ein Radsportler also jene Systeme perfektionieren, die den Sauerstoff von den Lungen in die Gefäße transportieren, vom Herzen bis zu den Muskeln pumpen, dort abladen und in Energie umsetzen und schließlich alle Abfallprodukte entfernen. Und tatsächlich lassen sich alle diese Funktionen durch effektives Training erheblich verbessern. Sie werden das Blutvolumen pro Herzschlag steigern, die Anzahl der Kapillargefäße im Muskelgewebe erhöhen und die Leistung des Nervensystems erhöhen, das die notwendigen Zündfunken für die ganze »Maschinerie« produziert.

Das Diagramm zeigt die Herzfrequenz, aufgenommen während eines ruhigen Fahrradausflugs. Man erkennt die Schwankungen: Bei hügeligem Gelände zeigen kräftige Ausschläge den erhöhten Pulsschlag an, der zur Überwindung etwas steilerer Anstiege nötig war. Mit solchen kleinen Touren, mehrmals pro Woche unternommen, haben Sie eine exzellente Methode zur kardiovaskulären Leistungssteigerung. Schon nach zehn bis zwölf Wochen sind Erfolge sichtbar, auch Muskelkraft und Ausdauer sind gewachsen.

Fit fürs Rennen

Bei der Beschreibung der Trainingspläne im folgenden Kapitel werden Sie sechs Fitness-Elemente wiederfinden, die sich auf bestimmte Aspekte des Rennens beziehen (siehe rechts oben). Im Training können diese Elemente einzeln oder in Kombinationen optimiert werden. Vieles überschneidet sich, alles hängt zusammen, und im Verlauf eines

Herzfrequenz, gemessen während eines Radausflugs.

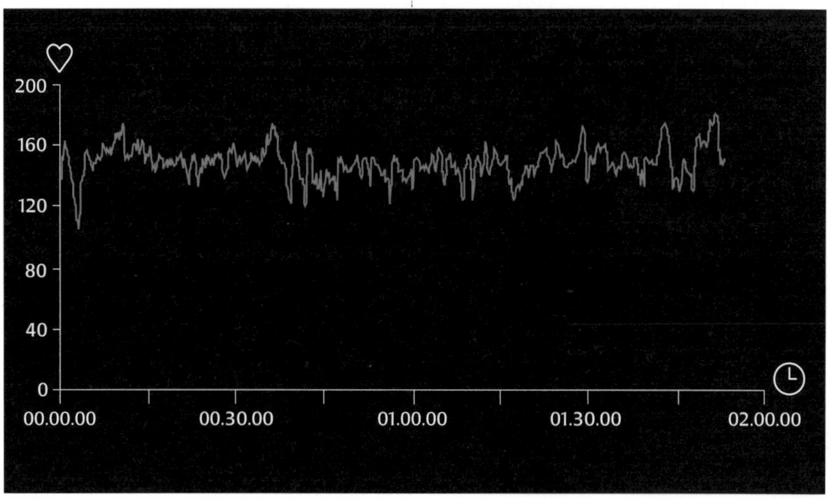

DIE SECHS FITNESS-ELEMENTE

1 **AEROBE KAPAZITÄT: Die Fähigkeit, lange Zeit mit niedriger Intensität zu fahren.**

2 **AEROBE ENERGIE: Ermöglicht Ausdauerbelastung in Spitzenbereichen über drei bis acht Minuten, beispielsweise im 4.000-Meter-Verfolgungsfahren.**

3 **GRENZBEREICH: Die maximale Leistung (gemessen am Pulswert), die Sie ohne schnelle Erschöpfung über mehr als zwanzig Minuten erbringen können.**

4 **KRAFTAUSDAUER: Lässt Sie schnelle Muskelkontraktionen bei überdurchschnittlichem Krafteinsatz durchhalten, zum Beispiel beim Erklimmen einer kurzen Steigung im grossen Gang.**

5 **SCHNELLKRAFT: Die explosionsartige Freisetzung maximaler Kräfte, etwa im Endspurt.**

6 **STEHVERMÖGEN: Die Fähigkeit zu kontinuierlicher Hochleistung unter Überwindung von Schmerz und Erschöpfung.**

Rennens werden Sie verschiedene oder alle Fitness-Elemente beanspruchen - unter Umständen sogar gleichzeitig.

Der Grenzbereich

Was geschieht, wenn Sie an Ihrer Grenze fahren? Bei hoher Leistung werden Kohlenhydrate in Energie umgewandelt (Glykolyse), als Abfallprodukt entsteht Milchsäure. Diese wird normalerweise von den Muskeln in dem Maße abgebaut, wie sie vom Körper produziert wird. Wenn Sie versuchen, noch mehr Leistung aus sich herauszuholen, bleibt Milchsäure im Muskel zurück und führt zu Ermüdung. Das zwingt Sie in den Schongang, um die gestörte Balance wiederherzustellen.

Durch planvolles Training können Sie Ihre Leistungsfähigkeit im Bereich vor dem Einsetzen des Milchsäure-Überschusses in den Muskeln erhöhen. Das wird durch den Ausbau der Energieleitungen bewirkt, durch die verbesserte Versorgung der Muskulatur mit Blut. Das Training sorgt gleichzeitig für den schnelleren Abbau der Milchsäure und baut durch erhöhte Blutzufuhr der Übersäuerung vor.

Muskeln

Bis zu welchem Niveau Sie die einzelnen Fitness-Elemente anheben können, hängt auch von genetischen Voraussetzungen ab. Leistungsfähigkeit und Trainingserfolge werden stark durch die Muskelstruktur definiert.

Muskeln bestehen aus Millionen gebündelter Fasern. Der Blutkreislauf trägt Sauerstoff und Nährstoffe heran, das Nervensystem stimuliert die Bewegung durch elektrische Impulse. Man kann Muskelfasern nach drei Funktionsformen unterscheiden: langsame, sauerstoffverbrauchende Fasern (LO); schnelle, sauerstoff- und glykogenverbrauchende Fasern (SOG); schnelle, glykogenverbrauchende Fasern (SG). Die Tabelle zeigt ihre Unterschiede.

Beispielsweise dürfte ein guter Bahnsprinter mit einem hohen Anteil an SG-Muskelfasern ausgestattet sein. Bei einem guten Straßenrennfahrer sind alle drei Arten vertreten, LO- und SOG-Fasern jedoch in der Überzahl. Und einem Marathon-Zeitfahrer hat Mutter Natur mit größter Wahrscheinlichkeit besonders viele LO-Fasern mitgegeben. Zwar lässt sich die Effizienz der Muskelfasern steigern, vor allem beim Typ SOG, aber Ihre Muskelstruktur wird sich (wenn überhaupt) nur sehr langsam ändern. Deshalb werden die muskulösen Beine eines Bahnsprinters ihn kaum je eine Bergetappe der Tour de France gewinnen lassen.

Typ	Eigenschaften	Fahrleistung	Trainingseffekt
ausdauernd	verarbeitet Fette und Kohlenhydrate	niedrige Dauerleistung	aerobe Kapazität, aerobe Energie, Grenzbereich
relativ ausdauernd	mehr von Kohlenhydraten als von Fetten abhängig	höhere Intensität	aerobe Energie, Grenzbereich, Kraftausdauer
schnell erschöpft	benötigt Kohlenhydrate und energiereiche Phosphate	Spitzenleistung	Schnellkraft, Stehvermögen

Wege zum Ziel

Betrachten wir die physischen Anforderungen verschiedener Radsportarten, wird eines klar: Mit Ausnahme einiger Bahn-Spezialitäten ist das kardiovaskuläre Training (aerobe Kapazität und Energie) der universelle Schlüssel zum Erfolg.

Die Fähigkeit, aerobe Körperarbeit durchzuhalten, wird allgemein als Ausdauer-Fitness bezeichnet. Es klingt vielleicht überraschend, aber nicht allein 24-Stunden-Zeitfahren und 160-km-Straßenrennen sind Ausdauerwettkämpfe, sondern auch das 4.000-Meter-Verfolgungsfahren auf der Bahn, obwohl es nicht viel länger als vier Minuten dauert.

Mit einem guten Level an Ausdauer sind Sie in der Lage, praktisch jedes Fahrradrennen zu bestreiten. Zum wirklichen Erfolg brauchen Sie mehr: jene besondere Form der Fitness, die aus Ihnen einen Wettkämpfer macht, nicht bloß einen Teilnehmer.

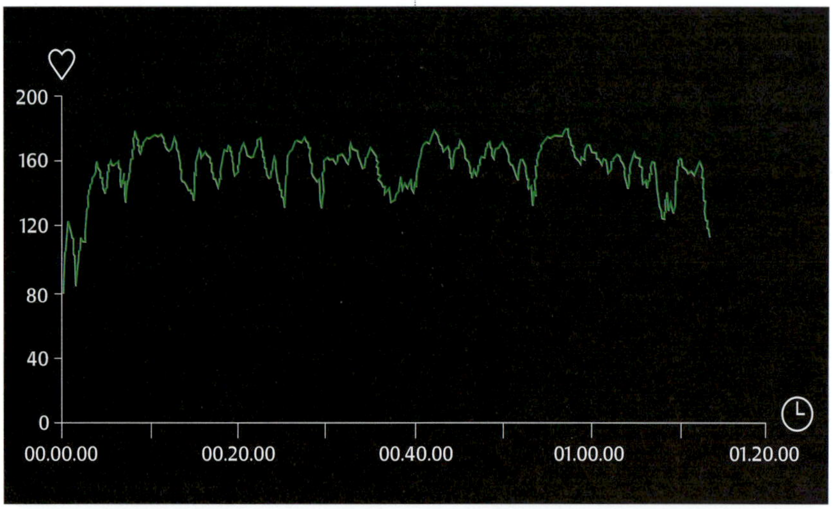

Straßenrennen

Bei anderen Ausdauersportarten wie etwa dem Marathonlauf wird ein gleichmäßiges Dauertempo angestrebt. Das Straßenrennen kennt dagegen verschiedene Intensitäten.

Physikalisch gesehen, könnte ein Radrennen von einem Rennfahrer verlangen, drei Stunden lang 200 Watt zu leisten, dabei mehrmals 500 Watt über jeweils drei bis vier Minuten und zusätzlich einen Endspurt mit 1.500 Watt. Das unterwirft den Fahrer gewaltigen Anstrengungen; er muss einfach alle Fitness-Formen trainieren.

Es gibt nur eine Methode, um ein As der Straße zu werden: Sie müssen lernen, mit all den ständig wechselnden Situationen umzugehen. Straßenrennen sind derartig taktisch und es gibt so viele Erfolgsrezepte, dass Sie einfach rundum fit sein müssen - und zusätzlich ein Spezialist auf dem einen oder anderen Gebiet. Der Fahrer sollte mit starker aerober Leistungsfähigkeit antreten, mit Ausdauer und der Fähigkeit, schmerzende Muskeln zu ignorieren. Er sollte in der Lage sein, mehrmals mit explosiver Schnellkraft auszubrechen oder Ausreißer zu verfolgen, und im Grenzbereich fahren können (s.S.57). Dazu muß der Körper trainiert sein, Fett zu verbrennen und Kohlenhydrate als Energiereserve zu speichern.

Das Diagramm auf Seite 58 dokumentiert Pulsschwankungen auf den ersten vier von insgesamt acht Runden eines 120-Kilometer-Straßenrennens. Die Herzfrequenz liegt zwischen 130 und 180 Schlägen. Bei Bahnrennen liegen die Werte manchmal noch viel weiter auseinander. Da kann ein Fahrer mitten in einem Peloton einen Puls von unter 100 haben, um ihn bei Attacken und Gegenattacken bis ans Maximum hochzupeitschen.

Generell steigt die Bedeutung der aeroben Kapazität und Energie mit der Dauer des Wettkampfes. Bei kürzeren Events wie Kriterien spielen Schnellkraft und Stehvermögen die wichtigere Rolle. Eins ist dabei aber klar: Der erfolgreiche Straßenfahrer muß allen Fitness-Aspekten genügen. Er benötigt aerobe Kapazität für Dauer-Power, aerobe Energie für kraftintensive Abschnitte (kurze Steigungen) und die Fähigkeit, bei Zeitwettbewerben und langen Ausreißversuchen im Grenzbereich zu fahren. Unverzichtbar sind auch Schnellkraft für wirksame Sprints und Stehvermögen, wenn es kurzfristig einmal bis an die Schmerzgrenze geht. Auch die Kraftausdauer muss entwickelt werden, um bei Gegenwind oder bei kurzen Steigungen mit hoher Geschwindigkeit nicht abgehängt zu werden.

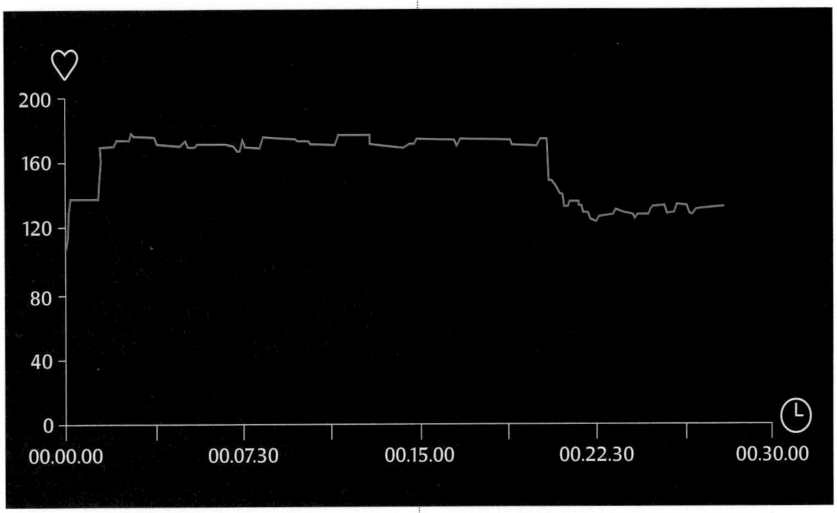

OBEN LINKS: *Die Pulsfrequenz eines Fahrers während vier Runden eines Straßenrennens.*
OBEN: *Pulsfrequenz während eines Zehn-Meilen-Zeitfahrens (16 Kilometer).*
LINKS: *Gleichmäßige Dauerleistung, die Grundlage des kardiovaskulären Trainings.*

Zeitfahren

Als Zeitfahrer müssen Sie die Herzfrequenz schnell bis in den Grenzbereich steigern und für die Dauer des Rennens dort halten können. Der Grenzbereich hängt von der Streckenlänge ab. Der Pulswert bei einem Zehnmeiler (16 Kilometer) kann bis zu 15 Schläge höher liegen als bei einem 50-Meilen-Rennen (80 Kilometer). Je nach Distanz ist es ratsam, noch weitere Fitness-Aspekte zu bearbeiten. Auf Langstrecken sind beispielsweise Stehvermögen und hohe aerobe Kapazität vonnöten. Fähigkeiten wie Schnellkraft sind beim Zeitfahren weniger gefragt. Im Diagramm sehen Sie die Pulswerte bei einem Zehn-Meilen-Zeitwettbewerb. Die Fahrerin kommt schnell in ihren Grenzbereich von 165-170 und bleibt auf diesem Level. Abfallende Pulswerte zeigen, dass eine Gefällestrecke gefahren wurde.

Bahnrennen

Im Ganzen gesehen ist der Bahnsport so variationsreich, dass jede Art von Fitness angesprochen wird. Bahnexperten für ganz bestimmte Events tun jedoch gut daran, sich auf spezialisierte Weise in Form zu bringen. Ein Sprinter kann sich allein der Schnellkraft widmen; beim Punkterennen ist dagegen die ganze Bandbreite gefragt.

Was Bahnfahren von anderen Rennen unterscheidet, ist die erforderliche hohe Trittfrequenz oder Kadenz. Initiiert wird sie durch wechselnde elektrische Impulse vom Nervensystem zu den Muskeln. Diese Technik kann nur durch lange Stunden mit hoher Trittfrequenz erlernt werden. Verbringen Sie viel Zeit damit, mit hoher Trittfrequenz durch die Bahn zu jagen, dann werden Sie in anderen Bereichen wie Straßenrennen einen leichten Leistungsabfall konstatieren. Hohe Kadenz bei relativ niedrigem Tretwiderstand begünstigt die ausdauerrelevanten LO-Muskelfasern (s.S.57) und vernachlässigt die für die Kraft zuständigen SG-Fasern. Die FOG-Muselfasern dagegen passen sich der Ausdauerleistung an.

Ernährung

Radfahrer scheinen leidenschaftliche Esser zu sein. Einige sollen ihr Rennrad nur aus einem Grund fahren: Weil sie nach Herzenslust futtern können, ohne zuzunehmen. Ernähren Sie sich bewusst und richtig, dann sollten Sie Ihre Leistung erheblich verbessern können.

FRÜHSTÜCK
75 g Vollkorn-Flakes mit 0,5 l fettarmer oder Soja-Milch
1 Banane
1 Scheibe Vollkornbrot mit 1 Teelöffel Olivenöl
0,25 l Fruchtsaft

MITTAGESSEN
150 g mageres Fleisch
1 Vollkorn-Brötchen
2 Teelöffel Mayonnaise oder Senf
3 Eßlöffel Krautsalat
Salat, Tomate
2 Haferkekse
1 frischer Pfirsich
0,5 l Mineralwasser

ABENDESSEN
Geschnetzeltes (75 g Huhn, 250 g gewürfeltes Gemüse, 2 Teelöffel Öl)
150 g Naturreis
200 g Orange- und Grapefruit-Schnitze
1 Becher Joghurt
0,5 l Fruchtsaft

SNACK
150 g Popcorn
0,5 l Fruchtsaft

Leider läuft uns bei vielen Speisen das Wasser im Mund zusammen, die unserer Leistung (und Gesundheit) eher abträglich sind. Nahrung und Diäten für Sportler - darüber wird soviel Widersprüchliches erzählt, dass allgemeine Verwirrung herrscht. Das gilt besonders für den ominösen Begriff »Leistungsernährung«.

Die Nährstoffe in unserem Essen erfüllen unterschiedliche Aufgaben: Kohlenhydrate spenden Energie, Proteine sorgen für den Aufbau und die Wiederherstellung von Gewebe; Vitamine und Minerale helfen, die Körperfunktionen zu steuern. Die richtige, vielseitige Ernährung enthält alle Nährstoffe, die fürs normale Leben wie für den Sport unverzichtbar sind. Eine gesunde Schmalspurdiät gibt es nicht, wir brauchen variantenreiche Mahlzeiten. Pellkartoffeln, sagt man, machen stark. Doch sie liefern nicht alle Vitamine, Minerale, Fette und Proteine, die wir zusätzlich brauchen.

Wie ein Formel-Eins-Rennwagen verwendet auch ein Radsportler nur den besten Treibstoff, angereichert mit Mineralien und Eisen zur Leistungssteigerung. Bei konstantem Training benötigen Sie natürlich mehr Kalorien als ein Stubenhocker. Es empfiehlt sich, diesen Hunger mit Kohlenhydraten und bestimmten Fetten zu stillen, die der Ausdauer dienen.

Das Menue rechts gibt einen Anhalt, was und wieviel ein Radathlet im Training zu sich nehmen könnte. Es ist keine Diät, der Sie unbedingt folgen müssten, und entspricht nicht unbedingt Ihrem persönlichen Kalorienbedarf.

Kohlenhydrate

Wenn Ausdauersportler wie Radfahrer essen, verschwinden vor allem Kohlenhydrate zwischen ihren Zähnen. Energie kann der Körper aus Kohlenhydraten, Fetten und Proteinen beziehen. Im Hochleistungsbereich, der für ein Rennen so wichtig ist, wird das Kraftwerk Körper von Kohlenhydraten gespeist. Vergessen Sie deshalb nicht, genügend davon zu sich zu nehmen, und sorgen Sie auf langen Fahrten und Rennen unterwegs für Nachschub (s.S.62). Komplexe Kohlenhydrate bringen den meisten Nutzen, sie sind in Nudeln, Reis, Brot, Getreide, Kartoffeln und ähnlichen Grundstoffen vorhanden. Diese Lebensmittel sollten etwa 60 Prozent Ihres Kalorienbedarfs abdecken. Das heißt, essen Sie davon, soviel Sie können!

Auch bei frischem Obst und Gemüse, Hülsenfrüchten, Fisch in Öl und Huhn dürfen Sie nach Herzenlust zulangen. Alles sollte frisch zubereitet und möglichst auch chemiefrei erzeugt sein.

Fett

Fett wird als Bestandteil der Radler-Diät stiefmütterlich behandelt; viele lehnen es ganz ab. Dabei sorgt es für Energie und enthält vitale Nährstoffe. Fette sind eine Hauptquelle für das

Vitamin E, einem wirksamen Gegenmittel für die Belastungen des Intensivtrainings. Ein Sportler, der seinen Fettverbrauch auf Null setzt, riskiert Gesundheitsschäden und Leistungsverlust. Es kommt darauf an, gesunde Öle maßvoll zu sich zu nehmen, und ungesunde (etwa durch hohe Anteile gesättigter Fettsäuren) zu meiden. Gut geeignet sind unter anderem Ölsardinen und -makrelen und kaltgepresstes Olivenöl vom Typ Extra Vergine.

Nahrungszusätze

Die Kanalisation eines Olympischen Dorfes soll das nährstoffreichste Gewässer der Welt sein. Schließlich werfen die Athleten so viel Vitamine, Mineralstoffe und andere Hilfsmittel ein, dass der Körper den Überschuss loswerden muss.

Noch sind sich die Wissenschaftler nicht einig, ob Sportler von Zusätzen profitieren. Ein Argument dafür wäre, dass ein hart geforderter Rennfahrer mehr Vitamine benötigt als ein passiv lebender Mensch. Andererseits isst er auch mehr und holt sich auf diese Weise automatisch, was er braucht. Nun bringt die moderne Nahrungsmittelproduktion keine besonders vitalen Lebensmittel zustande, und viele Radsportler haben wahrscheinlich auch keinen perfekten Speiseplan. Deshalb können hochwertige Vitamin- und Mineralpräparate eine sinnvolle Leistungsversicherung sein.

Flüssigkeitsaufnahme und -ersatz

Viele Fahrer wissen nicht, dass sie durch richtiges Trinken vor, während und nach dem Rennen ihre Leistung nachweislich steigern können. Vor allem bei Fahrten unter heißer Sonne muss der Flüssigkeitsspiegel konstantgehalten werden: Der Körper kann durch Schweiß und Ausatmen über einen Liter Flüssigkeit pro Stunde verlieren.

Hoffentlich verfallen Sie nicht darauf, Ihren Nachschubbedarf an einem heißen Trainingstag nur am Durst zu messen, denn das Durstgefühl vergeht schon nach ein paar schnellen Schlucken. Wasser pur verdünnt das Blut, erhöht die Urinproduktion und bewirkt eine noch schnellere Dehydration. Das mit dem Schweiß eingebüßte Salz ersetzen Sie besser mit Elektrolyt-Drinks, denn hier bleibt das Durstgefühl erhalten und die Urinproduktion wird verzögert.

Außerdem sollte Ihr Aufbaugetränk sechs bis acht Prozent Trauben- oder Rohrzucker enthalten. Diese Kohlenhydrate liefern Treibstoff für die Muskelarbeit, regen die Verdauungsorgane zu stärkerer Flüssigkeitsabsorption an und schmecken gut.

TIPS ZUM TANKEN

1 Nehmen Sie zwei Stunden vor dem Start 0,5 l Flüssigkeit zu sich.

2 Trinken Sie 15 Minuten vorher weitere 0,25 l.

3 Während des Trainings oder Rennens brauchen Sie alle 15 bis 20 Minuten mindestens 0,15 l Flüssigkeit.

4 Schränken Sie vor oder während eines Wettkampfes nie den Flüssigkeitskonsum ein.

5 Gehen Sie vorher und nachher ohne Kleider auf die Waage. Gleichen Sie jedes Kilo Gewichtsverlust durch 1,5 l Flüssigkeit aus.

6 Wählen Sie ein Elektrolyt-Getränk zur schnellen Regeneration. Es sollte auch Trauben- oder Rohrzucker enthalten.

7 Vermeiden Sie coffeinhaltige und alkoholische Getränke; sie stimulieren die Urinproduktion und verursachen Dehydration.

Essen vor dem Wettkampf

Trotz aller Legenden über geheime Rezepte sollte sich Ihre Speisekarte vor und bei dem Wettkampf nicht wesentlich von den gewohnten Mahlzeiten unterscheiden. Vor allem muss der Körper mit dem größtmöglichen Kohlenhydrat-Vorrat und voll aufgetankt ins Rennen gehen.

In der Vorbereitungsphase zum Wettkampf wird das Training normalerweise etwas heruntergefahren (s.a.S.84), was zugleich den Kalorienbedarf reduziert. Achten Sie aber darauf, Ihre Kalorien vor allem aus komplexen Kohlenhydraten zu beziehen, und sichern Sie sich mit ausreichend Wasser gegen Dehydration ab. Dies ist von größter Bedeutung, weil Kohlenhydrate nur zusammen mit Wasser gespeichert werden können. Wenn Sie üppig essen, ohne zu trinken, holen sich die Kohlenhydrate ihr Wasser aus anderen Geweben: Sie sind ausgetrocknet, bevor der Startschuß fällt.

Aufnahme von Kohlenhydraten

Hier kommt es auf die richtige Menge an, die vor, während und nach jedem Event verzehrt wird. Das gilt für jeden Einsatz von mehr als einer Stunde (oder

für mehrere kürzere, wie bei Bahnrennen). Unten sehen Sie ein paar einfache Gleichungen, mit denen die Idealwerte errechnet werden können.

Drei Stunden vor dem Start sollte das Essen auf dem Tisch sein, damit man nicht mit vollem Magen losfährt. Was und wieviel tut Ihrem Magen gut? Wir

SO VIEL KOHLENHYDRATE MÜSSEN SIE HABEN

1 Gehen Sie auf die Waage, K ist Ihr Körpergewicht in Kilogramm
2 Gesamtbedarf in Gramm am Tag vor dem Rennen: K x 8
3 Bedarf bei der letzten Mahlzeit vor dem Rennen: K x 3
4 Verbrauch pro Stunde während des Rennens: K x 0,7 bis K x 1,25
5 Bedarf unmittelbar nach dem Rennen: K bis K x 1,5, dazu K x 0,4 Protein
6 Kohlenhydratgehalt der nächsten Mahlzeit nach dem Rennen: K bis K x 1,5

50 GRAMM KOHLENHYDRATE:

0,83 l Traubenzuckerlösung (60 g/l)
0,66 l Malzzuckerlösung (75 g/l)
0,5 l Maissiruplösung (100 g/l)
0,25 l Malzzuckerlösung (220 g/l)
67 g Honig
50 g weißer Zucker
4 Scheiben Brot (egal, welches)
59 g Cornflakes
78 g Rosinen
1 große Pellkartoffel
200 g Mais
198 g gekochte Spaghetti
370 g gekochte Eiernudeln
169 g gekochter weißer Reis
220 g Kidney-Bohnen
249 g Linsen
310 g Weintrauben
3 Orangen
2,5 Äpfel
45 Kirschen
8 Datteln
5 Feigen
2,5 Grapefruits
5 Pfirsiche
2 Birnen
5,5 Pflaumen
0,995 l Magermilch

haben eine Reihe von Portionen aufgelistet, die jeweils 50 g Kohlenhydrate enthalten.

Energy-Drinks

Was hat es mit diesen Zaubertränken auf sich? Brauche ich sie oder nicht, tragen sie mich wie auf Flügeln zum Sieg? Die Kohlenhydrat-Vorräte Ihres

Um richtig zu wirken, müssen Energy-Drinks die empfohlene Konzentration haben.

Körpers reichen höchstens neunzig intensive Fahrminuten, bei Zwischenspurts vielleicht nur sechzig. Danach verbrennt der Körper die in der Blutbahn befindlichen Kohlenhydrate, bevor er sich schließlich an die Fettvorräte macht. Wenn Sie unterwegs etwas zu sich nehmen, können Sie das Problem teilweise in den Griff bekommen. Oft wird es möglich sein, während der Fahrt feste Nahrung aufzunehmen und den Verbrauch auszugleichen. Energy-Drinks aber liefern Kohlenhydrate von komplexem Aufbau (ähnlich jenen, die Nudeln so empfehlenswert machen) in der Flasche. Damit sind sie beim Radfahren wesentlich praktischer zu konsumieren.

Soweit die Theorie. Nun sind sich die angebotenen Produkte so ähnlich wie ein Teller Nudeln einer Tafel Schokolade: Beide enthalten Zucker, aber der in der Pasta ist komplexer, magenfreundlicher und leistungsfördernder. Weißer Zucker liefert ebenfalls Energie, hat aber zwei Nachteile. Vorher eingenommen, kann er den dringend benötigten Blutzuckeranteil absenken. Außerdem schmeckt das in der nötigen Konzentration gemixte Zuckerwasser zu süß. Lesen Sie, welche Inhaltsstoffe auf dem Label eines Energy-Drinks stehen. Gut sind Glukose-Polymere (= Maltodextrin, Glukose-Komplexe, komplexe Kohlenhydrate). Manche sind zusätzlich mit Fruchtzucker, Elektrolyten und Vitaminen angereichert.

Testen Sie Ihren Drink beim Training, nicht alle Produkte werden Ihnen gleich gut bekommen. Trinken Sie 0,4 l pro Stunde im Winter und bis zu 0,75 l pro Stunde im Sommer, das kann der Magen gut vertragen. Beim Rennen vergisst man allerdings leicht das Trinken.

Eine letzte Anmerkung: Man liest, dass starker Konsum von Energy-Drinks zu Zahnproblemen führen könne. Wenn diese Getränke Ihr tägliches Training begleiten, sollten Sie anschließend vielleicht gründlich die Zähne putzen.

Energy-Gel

Als alternative Kraftspender für Training und Wettkampf sind inzwischen auch Tuben mit Energy-Gel auf dem Markt. Der Inhalt ist ähnlich wie bei den Drinks, nur zähflüssiger. Im Prinzip eine exzellente Lösung, um Kohlenhydrate in der Trikottasche mitzuführen. Man sollte sie jedoch nur mit Wasser einnehmen, weil das Gel sich dieses sonst aus dem Gewebe holt und eine Dehydration verursachen

Nach dem Rennen: Der Fahrer füllt in Ruhe seine Energievorräte wieder auf.

kann. Davon abgesehen, sind sie gute »Nachbrenner« für Langstreckenfahrer. Viele trinken lieber klares Wasser zum Energy-Gel als kommerzielle Drinks mit synthetischem Geschmack.

Stretching und Massage

Im harten Training hängen Gesundheit und Fitness stark davon ab, wie schnell Sie sich regenerieren können. Stretching und Massage sind ideale Hilfsmittel, um die Härten des Radsports zu mildern - einfach zu haben und kostengünstig.

Viele Pedalkämpfer sehen Stretching als eine Art Foltermethode an und setzen die Dehnungsübungen ganz unten auf den Trainingsplan. Dabei dient es nicht nur der schnellen Erholung und beugt Verletzungen vor; es kann sogar den Leistungs-Output der Muskulatur erhöhen.

Als Folge harten Radfahrens verlieren die Muskeln allmählich ihre Elastizität, und die Gelenke werden steif. Hier kommt das Stretching gerade recht; es macht geschmeidig und steigert die Beweglichkeit. Gut eingearbeitete Muskeln und Gelenke sind unter Wettkampfbedingungen weniger verletzungsanfällig. Und je länger der Körper mitmacht, desto länger können Sie Ihr Tempo durchhalten. Die notorische Steifheit und Verkrampfung nach dem Absteigen lässt sich durch korrektes Stretching nach dem Rennen abmildern oder ganz auflösen.

Eine der besten Methoden ist das statische Stretching, wobei jeder Muskel langsam angespannt wird, ohne an die Schmerzgrenze zu gehen. Die für Radsportler wichtigsten Muskelpartien sind Waden, Quadrizeps (vorn am Oberschenkel), Bizeps Femoris (Rückseite), Rücken und Schultern. Auf diese Bereiche konzentriert sich das Stretching.

Fangen Sie stets mit einer sanften Dehnung an und halten Sie die Position etwa 20 Sekunden oder bis Sie eine Entspannung spüren. Während des Stretchens sollte die Anspannung langsam weichen. Falls nicht, geben Sie etwas nach, bis Sie sich wieder relaxed fühlen. Die sanfte Dehnung wird nun bis zur erneuten Anspannung zentimeterweise gesteigert und weitere 5-30 Sekunden gehalten. Wieder sollte die Spannung absinken oder wenigstens gleichbleiben. Nimmt sie zu oder beginnt der Muskel zu schmerzen, spricht man von Overstretching. Nehmen Sie die Dehnung wieder bis auf ein erträgliches Level zurück. Diese Prozedur, ein paarmal für jede Muskelgruppe durchgeführt, erzielt die besten Resultate.

Nie sollten Sie eine Dehnung ruckweise erzwingen, denn dadurch können winzige Faserrisse entstehen. Das in der Folge wachsende Narbengewebe macht die Muskeln weniger beweglich, als sie vorher waren.

Stretching dürfen Sie gerne losgelöst vom Trainingsplan sehen. Steht nur wenig Zeit für den Workout zur Verfügung, etwa in der Mittagspause, sparen Sie sich die Dehnübungen für später auf. Mehrmals täglich zwei bis fünf Minuten Stretching ist exzellent, um die Muskeln elastisch und leistungsbereit zu halten. Detaillierte Tips bekommen Sie von den Spezialisten im Fitness-Center oder in Sportmagazinen.

Massage

Massiert wird in erster Linie, um die Durchblutung der Muskeln zu stimulieren, um die toxischen Stoffwechsel-Rückstände über das lymphatische System wegzuschwemmen und um verkrampfte oder verhärtete Muskelfasern zu lockern. Massage wird immer zum Herzen hin ausgeführt; sie imitiert den Vorgang, mit dem die Muskeln das Blut durch die Einbahnstraße der Venen zurückpumpen.

Vier Grundaktionen kennt die Massage. Beim Streichen werden Handfläche und Finger großflächig über die Haut geführt. Leichtes Streichen regt die Hautdurchblutung an, bei kräftigerem Druck setzen Sie auch den Handballen mit ein. Diese Technik können Sie auch als Laie sehr gut allein an sich selbst ausüben.

Das Kneten ist eine kraftvollere Form der Massage. Hier greifen die Finger den Muskel, heben ihn an, drücken und rollen ihn gefühlvoll in Längsrichtung.

Beim Drücken wird eine begrenzte Zone mit den Fingerspitzen oder Daumen bearbeitet; der Druck ist

MASSAGE-TIPS

1. **Eine spezielle Bank brauchen Sie nicht; ein Handtuch auf dem Küchentisch oder dem Teppich tut es auch.**
2. **Massageöl oder Body Lotion sind angenehme Hilfsmittel.**
3. **Die Hände massieren zum Herzen hin und gleiten leicht wieder zurück.**
4. **Lassen Sie die Finger von Verletzungen - das ist ein Job für den geübten Masseur!**
5. **Halten Sie alle Partien, die gerade nicht massiert werden, mit einem Handtuch o.ä. warm.**
6. **Wenn Sie sich selbst massieren, stellen Sie den Fuß bei gebeugtem Knie auf einen Stuhl. So erreichen Sie die Wade und die Rückseite des Oberschenkels, ohne den Rücken zu beugen.**
7. **Adressen erfahrener Sportmasseure bekommen Sie bei Ihrem Radsportverein.**

mäßig bis kräftig. Diese Methode wird häufig in der Peripherie von Verletzungen oder krampfartigen Verspannungen angewendet.

Klopfen ist jene klatschende Tätigkeit, die man aus Filmen kennt. In der seriösen Sportmassage spielt sie fast keine Rolle, sie wird aber gerne von Möchtegern-Masseuren als Shownummer demonstriert.

Massage ist einen Versuch wert, und wenn es auch nur die schlichte Do-it-Yourself-Version ist. Zumindest bewirkt sie eine angenehme Entspannung nach dem Training - vorausgesetzt, sie greifen nicht brutal in die Muskeln.

Beginnen Sie auf den Oberschenkeln, nehmen Sie jeden einzelnen Muskel sanft unter die Finger. Am Knie kann die Durchblutung durch kreisende Bewegungen des Daumens gefördert werden, aber drücken Sie bitte nicht zu fest aufs Gelenk.

Am Unterschenkel streichen Sie nun die Muskeln links und rechts vom Schienbein zum Knie hin aus. Die Waden werden kreuz und quer gerubbelt, um sie aufzulockern. So reagieren sie besser auf das später folgende Streichen.

Reiben Sie nun vorsichtig die Rückseite des Oberschenkels, vom Knie bis zur Hüfte. Versuchen Sie, leicht zu kneten, gefolgt vom Streichen.

Zurück zu den Waden. Mit den Fingern wird Feinarbeit geleistet, mit dem Handballen streichen Sie in ganzer Länge kräftig aus. Leichtes Kneten mit Daumen und Zeigefinger macht die Achillessehne wach; sie ist normalerweise viel schwächer durchblutet als die Muskeln.

Schließen Sie mit glatten Strichen über die ganze Länge des Beins; erst hinten, dann vorn.

Rennfahrer leiden oft unter einem verspannten Nacken, besonders, wenn die Hände an den Lenkerenden liegen. Schon einfaches Kneten der Nacken- und Schultermuskeln kann Erleichterung schaffen. Hat der Wettkampfstress Ihnen Kopfschmerzen bereitet, so drücken Sie die Daumen an den Nackenansatz am Hinterkopf.

Massage entspannt und baut auf; der professionelle Masseur kann auch Verletzungen behandeln.

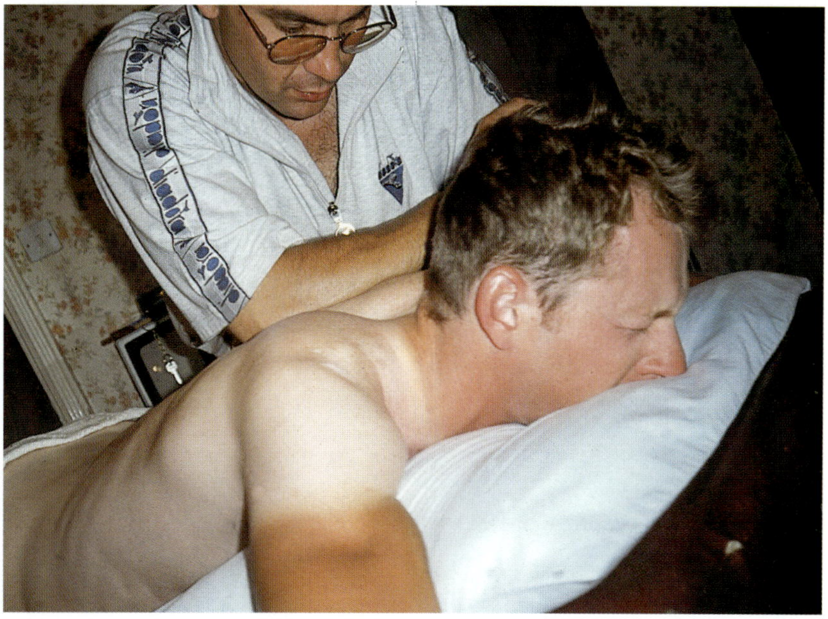

Total body conditioning

Locker und aufgewärmt in den Wettkampf - so schützen Sie sich vor Sportverletzungen. Noch umfassender wirkt das Total Body Conditioning, die sportliche Entwicklung des ganzen Körpers - ein Muss für jeden Leistungssportler.

Auch bei Radsportlern bezieht sich dieses Training auf den gesamten Körper. Man möchte hauptsächlich das Verletzungsrisiko vermindern, doch vermutlich führt die gleichmäßigere Muskelbildung auch zu mehr Leistung hinter dem Fahrradlenker. Ein kräftiger Oberkörper muss weniger Energie für die Rennposition aufwenden. Das setzt Blut und Nährstoffe für die Beinmuskeln frei. Zudem können ausgebildete Muskeln Milchsäure in Brenztraubensäure umwandeln, eine willkommene Energiequelle für aerobe Körperarbeit. Bekanntlich produzieren die Beine bei intensivem Training viel Milchsäure. Es gibt Anzeichen dafür, dass ein gut entwickelter, entspannter Oberkörper diese in Brennstoff umwandelt und in die Muskelzellen der Beine zurückschickt.

Unser Übungsplan ist für Radfahrer gedacht, die eine universelle Muskelbildung anstreben. Sollten Sie kein Fitness-Studio in der Nähe haben oder ohnehin lieber für sich trainieren, so wäre zu bedenken, ob Sie sich eines der zahlreich angebotenen und meist sehr günstigen Gebrauchtgeräte anschaffen und zu Hause aufstellen wollen.

Jede Session sollte in zwei bis vier Sets ablaufen, in denen jede Übung acht- bis zwölfmal wiederholt wird.

1. Jede Hand hält ein Gewicht. Heben Sie die Hände seitlich auf Schulterhöhe, dann über den Kopf, bis die Arme senkrecht nach oben zeigen. Kurz bevor sie ausgestreckt sind, nehmen Sie sie langsam wieder in die Ausgangsposition zurück.

2. Stellen Sie Ihre Füße schulterbreit auseinander, nehmen Sie ein Gewicht in jede Hand, lassen Sie es dabei auf der Schulter ruhen. Beugen Sie mit geradem Rücken die Knie bis zu einem Winkel von 90 Grad. Zählen Sie bis zwei und gehen Sie langsam wieder in die Ausgangsposition.

3. In jeder Hand ein Gewicht, hängen die Arme seitlich herunter. Lassen Sie die Ellenbogen an den Hüften und heben Sie langsam die Hände bis an die Brust. Dann wieder absinken lassen.

4. Sitzen Sie mit geradem Rücken und dem Gewicht auf den Fußgelenken (Bild unten). Strecken Sie langsam die Beine durch, dabei heben Sie das Gewicht. Zählen Sie bis zwei, lassen sie die Beine dann langsam wieder sinken, aber nicht ganz zurück zur Ausgangsposition.

5. Stellen Sie sich aufrecht hin, die Arme hängen locker mit einem Gewicht in jeder Hand. Beugen Sie sich aus der Hüfte nach vorn, bis der gestreckte Rücken parallel zum Boden ausgerichtet ist. Heben Sie die Gewichte Richtung Brust bis die Ellenbogen einen rechten Winkel bilden. Zählen Sie bis drei und lassen Sie sie langsam wieder in die Ausgangsposition gleiten.

6. In jeder Hand halten Sie ein Gewicht. Heben Sie die gestreckten Arme seitlich bis auf Schulterhöhe, anschließend langsam wieder runterlassen.

7. Legen Sie sich mit dem Gesicht nach unten auf die Bank, das Gewicht ruht auf den Achillesfersen. Beugen Sie langsam die Knie und heben Sie das Gewicht, bis die Fersen fast den Po erreichen. Zählen Sie bis zwei und lassen Sie dann sehr langsam das Gewicht wieder herunter. Seien Sie vorsichtig, hier kann es leicht Zerrungen geben.

8. Sie liegen auf dem Rücken, die Knie aufgestellt und die Füße flach auf dem Boden. Legen Sie die Hände auf die Oberschenkel und lassen Sie sie zu den Knien hochgleiten, indem Sie Schulter und Kopf anheben. Zählen Sie bis zwei und lassen Sie sich dann langsam wieder in die Ausgangsposition gleiten.

Mit den richtigen Übungen lässt sich der Körper in guter Form halten, zuhause oder im Sportstudio: ideal für die winterliche Schlechtwetterperiode.

Fangen Sie langsam und mit geringer Belastung an! Am Anfang werden Sie experimentieren müssen, um den erforderlichen Widerstand für jede Übung auszuloten. Den letzten Set sollten Sie gerade noch schaffen. Die letzten beiden Übungen wiederholen Sie, bis nichts mehr geht.

Der Winter ist ideal zum Trainingsbeginn, und den besten Effekt erzielen Sie mit zwei, maximal drei Sessions pro Woche. Ist der Körper erst einmal athletisch durchgeformt, reicht zumeist eine wöchentliche Session zu Hause oder im Sportstudio, um auch während der Radsportsaison rundherum fit und in Form zu bleiben.

MET
JETSTREAM
BRIKO
maxim
M-TRAX
time

5. KAPITEL

Ihr individueller Trainingsplan

Viele Rennradfahrer scheinen ihr Training nach dem Prinzip von Versuch

und Irrtum durchzuführen. Dabei gibt es bessere Wege zur korrekten Trainingsmethode. Im Training unterwerfen Sie Ihren Körper physischen Anstrengungen und zwingen ihn, sich daran zu gewöhnen. So wird er in Zukunft ähnliche Belastungen leichter ertragen. Je mehr Sie den künstlichen Stress den Anforderungen des Wettkampfes anpassen, desto besser wird Ihre Leistung sein. Im Folgenden finden Sie die Aufstellung eines maßgeschneiderten Trainingsplans für Ihre Rennpraxis.

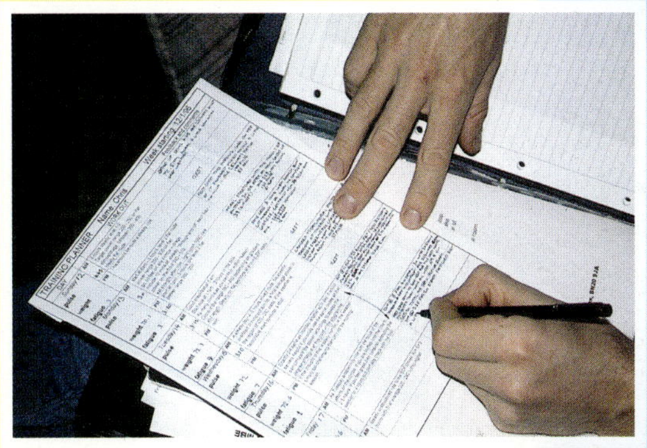

Die Grundregeln

Das Training für bessere Leistung im Radsport unterliegt bestimmten Regeln. Wenn Sie sie kennen und konsequent umsetzen, können Sie von der investierten Zeit und Mühe profitieren.

Wenn alles anfängt, erleidet der Körper erstmal einen Schock - zum Beispiel Muskelkater am Tag nach dem ersten Gewichtstraining. Das gibt sich bald, und man entdeckt die ersten Erfolge. Typisch für Anfänger ist, dass sie sehr viel Trainingszeit für ein bestimmtes Rennen aufwenden.

Irgendwann merken Sie, dass die Leistungskurve flacher wird, und nach ein paar engagierten Trainingsjahren stagnieren Sie auf einem bestimmten Niveau - oder büßen gar Fitness ein.

Um einen neuen Schub zu bewirken, trainieren viele Fahrer dann öfter oder härter. In der Rennszene herrscht traditionell die Ansicht, je mehr Kilometer jemand führe, desto fitter sei er. Im Extremfall führt das zum Kollaps des Immunsystems und des Muskelgewebes: chronisches Übertraining.

Wenn Sie Ihr Trainingsprogramm planen, müssen verschiedene Regeln und Prinzipien bedacht werden, damit Sie Ihr Ziel erreichen und nicht auf einem Niveau stagnieren. Diese Regeln finden Sie weiter unten und auf Seite 72. Wenn Sie sie nicht oder nur halbherzig befolgen, verschenken Sie wertvolle Trainingszeit.

Das Prinzip der Superkompensation

Die Grundidee: Der einzige Weg zur Fitness führt über die Belastung des Körpers - oder bestimmter Organe oder Strukturen - und die anschließende Erholung. Anders ausgedrückt, der Körper passt sich den neuen Bedingungen an, um zu überleben. So führt etwa ein langer Aufenthalt in großer Höhe (eine physische Belastung) zu einer Veränderung der Blutstruktur.

Indem Sie sich systematisch bestimmten Beanspruchungen unterwerfen, können Sie praktisch jede physiologische Leistung gezielt steigern. Wollen Sie die Armkraft verbessern, heben Sie schwere Gewichte. Möchten Sie die Fähigkeit zur Fettverwertung steigern, fahren Sie so, dass das Fett als vorrangiger Brennstoff genutzt wird.

Das Diagramm verdeutlicht dieses Prinzip. Nach einer oder mehreren Trainingssequenzen ist der Körper erschöpft. In der Erholungsphase passt er sich dem Stress an und ist biologisch besser in Form als zuvor. Diese positive Reaktion auf Stress nennt man Superkompensation. Der Effekt hält aber nur kurze Zeit an. Überlässt man den Körper sich selbst, kehrt er zum alten Zustand zurück.

Das Overload-Prinzip

Die Idee ist der Überkompensation nicht unähnlich. Um die Körperkraft, um Muskeln oder Ausdauer zu verbessern, muss das Training anstrengender sein als die normale Situation.

Wenn Sie bei jedem Workout die gleiche Strecke mit der gleichen Geschwindigkeit zurücklegen, stagniert die Entwicklung Ihres Körpers. Viele Fahrer quälen sich zuwenig beim

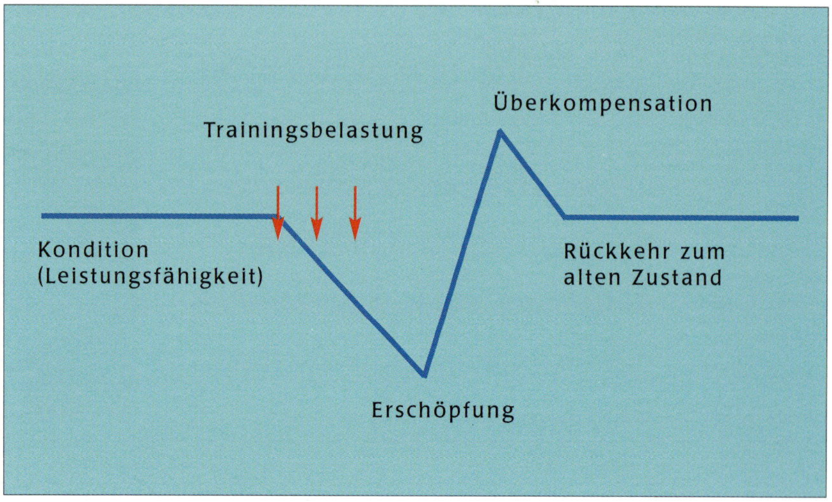

Das Prinzip der Überkompensation beim Training.

Training. Es gelingt ihnen deshalb auch nicht, sich beim Rennen zu verbessern. Wenn Ihre Übungsroutine sich in den letzten Jahren wenig geändert hat - gleicher Plan, gleiche Strecke, gleiches Tempo - dann ist die Zeit reif fürs Overload.
Die Überlastung im Training hat drei Aspekte, die Sie in Ihrem Trainingsplan berücksichtigen müssen:

- Intensität: Wie hart Sie trainieren, gemessen an Pulsrate, Fahrgeschwindigkeit und subjektivem Eindruck
- Dauer: Wie lange Sie eine bestimmte Fahrleistung durchhalten beziehungsweise wiederholen
- Häufigkeit der Workouts

Manchmal kann der Overload zum Problem werden, weil der Körper sich so hervorragend an den Trainingsstress anpasst. Damit der Prozess weitergeht, schraubt man die Anforderungen immer höher, bis der Körper sich schließlich nicht mehr regenerieren kann. In dieser Situation trainiert man am besten Bereiche, in denen man noch starke Defizite hat, oder konzentriert sich auf bestimmte Muskelgruppen, wodurch andere sich erholen können (s.S.72).

Das Prinzip der Spezialisierung

Zurück zum Plateau. Jahrelang haben Sie trainiert und Rennen gefahren, nun ist ein Stillstand eingetreten oder die Fitness lässt sogar etwas nach. Was tun? Machen Sie sich klar, in welchen Rennen Sie erfolgreich sein wollen und welche speziellen Fähigkeiten dazu nötig sind. Prüfen Sie dann, ob Ihr Training diese Anforderungen berücksichtigt.

Wollen Sie zum Beispiel bei Zeitfahren erfolgreich sein und streben die 45 km/h-Marke an, müssen Sie sich fragen: Wie intensiv arbeite ich an diesem Ziel? Im Rennen kann nichts gelingen, was nicht vorher trainiert wurde. Oder betrachten Sie einmal ein durchschnittliches Dreistunden-Rennen. Die meisten, wenn nicht alle Teilnehmer im Feld, halten durch. Aber Straßenrennen werden nicht nur durch Ausdauer entschieden: Top-Fahrer müssen ausgeprägte Angriffsqualitäten entwickeln und im Kampf um den Sieg ganz spezielle Techniken beherrschen. Schnellkraft, Stärke, Tempo und Stehvermögen - Werte, die das typische Streckentraining nicht hervorbringen kann. Die Mehrzahl der Fahrer trainiert für Fitness, aber nicht für den Wettkampf. Klipp und klar: Das konservative Training über Hunderte von Kilometern fern aller Rennrealität ist Zeitverschwendung.

Bei der Superkompensation passen sich die Muskeln, die im Training und im Wettkampf stark gefordert werden, den von außen diktierten Belastungen an. Dasselbe gilt auch für andere Organe und Gewebe. Um diese Erkenntnis bestmöglich zu nutzen, müssen Sie das Training entsprechend gestalten. Es soll mehr Fitness in genau den Bereichen bewirken, in denen Sie zum Erfolg fahren möchten, es soll also genau gezielt wirken.
(Anmerkung: Rennen sind nicht das beste Training fürs Rennen, obwohl ein Konkurrent am Hinterrad stimulieren kann.)

Hier kommen wieder die sechs Fitness-Elemente ins Spiel (s.S.56). Haben Sie den Ehrgeiz, ein explosiver Sprinter zu werden, trainieren Sie die Schnellkraft. Fehlt Ihnen Ausdauer, setzen Sie Übungsfahrten zur Schulung der aeroben Kapazität auf den Stundenplan. Fragen Sie sich einfach: Was will ich mit dem Training bezwecken?

Das Prinzip der Spezialisierung ist von gnadenloser Konsequenz.
Jeweils ein Fitness-Aspekt steht im Vordergrund, und es ist schwierig, gleichzeitig noch in einem zweiten Bereich fit zu werden. Spezialtraining auf einem Gebiet kann die Leistung auf einem anderen dämpfen. Verbessern Sie zum Beispiel die aerobe Kapazität, schränken Sie gleichzeitig die maximale Kraft ein.

Zusammengefasst

Der Weg zum besseren Rennradfahren führt über das traditionelle Kilometertraining und über das moderne, fitnessorientierte Training. Auf Streckenfahrten holen Sie sich Kondition, um ein Rennen überhaupt durchzuhalten. Im Spezialtraining geben Sie sich den letzten Schliff, um als Wettkämpfer auf Sieg zu fahren. Der erste Teil ist leicht, und alle tun es. Der zweite muss sorgfältig geplant werden - das ist mehr als nur Radfahren...

Vermeiden Sie Übertraining

Üben führt zum Erfolg - klare Sache.
Deshalb wollen Sie schließlich herausfinden, wann und wie trainiert werden muß.
Man sollte aber auch wissen, wann Ruhe angesagt ist.
Lernen Sie von den Profis, wie man durch Pausen seine Kondition bewahrt.

Das Trainings-Prinzip ist segensreich. Leider funktioniert es auch umgekehrt: Wenn Sie den Körper zu lange in Ruhe lassen, stellt er sich auf die niedrigeren Ansprüche ein. Mit anderen Worten, wenn Sie Ihr Trainingsprogramm unterbrechen, bleibt die eisern erkämpfte Kondition nicht erhalten. Besonders ärgerlich: Die Rutschfahrt ins Leistungstief geht schneller als das Erklimmen des Fitness-Plaeteaus.

Es gibt aber auch eine gute Nachricht: Nachdem Sie durch unermüdliches Training einen hohen Grad an Leistungsfähigkeit gewonnen haben, kostet es weniger Mühe, dieses Niveau zu bewahren. Sie brauchen höchstens halb so viele Sessions, unter Umständen nur noch ein Drittel, um die Kondition auf hundert Prozent zu halten. Wenn Sie wissen, dass Sie mit 15 Trainingsstunden pro Woche eine solide Ausdauer-Basis schaffen, können Sie sich auch freuen, dass anschließend fünf bis sieben Stunden pro Woche reichen, um fit zu bleiben.

Das ist höchst willkommen in jenen unvermeidlichen Zeiten, wo man für exzessives Radfahren einfach keine Zeit findet. Außerdem können Sie überlegen, wie sich die Stunden, die Sie vorher mit Kilometerfressen verbracht haben, nun sinnvoll einsetzen lassen.

Vielleicht ist es jetzt an der Zeit, die für Ihre Lieblingsdisziplin nötigen Fähigkeiten zu erwerben? Ihre Kondition bleibt dabei unangetastet.

Pause und Erholung

Das gesamte Training mit all seinen Abläufen wird mit einem Fachwort als »Anpassungssyndrom« beschrieben. Man unterscheidet drei Phasen: Die Alarmphase, die durch Anstrengung ausgelöst wird (Overload-Prinzip); die Widerstandsphase, in der Muskeln und andere Bereiche sich auf die neuen Trainingsbedingungen einstellen (Superkompensations-Prinzip); und die Erschöpfungsphase, die bei kontinuierlich beibehaltenem Stress eintritt. Sind die Reserven verbraucht, hat das Training ein Ende: Der physische Kollaps ist die unüberhörbare Aufforderung zum Pausieren.

Bis dahin und nicht weiter bringt Sie das Übertraining: Der Körper sagt »no« und nichts geht mehr; die Kondition sackt ab, oft leidet auch die Gesundheit. Mit einer zyklischen Trainingsstruktur können Sie gegensteuern. Nach drei bis vier Wochen Aufbauphase legen Sie eine Erholungswoche ein, in der Sie mit halber Kraft oder überhaupt nicht trainieren. Das erleichtert die Superkompensation, und den nächsten Zyklus können Sie mit erhöhter Power fahren. Setzen Sie dagegen das Training fort, ehe die Superkompensation erreicht ist, bauen Sie physisch ab. Dann ist eine längere Regenerationspause fällig. »Aktive Erholung« gehört seit Jahrzehnten zum Trainingsrepertoire von Ausdauerathleten, besonders der Schwimmer. Manch ein Radsport-Coach scheint ihre leistungsstabilisierende Wirkung vergessen zu haben.

Ruhe und Erholung erlauben dem Körper, Mikroschäden im Muskelgewebe zu reparieren und den Energietank zu füllen, beides zwingend notwendig für kommende Renneinsätze. Viele Fahrer steigern das Training, wenn sie ein paarmal schlecht abgeschnitten haben, doch in der Regel brauchen sie nichts als Ruhe. Neuere Studien über Spitzen-Ausdauersportler zeigten signifikante Leistungssteigerungen nach Ruhephasen, die bis zu zwei Wochen dauerten.

LINKS: *Radrennen sind eine erhebliche Belastung für Körper und Geist, vergessen Sie daher nie die Vorbereitung und die Erholung.*
OBEN: *Manche schwache Leistung ist eine ausschließliche Folge von Übertraining.*

Erholung bedeutet allerdings nicht, in der Hängematte zu liegen. Entgegen der alten Radlerweisheit »Stehe nicht, wenn du sitzen kannst, und sitze nicht, wenn du liegen kannst« stehen Ihnen viele Wege offen, sich aktiv zur vollen Fitness zu regenerieren. Massage gehört zum Alltag jedes Profiradlers, unter den Amateuren haben sich ihre Vorzüge noch kaum herumgesprochen (s.a.S.64).

Aufbauend wirken auch kalte Beinduschen, Stretching, gute Ernährung und ausreichend Schlaf.

Viele Elitefahrer schwören auf die erholsame Wirkung eines Mittagsschlafes: Schon eine halbe Stunde tut erstaunlich gut. Wer das Training in den Berufsalltag einpassen muß, hat es mit der Umsetzung dieses Tips natürlich nicht leicht, aber am Wochenende sollte es zumindest zu machen sein.

Lernen Sie Ihren Körper kennen

Ein Schlüsselfaktor für den sportlichen Erfolg ist die Kenntnis Ihrer Physis. Damit lässt sich vorhersehen, wie der Körper mit bestimmten Herausforderungen fertig wird. Es kann Jahre dauern, sich dieses Wissen anzueignen. Erspüren Sie die Verfassung Ihrer Muskeln. Hören Sie auf den Körper: Wieviel Schlaf ist nötig, welches Essen tut mir gut? Bin ich übertrainiert? Symptome wie Schlaf- und Appetitlosigkeit, Depressionen und Reizbarkeit sind unübersehbare Warnsignale. Sie sollten schon beim Aufstehen fühlen, ob Ihre Beine mit einem harten Trainingstag einverstanden sind...

Das Erlernen der Körpersprache ist eine Sache; zu tun, was er Ihnen sagt, eine andere. Fühlen Sie sich kaputt? Kippen Sie das Training! Wenn Sie Bäume ausreißen könnten, ersetzen Sie die geplante Spazierfahrt durch ein beinhartes Intervalltraining. Sie sind nicht Sklave Ihres Trainingsplans, Sie sind flexibel.

Trainingshilfen

Rauf auf den Sattel, rein in die Pedale - das ist noch nicht alles. Raffinierte Technik macht das Training produktiver.

Es wird eine Menge Zeug angeboten, das Sie nach Ansicht der Hersteller ohne Umweg aufs Siegerpodest führt. In Wirklichkeit reichen drei Hilfsmittel für das seriöse Radsporttraining: der Herzfrequenz- oder Pulsmesser, der Fahrradcomputer und der Hometrainer. Fahrradcomputer werden ab Seite 128 detaillierter behandelt; hier reicht zu wissen, dass sie eine hervorragende Leistungskontrolle ermöglichen.

Hometrainer

Die »Rolle« erfüllt nur einen Zweck: Sie können im Zimmer und auf der Stelle radfahren. Besonder im Winter ist der Indoor-Trainer ein ideales Übungsgerät. Auch hochintensive Intervalltrainings können auf der Rolle gefahren werden (s.a.S.80) - Leistung nonstop, immer geradeaus, keine Ablenkung und keine Gefahr durch den Straßenverkehr. Normalerweise wird das Velo vorn in eine Halterung gespannt, und das Hinterrad läuft auf einer Rolle. Manche Modelle verwenden ein Windrad, das beim Drehen einen Luftwiderstand erzeugt. Aufwendigere Geräte bieten programmierbaren Widerstand, Pulsmessung und Fitnessmonitoring.

Am sichersten steht der Trainer auf dem blanken Fußboden, wo keine Vibrationen auftreten können. Lassen Sie frische Luft ins Zimmer, ersetzen Sie den Fahrtwind durch einen Ventilator. Bei Überhitzung steigt die Herzfrequenz, aber nicht als Reaktion auf Ihr Training, sondern um den Körper herunterzukühlen. Lassen Sie die Beine maximal eine Stunde wirbeln, und stellen Sie gegen Dehydration einen Drink bereit.

Manche Übungsgeräte können den Fahrradrahmen stark belasten und bei einigen Zimmerkurblern Knieprobleme verursachen. Weil das Fahrrad bei einigen Geräten vollkommen starr im Trainer fixiert ist, haben die Beingelenke weniger Spielraum als normal, schmerzhafte Schwellungen können die Folge sein. Neuere Modelle mit gefederten Halterungen sollen diese durchaus ernstzunehmenden Probleme umgehen.

Wenn Ihr Fahrradcomputer übers Hinterrad mißt oder der Trainer einen Tacho und Watt-Monitor hat, können Sie Ihr Leistungslevel kontrollieren. Vor dem Test muss die Rolle kalibriert werden, um zuverlässige Resultate zu erhalten. Steigern Sie das Tempo und stoppen Sie die Zeit, bis das Hinterrad zum Stillstand kommt. Justieren Sie Rad und Rolle jedesmal, damit Sie immer dieselbe Roll-Down-Zeit haben. Im Test fahren Sie für drei Minuten verschiedene festgelegte Intensitäten, idealerweise zwischen 60 und 80 Prozent

OBEN: *Auf der Rolle herrscht gutes Wetter, auch wenn es draußen dunkel, nass und kalt ist. Aber sie verlangt Selbstdisziplin...*
RECHTS: *Fahrradcomputer und Herzfrequenzmesser sind die unbestechlichen Buchhalter Ihrer Leistungsbilanz*

Ihrer Maximalleistung. Am Ende dieser drei Minuten messen Sie die Herzfrequenz; sie ist Ihr Leistungsmaßstab. Mit der Zeit werden Sie feststellen, dass die Herzfrequenz bei gleicher Leistung sinkt. Es ist spannend, den Test wöchentlich zu wiederholen.

Stationäre Gruppenfahrten beflügeln die Motivation - man kann sich besser unterhalten als auf der Straße, und trotzdem fährt jeder mit der selbstgewählten Intensität.

Herzfrequenzmesser

Wir hatten bereits festgestellt, dass die Fahrintensität ein wichtiger Faktor für den Trainingsreiz darstellt. Es ist allerdings schwer zu definieren, wie hart die Fahrt gerade ist.

Sportärzte haben herausgefunden, dass ein Zusammenhang zwischen dem

Sauerstoffverbrauch und dem Leistungspotential besteht. Ihre Rennmaschine hat keinen Sauerstoffmonitor - aber Sie haben einen Pulsmesser. Ihre Pulsfrequenz ist ein guter Indikator für die Sauerstoff-Verbrennung in Ihrem Körper. Obwohl die Herzfrequenz nicht immer von Bedeutung ist, liefert sie doch eine exzellente Leistungskontrolle.

Ihr Körper hat keine Vorstellung von Stundenkilometern, er weiß nur, wie hart er arbeitet. Nehmen wir an, Sie wollen auf Ihrer Hausstrecke mit 35 km/h trainieren. Heute herrscht Gegenwind, das macht dieses Tempo bitter. Morgen, bei Rückenwind, sind 35 km/h ein Vergnügen. Ihre Herzfrequenz könnte beim ersten Mal 170, beim zweiten 145 betragen. Das heißt, Ihre Geschwindigkeit kann kein Gradmesser für Ihre Leistung sein; sie hängt außer von Ihrer Beinarbeit von vielen anderen Variablen ab. Richten Sie das Training dagegen so aus, dass Sie eine Stunde bei Puls 140-150 fahren, spielt der Wind keine Rolle. Egal mit welcher Geschwindigkeit, Ihr Körper arbeitet mit konstantem Einsatz, und darauf kommt es an.

Einige Fahrer und Trainer glauben, man könne die Fahrleistung gefühlsmäßig einschätzen. Das ist schwierig. Ein Beispiel: Heute ist Ausdauertraining angesagt. Sie wissen, dass Sie dazu zwei Stunden Volldampf fahren müssen. Sie kurbeln mit ganzem Einsatz. Doch hätten Sie einen Pulsmesser dabei, würde er am Berg heute nur 145 zeigen, wo Sie sonst auf 165 kommen. Mehr Leistung scheint der Körper nicht zu erbringen.

Szenenwechsel - wir sind im Motorsport. Sie jagen den Formel-I-Boliden durch die Übungsrunden und stellen auf einmal fest, dass Sie heute nur mit 4.000 Touren fahren, wo der Drehzahlmesser sonst 9.000 anzeigt. Etwas ist mit dem Motor nicht in Ordnung - ab in die Werkstatt. Zurück zum Radsport. Mit Ihrem Körper stimmt heute etwas nicht, aber ohne Pulsmesser kommen Sie nicht dahinter.

Mit dem Herzfrequenzmesser können Sie auch Ihre Leistung im Wettkampf ermitteln und anschließend den Trainingsplan präzise danach ausrichten. Das wird durch neue, leistungsstarke Geräte erleichtert. Sie messen Spitzen- und Durchschnitts-Geschwindigkeit, Zeit und Strecke, Pulsfrequenz und andere Werte. Nützlich ist ein PC-Interface, mit dem sich all diese Daten übertragen, analysieren und im Trainingsplan umsetzen lassen. Solange Sie die Messwerte richtig interpretieren, sind sie eine wertvolle Hilfe, um mit planmäßigem Einsatz effektiv zu trainieren. Gleichfalls nützlich sind Leistungssensoren im Hinterrad oder an den Kurbeln.

Was der Pulsmesser dagegen nicht leistet, ist ein Vergleich mit Ihren Trainingskameraden. Ob Ihr Puls zehn Schläge mehr hat als der eines anderen, ist vollkommen egal. Die Herzfrequenz ist ein Individualwert und dient nur Ihrer persönlichen Leistungskontrolle.

Auch ohne Pulsuhr können Sie die Herzfrequenz ins Training einbeziehen. Sie brauchen eine Uhr mit Sekundenzeiger oder eine Stoppuhr. Halten Sie an und fühlen Sie mit zwei Fingern den Puls am Unterkiefer (in einer Delle auf halbem Weg zwischen Kinn und Ohr). Zählen Sie die Ausschläge in 15 Sekunden. Mit vier multipliziert erhalten Sie die Herzfrequenz und wissen, wie hart Sie bis unmittelbar vor dem Stopp gefahren sind. Mit etwas Übung geht das sogar beim Fahren, einfacher ist es jedenfalls im Stand. Um die Werte nicht zu verfälschen, müssen Sie den Puls innerhalb von zehn Sekunden nach dem Halt messen.

Das ganz persönliche Trainingsprogramm

Theoretisch sind Sie schon fit, die Trainingshilfen und Indoor-Alternativen haben Sie auch schon kennengelernt. Jetzt ist es Zeit, den persönlichen Plan zu erstellen.

Am Ende der vier hier beschriebenen Schritte steht Ihr Programm, das Ihnen zur optimalen Nutzung Ihrer Trainingszeit verhelfen wird, das Schwächen eliminiert und Sie jene speziellen Stärken entwickeln lässt, die Sie in »Ihrem« Wettkampf auf die Siegerstraße bringen. Es klingt banal, aber trainieren Sie bitte nicht die Bereiche, in denen Sie stark sind. Das wäre Faulheit. Finden Sie Ihre Schwächen bei Fitness und Wettkampf heraus und investieren Sie Zeit, um sie auszubügeln.

Was verlangt der Wettkampf?

Wie schon vorher gesagt, erfordern die einzelnen Radsport-Disziplinen verschiedene Arten von Fitness. Beantworten Sie die folgenden Fragen:

- Wie lange dauert das Rennen?
- Ist es eine gleichförmige oder wechselnde Anstrengung?
- Wo liegt die niedrigste Intensität?
- Wie hoch ist die größte Intensität?
- Welche denkbaren Situationen können das Ergebnis beeinflussen?

Vergleichen Sie Ihre Informationen über die Veranstaltung mit den sechs Fitness-Kategorien auf Seite 56/57. Welche davon sind für Ihre Wettkampfsituation relevant? Die zugehörigen Trainingssets (s.S. 78-81) werden einen wichtigen Teil Ihres Traingsplans bilden. Sind Sie zum Beispiel Zeitfahrer, werden Sie vermutlich besonders intensiv an Ihrem Grenzbereich arbeiten. Für Straßenrennen sind alle Elemente relevant, und ein Crosser wird sich vielleicht auf aerobe Leistung, Stehvermögen und Muskelkraft konzentrieren.

Ihre Schwächen und Stärken

Analysieren Sie Ihre Rennleistung: Wo geraten Sie gegenüber anderen ins Hintertreffen, wann wird es hart, mit welchen Strecken kommen Sie nicht klar? Schreiben Sie alles auf, was Sie vom Sieg trennt.

Es ist keine schlechte Idee, auch die Sportsfreunde zu befragen - vielleicht sind Sie kein so toller Sprinter, wie Sie dachten! Versuchen Sie jedenfalls, objektiv zu sein. Wenn Ihnen etwas Spaß macht, dann sind Sie darin in aller Regel gut. Und wenn Sie Uphills hassen, wird sich das Bergauf-Training vermutlich für Sie lohnen.

Leistungstabelle (1 = schwach, 5 = durchschnittlich, 10 = Meisterklasse)	1	2	3	4	5	6	7	8	9	10
Aerobe Kapazität (Ausdauer)										
Schnellkraft (Sprint)										
Muskelkraft (Klettern)										
Grenzbereich (Zeitfahren)										
Aerobe Leistung (Kurzzeit-Ausdauer)										
Stehvermögen										

GANZ LINKS: Der Trainingsplan umfasst spezielle Leistungssteigerungen und die Zielsetzung für die ganze Rennsaison.
LINKS: Das Training wird leichter, wenn Sie genau wissen, wozu es gut ist.

Nun setzen Sie die Fitness-Elemente, in denen Sie schwach sind (vier und weniger) auf die Liste Ihrer Wettkampf-Schwächen. In einer zweiten Liste schreiben Sie jetzt alle gut benoteten Fitness-Fächer und alle positiven Rennsituationen auf. Diese beiden Listen dürften zeigen, wohin Ihr Trainingsweg führt.

Ihre Trainingsmöglichkeiten

Wieviel Zeit können und wollen Sie investieren? Überlegen Sie, wieviel Minuten Sie an jedem einzelnen Wochentag dem Radtraining widmen wollen. Arbeit und Familie müssen bedacht werden, die Witterung und ob das Tageslicht reicht. Seien Sie realistisch und vergessen Sie nicht, die Zeit zum Umziehen und zum Duschen abzuziehen. Vielleicht müssen Sie sich auch erst mühsam durch den Straßenverkehr schlängeln, bis Sie lospowern können. So schrumpfen zwei oder drei Trainingsstunden brutto schnell auf ein kurzes Netto zusammen. Beim Indoortraining auf der Rolle haben Sie wesentlich mehr Zeit zur Verfügung (s.S.74).

Bei Schichtarbeit haben Sie an einigen Tagen viel Freizeit, aber vielleicht auch Schlafmangel - zu gefährlich zum Radfahren. Ihr Trainingsplan sollte Raum für Erholung lassen.

Die Planung des Programms

Mit allen Informationen aus den drei vorausgegangenen Abschnitten soll nun ein Trainingsprogramm ausgetüftelt werden, das zu 20 Prozent Ihre starken Seiten fördert, zu 50 Prozent Ihre Schwachpunkte verbessert und 30 Prozent für die mittleren Bereiche vorsieht. Bei zehn Fahrradstunden pro Woche bedeutet das zwei Stunden Spaß, fünf Stunden Kampf und drei Stunden Arbeit. Mit diesem Programm machen Sie aus sich in jeder Hinsicht einen besseren Radsportler. Insbesondere wird es Ihnen gelingen, Ihre Schwächen auszumerzen.

Auf den Seiten 78-81 wird gezeigt, wie man den angepeilten Fitness-Zielen näherkommt; Seiten 82/83 zeigen anhand eines exemplarischen Trainingsprogramms, wie alles in die Praxis umgesetzt wird.

Trainings-Sessions 1

Ihre Stärken und Schwächen haben Sie offengelegt. Sie wissen, wo es langgeht. An die Arbeit! Es gibt sieben Arten von Trainings-Sessions für verschiedene Fitness-Elemente, die Sie in Ihren Trainingsplan integrieren können.

Die einzelnen Sessions sind im untenstehenden Kasten in der Reihenfolge der Intensität aufgelistet. Eine Kurzbeschreibung im Telegrammstil nennt den Zweck und den Bezug zum Rad. Diese Seite und die Seite gegenüber zeigen, wie das in der Praxis aussieht.

Session – wie funktioniert das?

Um die sieben Trainings-Sessions praktisch umzusetzen, muss bei einigen Arten zuerst ein bestimmter Prozentsatz des maximalen Pulswertes errechnet werden (s.S. 81). Bei anderen genügt Feeling. Alle bis auf zwei sind unterschiedliche Formen des Intervalltrainings. Dabei wechseln intensive Arbeitsphasen mit Erholungsphasen, in man sich »aktiv ausruht.«

Die Bedeutung einer Intervall-Session hängt ab von der Intensität und Dauer jeder Arbeitsphase, der Anzahl dieser Phasen (Wiederholungen, auch »Reps« genannt), der Dauer der Ruhephasen. Weiter ist von Bedeutung, wieviele Zyklen (Wiederholungs-Sets) insgesamt durchgeführt werden, und schließlich die Dauer der Erholungspause zwischen den Sets. Jedes der sieben Beispiele auf den folgenden Seiten zeigt zwei Kombinationen dieser Faktoren. Das macht es Ihnen leichter, Ihr individuelles Programm mit allen gewünschten Inhalten zu füllen, und es steigert die Motivation.

1 Erholung (Erh): Dient der Regeneration durch verstärkte Blutzufuhr ins Muskelgewebe. Diese Session sollte vollkommen relaxed ablaufen mit Pulsfrequenz unter 60 % des Maximalwertes (s.S.81)

2 Aerobe Kapazität (AeK): Eine Session, die die Ausdauer verbessert und die Fähigkeit der Muskeln steigert, Sauerstoff und Brennstoff besser zu verwerten. Da in dieser niedrigen Leistungsklasse mehr Fette als Energieträger eingesetzt werden, fördert diese Session auch den Fettstoffwechsel und baut Polster ab.

3 Schnellkraft (Skr): Fördert die Energieleistung für sehr kurze Hochleistungsphasen, zum Beispiel in den ersten Sekunden eines Ausbruchsversuchs oder beim Bahn-Sprint.

4 Muskelkraft (Mkr): Hier soll die Muskulatur durch relativ hohen Tretwiderstand gestärkt werden. Der Muskelumfang nimmt zu, und das Nervensystem sendet kräftigere Signale zu den Muskeln - es können mehr Kräfte mobilisiert werden.

5 Grenzbereich (Grb): Stärkt das Durchhaltevermögen bei Hochleistung über längere Zeit, wie etwa bei einer Zeitfahr-Etappe. Hierbei kommt es zu erhöhter Produktion von Milchsäuren, die entweder umgewandelt oder abgebaut werden müssen.

6 Aerobe Leistung (AeL): Eine Session, die das Herz zum erhöhten Sauerstofftransport zu den Muskeln stimuliert. In flachem Gelände wird Geschwindigkeit trainiert, am Berg die Kletterfähigkeit.

7 Stehvermögen (Stv): Eine sehr harte Session mit dem Ziel, den schmerzhaften Milchsäure-Überschuß in den Muskeln ertragen zu lernen. Der Trainingseffekt wirkt sich aus: Auch wenn im Wettkampf die Beine schmerzen, können Sie voll weitertreten.

Viele Fahrer glauben, im Intervall fahre man abwechselnd Vollgas und Schongang. Das ist nicht ganz richtig. Gehen Sie nie auf maximale Geschwindigkeit, weil Sie dann schon nach wenigen Intervallen völlig fertig sind. Besser, Sie fahren mit genau so viel Leistung, dass Sie den Trainingsplan gerade durchziehen können. Neun Wiederholungen etwas unter dem Maximum zeigen gewöhnlich mehr Wirkung als drei mit Höchstgeschwindigkeit. In der Ruhephase rollen Sie langsam im kleinen Gang. Das ist viel besser, als ganz anzuhalten - obwohl Sie das natürlich am liebsten täten.

Beenden Sie die Session, wenn die Kräfte schwinden: wenn Sie den Kopf hängen lassen, wenn die Schultern heruntersacken und Sie nur noch im Wiegetritt in die Gänge kommen. Sollten Sie trotzdem weitermachen, trainieren Sie sich in die Langsamkeit. Fahren Sie die Trainings-Session so kraftvoll durch, wie Sie es auch beim Rennen gern täten. Aber falls Sie sich am Ende Ihres Stundenplans noch frisch fühlen, hängen Sie ruhig ein paar Intervalle an. Sie müssen sie nur korrekt durchziehen.

Bestandteile der Session	ERHOLUNG Beispiel 1	Beispiel 2
Intensität	< 60% des max. Herzfrequenzbereiches (Hmax.)	
Dauer	30 – 60 Minuten	
Wiederholungen	·/.	
Erholung	·/.	
Sets	·/.	
Erholung zw. Sets	·/.	

Hinweis:
Leicht und ohne Anstrengung fahren. Sollte Ihnen fast zu einfach erscheinen, um nützlich zu sein.

Bestandteile der Session	AEROBE KAPAZITÄT Beispiel 1	Beispiel 2
Intensität	65% Hmax.	75% Hmax.
Dauer	3 Stunden	1–2 Stunden
Wiederholungen	·/.	·/.
Erholung	·/.	·/.
Sets	·/.	·/.
Erholung zw. Sets	·/.	·/.

Hinweis:
Die zentrale Ausdauer-Session. Fahren Sie so, dass Sie das Training zuende bringen können. Gehen Sie es nicht zu hart an - das erste Drittel sollte angenehm, das zweite mühsam und das dritte hart sein.

Bestandteile der Session	SCHNELLKRAFT Beispiel 1	Beispiel 2
Intensität	maximaler Sprint	maximaler Sprint bergauf
Dauer	10 Sekunden	6 Sekunden
Wiederholungen	12	7
Erholung	3 Minuten	2 Minuten
Sets	1	2
Erholung zw. Sets	·/.	5 Minuten leichte Arbeit

Hinweis:
Fahren Sie maximale Anstrengung im Sitzen im hohen Gang. Fahren Sie jede Wiederholung als aggressive Attacke, wie beim Endspurt. Beim Sechs-Sekunden-Uphill können Sie zum Antritt oder über die ganze Dauer aus dem Sattel gehen. Idealer Workout für Hometrainer.

Trainings-Sessions 2

Bestandteile der Session	MUSKELKRAFT Beispiel 1	Beispiel 2
Intensität	maximal: großer Gang, niedrige Trittfrequenz	maximal: großer Gang, niedrige Trittfrequenz
Dauer	20 Sekunden steil bergauf	50 Sekunden auf langer, mäßiger Steigung
Wiederholungen	6	8
Erholung	1 Minuten	2 Minuten
Sets	2	1
Erholung zw. Sets	3 Minuten	·/.

Hinweis:
Es sollte eine harte Übung sein. Da hier mehr die Muskeln als der Kreislauf beansprucht werden, bleiben die Pulswerte niedriger als bei anderen Sessions.
Ideal für Hometrainer.

Bestandteile der Session	GRENZBEREICH Beispiel 1	Beispiel 2
Intensität	85% Hmax	85–90% Hmax
Dauer	20 Minuten	8 Minuten
Wiederholungen	1	3
Erholung	·/.	4 Minuten
Sets	·/.	1
Erholung zw. Sets	·/.	·/.

Hinweis:
Die »Zeitfahr«-Session, Stress als Gratwanderung: mehr wäre unerträglich, weniger eine Erlösung.
Idealer Workout für die Rolle.

Bestandteile der Session	AEROBE LEISTUNG Beispiel 1	Beispiel 2
Intensität	90 %, dicht unter Hmax	maximal
Dauer	3 Minuten	30 Sekunden
Wiederholungen	3	5
Erholung	3 Minuten	30 Sekunden
Sets	2	3
Erholung zw. Sets	5 Minuten	5 Minuten

Hinweis:
Keine dieser Sessions geht ohne Härte ab. Versuchen Sie, schneller als »Renngeschwindigkeit« zu fahren - in flachem oder hügeligem Gelände. Ideal für die Rolle.

Bestandteile der Session	STEHVERMÖGEN Beispiel 1	Beispiel 2
Intensität	maximal	maximal, Steherqualität
Dauer	45 Sekunden	90 Sekunden
Wiederholungen	10	3
Erholung	1 Minuten	3 Minuten
Sets	1	3
Erholung zw. Sets	·/.	6 Minuten

Hinweis:
Zwei Sessions, schmerzhafter als alle anderen.
Steigen Sie nicht zu verbissen ein - es ist wichtig, Ihren Stil (oder Plan) bis zum Ende durchzuhalten.

WIE ES KONKRET AUSSIEHT

Die Muskelkraft-Session (Beispiel 1) besteht aus zwei Sets à sechs Wiederholungen, jede 20 Sekunden lang und gefolgt von einer Minute Erholung, mit drei Minuten zwischen den Sets:

20 Sekunden Maximum, 1 Minute Erholung
20 Sekunden Maximum, 1 Minute Erholung
20 Sekunden Maximum, 1 Minute Erholung
20 Sekunden Maximum, 1 Minute Erholung
20 Sekunden Maximum, 1 Minute Erholung
20 Sekunden Maximum, 3 Minuten Erholung

Ermittlung der Herzfrequenz fürs Training

Bei einigen der beschriebenen Trainings-Sessions wird die Intensität durch einen bestimmten Prozentsatz der maximalen Herzfrequenz definiert. Diese errechnen Sie so:

Stellen Sie zuerst den Ruhepuls fest (Pulsschläge pro Minute), am besten gleich nach dem Aufwachen, wenn Sie noch im Bett liegen. Danach ermitteln Sie die maximale Pulsfrequenz. Eine Methode ist die Faustregel »220 minus Lebensalter«.

Alternativ können Sie den aktuellen Maximalwert praxisnah feststellen: Fahren Sie zehn Minuten ruhiges Tempo, legen Sie fünf Minuten lang Tempo zu und sprinten Sie dann 15 Sekunden mit äußerster Kraft bergauf. Der jetzt angezeigte Wert ist Ihr Maximalpuls.

Achtung: Wenden Sie diese Methode nicht an, wenn Sie unter Herzproblemen leiden oder sonst gesundheitlich anfällig sind, ein Jahr lang nicht aktiv gefahren haben, über 35 Jahre alt sind oder Ihr Arzt Ihnen solche Anstrengungen verboten hat. In all diesen Fällen sollten Sie sich ein ärztliches O.K. holen, bevor Sie ins Intensivtraining einsteigen.

Ziehen Sie den Ruhepuls vom Maximalpuls ab, und Sie erhalten den gewünschten »maximalen Herzfrequenzbereich«, die Anzahl der Schläge zwischen Minimum und Maximum. Hieraus werden die prozentualen Werte errechnet: 60 % Hmax heißt, Sie multiplizieren den gefundenen Wert mit 0,6. Zu dem Ergebnis addieren Sie nun noch den Ruhepuls, und schon haben Sie die angestrebte Herzfrequenz.

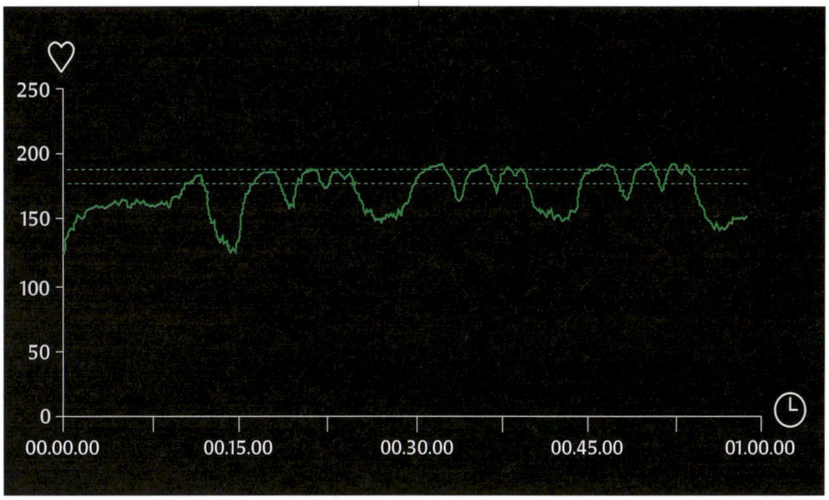

Die Herzfrequenz, aufgenommen beim Training für aerobe Leistung.

Was hier vielleicht kompliziert klingt, ist sehr einfach, wenn Sie es ein paarmal gemacht haben. Die Prozentsätze brauchen nur selten neu berechnet zu werden.

Im Diagramm sieht man die Pulskurve bei einer Session für aerobe Leistung; hier sind es drei Sets mit je drei Wiederholungen.

Trainingsprogramm (Beispiel)

Mit der Planung haben Sie schon viel Zeit verbracht. Ready? Dann gehen Sie mit einem maßgeschneiderten Drei-Monats-Trainingsplan in die Rennsaison.

Um Ihnen die Planung zu erleichtern, haben wir hier ein beispielhaftes Programm aufgestellt, das sechs Trainingsstunden in der Woche über insgesamt zwölf Wochen vorsieht. Es ist keine Vorschrift, sondern lediglich ein Anhaltspunkt, wie man die Planungsprozesse und Sessions (S. 78-81) konkret umsetzen kann. Jeder Fahrer, der unserem Programm folgen würde, käme wahrscheinlich ein bisschen fitter aus dem Training heraus, aber optimale Ergebnisse können nur mit dem individuellen Trainingsplan erzielt werden.

Das erste Ziel dieses dreimonatigen Übungsfahrplans ist es, eine Basis an Ausdauer und Fitness zu schaffen. Eine Grundausstattung, mit der Sie ein Rennen durchhalten können. Die zweite Phase zielt darauf ab, die Beinkraft aufzubauen. Ihre Muskeln werden stärker und bringen auch in müdem Zustand noch Leistung, zum Beispiel für eine Kletteretappe. Hierbei entsteht ein gutes Fundament für die letzten vier Wochen, die ganz der Schnelligkeit gewidmet sind. Dieses ist, wie gesagt, ein sehr allgemeiner Plan, der jedem etwas bringt. Empfehlenswert für Fahrer, die sich ein

	Mo	Di	Mi	Do	Frei	Sa	So
1		AeK/2		AeK/2			AeK/2
2		AeK/2		Grb			AeK/2
3		Grb		AeK/2			Grb
4		AeK/1		Erh/1			AeK/1,5
5	Erh/1	Grb		AeL		AeK/1	Grb
6	Erh/1	Grb		Mkr		AeK/1.5	AeL
7	Erh/1	Mkr		AeL		AeK/2	Mkr
8	Erh/1	AeK/1		Grb		Erh/1	AeK/1.5
9	Erh/1	AeL		Skr		AeK/1	Stv
10	Erh/1	Stv		Skr		AeK/1.5	Stv
11	Erh/1	Skr + Stv		AeL		AeK/2	Skr + Stv
12		Erh/1		Skr			AeK/1.5

Erläuterung: Erh/1 = einstündige Erholungsfahrt
AeK/2 = zweistündige Einheit »Aerobe Kapazität«
Skr + Stv = Schnellkraft-Trainingseinheit gefolgt von einer Einheit »Aerobe Kapazität«

Wichtig:

1. **Trainingszeit und -intensität steigern sich über drei Wochen, gefolgt von einer etwas einfacheren Woche, um volle Superkompensation zu ermöglichen.**
2. **Erholungszeit ist in jeder Woche eingeplant, so dass die Woche nur selten erschöpft anfangen wird.**

paar Mal pro Woche richtig anstrengen wollen.

Was bedeutet der Plan?

Während der ersten drei Wochen werden drei Elemente trainiert: aerobe Kapazität, Grenzbereich und Erholung. Zuerst wird schwerpunktmäßig die aerobe Kapazität gefördert, um ein solides Fitness-Fundament zu schaffen. Hierauf können Kraft und Tempo aufgebaut werden, Ihr Rüstzeug für die herannahende Rennsaison. Bergige Straßen eignen sich gut für das Training im Grenzbereich. Gibt es bei Ihnen sehr lange Steigungen, können Sie den ganzen Workout bergauf absolvieren. Vermeiden Sie steile Uphills, da es wichtig ist, mit mindestens 80 Kurbelumdrehungen pro Minute zu fahren. Steil bergauf treten Sie langsamer. Dabei trainieren Sie andere Körperbereiche, als Sie in dieser Session vorhatten, und Sie erreichen nicht die anvisierte Herzfrequenz.

Sollten Sie jetzt zum erstenmal ernsthaft trainieren, legen Sie nach Möglichkeit immer einen Ruhetag zwischen die einzelnen Sessions, vor allem in den ersten drei Wochen. Sind Sie ein Routinier und harte Pedalarbeit gewöhnt, können Sie die Sessions in den üblichen Tagesablauf einbauen - die Intervalle vielleicht in den Wochenendfahrten unterbringen. Gönnen Sie sich aber immer ausreichend Erholung. Nach einer Session soll man sich müde fühlen, nicht kaputt. Man stellt sich auf die Zumutungen ein; nach drei Wochen finden Sie den Trainingsplan schon erträglicher als am Anfang. Alle vier Wochen wird das Training leicht gedrosselt, damit Ihr Körper die vorausgegangenen drei harten Wochen verinnerlichen kann.

Nach dem ersten Monat geht der Körper bereits etwas ökonomischer mit dem Sauerstoff um, er versorgt die Muskeln intensiver und sorgt für eine effektivere Nutzung. Langsam lernt er auch, Brennstoffe besser zu verwerten. Er wird auch immer besser mit den Rückständen fertig, die bei hartem körperlichen Einsatz entstehen.

Im zweiten Monat gehen Sie daran, diesen Brückenkopf auszubauen. Kraft steigern, Ausdauer bewahren - das sind die Ziele. Nun wird es Zeit, sich eingehender mit den rennspezifischen Herausforderungen zu beschäftigen. Diesen Monat treten vier Arten von Sessions auf den Plan: aerobe Kapazität, Grenzbereich, Muskelkraft und aerobe Leistung.

Der letzte Monat ist der Steigerung von Kraft und Geschwindigkeit gewidmet. Die Sessions für Schnellkraft, aerobe Leistung und Stehvermögen werden Ihnen viel abverlangen. Jetzt sind die Ruhephasen besonders wichtig.

Das Trainings-Logbuch

Es ist keine schlechte Idee, sich alles zu notieren, was irgendeine Bedeutung für Ihre Leistung haben könnte: vom Essen über den Schlaf in der letzten Nacht bis hin zum Wetter, Ruhepuls und Werte beim Fahren und was Ihnen sonst noch einfällt. Besonders gute oder schlechte Ergebnisse sind besser zu analysieren, wenn Sie die Rahmenbedingungen aufgeschrieben haben.

DATUM

RUHEPULS

SCHLAF SEHR GUT NORMAL SCHLECHT

ESSEN/ VERDAUUNG SEHR GUT NORMAL BÄH!

TRAINING

DAUER

ROUTE

PULS

STRECKE

WETTER

ANMERKUNGEN

TRAINING VERLIEF SEHR GUT O.K. SCHLECHT

Gut vorbereitet ins Rennen

Wochenlang trainieren, Zeit und Energie investieren - und dann übermüdet, planlos und ohne Biss in den Wettkampf?
Wir sagen Ihnen, wie Sie perfekt vorbereitet und voll Selbstvertrauen ins Rennen gehen.

Wie trainiert man kurz vor dem Wettkampf? Jedenfalls nicht erst eine Woche vorher. Um Fitness fürs Rennen zu erwerben, brauchen Sie mindestens vier Wochen. Kennen Sie Ihre Kontrahenten oder den Rennkurs, ist es einen Versuch wert, das Training taktisch auf diese Bedingungen auszurichten.

Bei einem Saison-Höhepunkt versteht es sich von selbst, dass Sie in Bestform antreten wollen. Dazu ist eine sinnvolle Pause vor dem Rennen zwingend erforderlich. Haben Sie vorher ein langes, intensives Aufbautraining betrieben, muss die Intensität jetzt heruntergefahren werden. Die Reduzierung des Trainings führt den Körper in die Superkompensation (s.S.70/71). Dabei erholt sich auch das zentrale Nervensystem. Sie fühlen sich innerlich ausgeglichen, fit und wachsam.

Ein sanfter Übergang führt vom harten Stress des Intensivtrainings in die Reduktionsphase, in der Sie die Kräfte für den großen Tag sammeln. Viele haben ein mulmiges Gefühl bei der Vorstellung, kurz vorm Wettkampf weniger zu trainieren. Verliert man dabei nicht die hart erworbene Fitness? Eher trifft das Gegenteil zu. Übertraining schadet, und der Körper

braucht Zeit zur Leistungs-Adaption. Wer das außer acht lässt, dem fehlen im Wettkampf kostbare Ressourcen.

Vor der Rücknahme des Trainings sollte man mindestens drei, besser vier oder fünf Wochen ununterbrochenes Intensivtraining absolviert haben. Dann kommt die Wissenschaft ins Spiel. Geht es doch darum, kein bisschen Fitness zu verlieren und zugleich dem Körper die Gelegenheit zur Superkompensation zu geben. Guttrainierte Ausdauerradler sollten die Reduktionsphase auf höchstens 14 Tage begrenzen, sonst sinkt die Kondition ab. Zehn Tage bringen den optimalen Leistungsstand. Nach vier Tagen sind Sie ausgeruht und haben Biss, stehen aber noch unterhalb Ihres Konditionsgipfels.

Auch wer die Vorteile der Reduktion theoretisch erkannt hat,

OBEN: *Letzte Vorbereitungen beim Team ONCE vor dem Start zu einer Etappe der Tour.* LINKS: *Konzentration an der Startlinie: Noch ein letzter Schluck und es kann losgehen.* RECHTS: *Auf längeren Strecken ist es wichtig, die richtige Verpflegung mitzuführen. So manches Team hat seinem »Koch« viel zu verdanken.*

setzt sie trotzdem nicht immer richtig um: Einige Fahrer schlaffen vor dem Rennen völlig ab. Das ist verkehrt, denn in der Reduktionsphase trainiert man mit gleicher Intensität, nur während kürzeren Zeitabschnitten. Reduktionsphasen sind keine Ruhephasen.

Bei weniger bedeutenden Rennen kommt es nur darauf an, frisch und ausgeruht an den Start zu gehen. In der Woche vor dem Event geben Sie sich den letzten Schliff, tüfteln an Ihrer Fahrtechnik, gönnen dem Körper etwas Ruhe und essen gut. Auch hier sollte die Trainingszeit reduziert und die Intensität fast bis zum Schluss auf normalem Level gehalten werden. Am vorletzten Tag ist Ruhe, und einen Tag vorm Rennen veranstalten Sie noch einen kurzen, knackigen Workout. Zu viele Fahrer rackern sich in der Woche zwischen zwei Rennen viel zu sehr ab und erscheinen ausgepowert am Start - weit entfernt von der Bestform.

Erkundung vor dem Rennen

Am Tatort angekommen, unternehmen Sie erstmal einen Aufklärungstrip. Entweder im Fahrradsattel, vielleicht als Teil eines Warm-Ups, oder im Auto. Registrieren Sie Anhöhen und Kurven, aber auch pannenträchtige Schlaglöcher und Gullydeckel. Bei Straßenrennen halten Sie Ausschau nach Punkten, wo Sie angreifen oder sich nach einem Angriff ausruhen können. Finden Sie die windigen und die windgeschützten Passagen heraus.

Manöverkritik

Wenn das Rennen gelaufen ist, analysieren Sie, was nicht geklappt hat. Wo haben Sie sich abhängen lassen? Was machen Sie das nächste Mal anders, wo können Sie sich verbessern? Urteilen Sie objektiv und fair, lassen Sie die Kontrahenten aus dem Spiel: Selten sind es die anderen, die Sie vom Sieg abgehalten haben. Hatten Sie sich die Tage vor dem Event vernünftig ernährt, waren Sie ausgeruht? Diese beiden Faktoren sind oft die Ursachen rätselhafter Leistungsschwächen.

Tips und Tricks

Nach der komplizierten Wissenschaft des Trainingsplans ist es beruhigend, dass man auch von kleineren Kunstgriffen profitieren kann. Hier sind sieben Tips, die Sie schneller machen.

Wohl jeder weiß, was die Ernährung für die Fahrleistung bedeutet. Doch nicht allen Fahrern ist klar, dass man darüber hinaus auch mehr Flüssigkeit zu sich nehmen muss.

Durch Transpiration und, besonders bei Kälte, auch durchs Ausatmen verliert der Körper Wasser. Jede körperliche Anstrengung erfordert zusätzliche Flüssigkeit, beim Fahren oder in der Pause. Trinken Sie nach Möglichkeit fünf bis sechs Gläser Wasser am Tag zusätzlich. Der Körper kann Wasser auch aus anderen Getränken und Speisen herausfiltern, aber klares Wasser nimmt er schneller auf. Sie werden staunen, wie sehr schlichtes H_2O Ihre Rennleistung verbessert.

Der Fitness-Test

Das Training mit einem Herzfrequenzmesser bietet eine komfortable Kontrolle über die Entwicklung Ihrer Leistungsfähigkeit. Außer der Pulsuhr benötigen Sie einen Fahrradcomputer und einen langen Anstieg. Markieren Sie eine Strecke auf diesem Anstieg, zum Beispiel zwischen zwei Straßenlampen oder Steinen, und fahren Sie sie mit vorgegebener Geschwindigkeit, zum Beispiel 30 km/h. Mit der Zeit erleben Sie, wie Ihnen mit zunehmender Fitness diese Strecke immer weniger Mühe macht - vorausgesetzt, es bläst kein Gegenwind. Herz und Muskeln sprechen auf das Training an, und der für die Teststrecke notwendige Sauerstoff und Treibstoff wird mit weniger Pulsschlägen zur Verfügung gestellt.

Ein Trainings-»Quicky«

Lassen Ihnen die Arbeit oder andere Verpflichtungen nur wenig Zeit hinter dem Lenker, stellt sich die Frage: Was fange ich in den sporadischen, kurzen Sessions an? Eine »Rückfahrkarte« könnte die Lösung sein. Stehen Ihnen beispielsweise 50 Minuten zur Verfügung, so suchen Sie 25 Minuten lang das Weite, wobei Sie die ersten zehn Minuten ein moderates Warm-Up-Tempo fahren. Dann richten Sie den Lenker heimwärts und versuchen, in weniger als 25 Minuten zurückzukehren. Lassen Sie keinen Anstieg aus, den Sie auf dem Hinweg hinuntergefahren sind. Ein guter, harter Workout, mit dem Sie die begrenzte Zeit sinnvoll nutzen.

Trittfrequenz steigern

Lassen Sie im Winter das große Kettenblatt im Keller. Schnelle Kadenz zu fahren ist wichtiger als schwerfälliges Kraftkurbeln. Wer gerne einen »dicken Gang« kettet, kommt schwer auf hohe Trittfrequenzen und kann sich kaum steigern. Fahren Sie deswegen kleinere Gänge mit höherer Drehzahl. Das beansprucht die aeroben Muskelfasern, die auf Langstrecken wenig Ermüdung zeigen. Konstante Übung befähigt sie, auch größere Übersetzungen mit hoher Frequenz zu fahren: Mit wachsender Fitness können Sie das große Blatt stärker

REIFENDRUCK

Dies ist nicht gerade ein Fitness-Tip, aber es macht Sie schneller. Checken Sie den Luftdruck in den Reifen. Ist er zu niedrig, pumpen Sie stramm auf - das wirkt Wunder und treibt die Stundenkilometer in die Höhe. Sie werden überrascht sein, wieviel schneller Sie mit acht bar (115 psi) sind als mit den oft bevorzugten fünf bar (75 psi).

einbeziehen. Beachten Sie jedoch, dass die dabei involvierten Muskelfasern bei hoher Trittfrequenz schnell ermüden.

Raus aus der Routine

Wenn Sie das mehrfach erwähnte Fitness-Plateau erreicht haben und der Körper sich unschlüssig ist, wie es

weitergeht, fahren Sie Ihre Hausstrecken einmal in umgekehrter Richtung. Wo Sie sonst bergab gejagt sind, kämpfen Sie sich jetzt im Klettergang nach oben. Und auf dem Gipfel beflügelt Sie der ungewohnte Ausblick auf ein neues Panorama.

Wozu das Ganze?

Zu oft setzt man sich einfach aufs Rad, ohne zu wissen, warum. Setzen Sie sich für jede Session ein Ziel und jagen Sie ihm nach. Möchten Sie beispielsweise an Ihren Spurtqualitäten arbeiten, bauen Sie zehn bis fünfzehn Zehn-Sekunden-Sprints in den Workout ein. An leichten Steigungen trainieren Sie die Explosivkraft für den Sprint, auf leichtem Gefälle die Geschwindigkeit.

Kampf der Langeweile!

Das Indoor-Training bringt eine gewisse Langeweile mit sich. Da kramen Sie am besten die Videos von der Tour de France hervor. Versuchen Sie, die Etappe mitzufahren. Da rollt das Feld, Sie sind entspannt dabei. In den Alpen geht es bergauf: Wiegetritt! Achtung, Endspurt - Sie liegen ganz vorn...

EVANS
ALLEZ
COMP
SPECIALIZED

6. KAPITEL

Die Rennmaschine: Rahmen & Maß

Rennmaschinen sind auf Leistung getrimmt - technisch perfekt und dazu bestimmt, Ihren Output optimal in Geschwindigkeit umzusetzen. Aber das teuerste Velo bringt nichts, wenn die Rahmenmaße oder Komponenten nicht zum Piloten passen. Ein preiswertes Rad, mit Bedacht ausgewählt und vielleicht individuell aufgerüstet, kann den Anfänger viele Jahre begleiten. Eine gute Alternative zu den teuren High-End-Maschinen, deren Vorzüge nicht immer einleuchtend sind. Nach der Lektüre dieses und des nächsten Kapitels sollten Ihnen beim Fahrradkauf keine Fehler mehr unterlaufen.

Das ist das Rennrad

Rahmenrohre, Maße, Geometrie... Sehen wir uns erst einmal an, wofür die Maschine geeignet ist. Es gibt unterschiedliche Räder für verschiedene Disziplinen, und je mehr Sie sich spezialisieren, desto teurer wird der Spaß.

Gut für den Alltagsgebrauch: das Trainingsrad. Schutzbleche haben ihre Vorteile, denn niemand mag Straßenschlamm.

Das gibt's nicht nur in der Welt des Fahrrades: Sie geben einen Haufen Geld für tolle Technik aus. Am Anfang sind Sie sicher: Es war eine gute Entscheidung. Später fragen Sie sich, ob es den Aufwand wert war... Exklusive Tuningteile lohnen sich wahrscheinlich erst für den erfahrenen Rennfahrer. Was tun?

Das Grundmodell

Alle großen Hersteller bieten Einsteigerräder an, meistens mit Rahmen aus legierten Stählen. Eine gute Wahl für Racing-Novizen, die sich noch alle Optionen offenhalten wollen - und später immer noch ein veritables Trainingsrad. Ihr gutmütiges Handling und Extras wie Schutzblechösen machen sie zu Allroundern für Training und Clubrunden, Zeitfahren und Rennen. Ernsthafte Pedalfans sollten dagegen die nächsthöhere Klasse anvisieren. Eine reinrassige Rennmaschine mit hochwertigem Stahl- oder Alurahmen fährt sich besser und lässt sich perfekt ausstatten, was allerdings mit Augenmaß geschehen muss (mehr davon an späterer Stelle). Beide Modelle sind Lichtjahre vom »Freizeitrad« entfernt, das als Sportgerät nicht ernstzunehmen ist. Bei knappem Budget holen Sie sich lieber einen Second-Hand-Renner als ein Billigrad aus dem Kaufhaus.

Die einzelnen Fahrradtypen unterscheiden sich in vier Aspekten: Rahmen, Laufräder, Komponentengruppe (Gangschaltung, Kurbelgarnitur, Bremsen, Naben) und Zusatzteile (wie Lenker, Sattel und Sattelstütze). Diese Teile werden meistens von Spezialisten hergestellt; der Rahmenbauer oder

Das Einsteigerrad bietet alles, was Sie fürs erste Rennen brauchen: Leistung, Zuverlässigkeit und die richtigen Abmessungen.

Nur auf den ersten Blick sehen alle gleich aus: Wählen Sie Ihren Rahmen sorgfältig aus.

Importeur montiert und verkauft sie als Kompletträder. Einige Firmen bringen Komponenten unter eigenem Label heraus, aber meistens kommt nur eine begrenzte Stückzahl auf den Markt.

Verzagen Sie nicht, wenn ein Rad von der Stange nicht ganz Ihren Wünschen entspricht - ein seriöser Händler montiert auch andere Pedale und Sättel. Eventuell zahlen Sie einen Aufpreis - aber besser gleich als später, wenn die gebrauchten Komponenten nicht mehr in Zahlung genommen werden.

Rahmenkauf

In den höheren Klassen kauft man eher einen Rahmen als ein Komplettrad. Dieser kann dann nach Maß angefertigt werden. Die Teile einzeln auszusuchen und zusammenzukaufen, kostet manchmal sogar weniger als ein Komplettrad und Sie haben Ihr Wunschrad. Die Montage des Velos erfordert Können, Erfahrung und Spezialwerkzeug. In einer Werkstatt ist man besser darauf eingerichtet - dafür müssen Sie natürlich bezahlen. Viele Händler bieten einen Rahmen mit verschiedenen frei wählbaren Komponentengruppen an. Oft eine ausgezeichnete Lösung, die Ihren Wünschen schon recht nahe kommt.

Trainingsräder

Ein Trainingsrad, mit dem Sie den Löwenanteil Ihrer Kilometer bestreiten, ist sinnvoll. Ideal ist ein separates Rad oder wenigstens ein Extrasatz Laufräder, um das wertvolle Renn-Equipment zu schonen. Fitness können Sie im Prinzip auf jedem Rad gewinnen, aber ein Trainingsrad mit identischer Ausstattung wie die Rennmaschine bietet Vorteile. Sie haben keine Umstellungsprobleme am Renntag. Nicht alle Rennräder verfügen über eine Pumpenhalterung - Ihr Trainingsrad sollte eine haben.

Das Trainingsrad als Arbeitspferd für die Fahrt zum Büro und die Radreise muss Vorrichtungen für Schutzbleche und Gepäckträger aufweisen. Wählen Sie ein Velo, das nicht zu luxuriös aussieht, das vermindert das Diebstahlsrisiko.

Suchen Sie sich gute Trainingspartner und scheren Sie sich nicht darum, ob Ihr Rad Eindruck macht oder nicht. Es muss nur Ihren Ansprüchen entsprechen, das aber möglichst genau.

Der Rahmen – Herz des Rennrades

Rahmen und Gabel werden als Rahmensatz bezeichnet. Material, Bauweise und Geometrie entscheiden über Leistung, Handling, Komfort und Feeling. Die Rahmenwahl ist von entscheidender Bedeutung.

Es gibt keinen perfekten Fahrradrahmen, sondern nur den besten Kompromiss für Ihre besonderen Ansprüche - und selbst die können von Rennen zu Rennen anders aussehen. Beim Kauf gilt es erst einmal, die große Linie zu berücksichtigen. Erst dann richten Sie Ihr Augenmerk auf die verschiedenen Details. Beides zusammen will gut gewogen und manchmal gegeneinander abgewogen sein - und damit beurteilen Sie dann das ganze Velo.

Gewicht und Steifheit des Rahmens

Viele Fahrer legen größten Wert auf Festigkeit. Hauptvorteil eines steifen Rahmens: Er führt die Laufräder präzise in einer Linie. Das prädestiniert ihn für Kurvenfahrten, speziell bei Kriterien und Bergabfahrten. Man sagt, ein steifer Rahmen könne Energie besser in Vorwärtsbewegung umsetzen - ein vorwiegend psychologischer Faktor, denn die Vorteile sind kaum messbar. Aber wenn Sie sich auf einem solchen Rahmen wohler fühlen und besser fahren - oder mit einem elastischeren Gestell Probleme haben - liegt die Entscheidung auf der Hand.

Steifheit resultiert aus dem Rahmenmaterial, dem Rohrdurchmesser, der Länge, Form und Wandstärke der Rohre. Durch die Rohrform können bestimmte Zonen an Festigkeit gewinnen, aber nicht unbedingt der ganze Rahmen.

Verschiedene Rahmenmaterialien unterscheiden sich in ihrer Elastiziät. Erhöhte Steifigkeit wird aber eher durch Oversize-Rohre oder größere Wandstärken erzielt, was, insbesondere im letzten Fall, mit höherem Gewicht einhergehen kann. Leichtgewichte machen sich vielleicht gut beim Beschleunigen und Klettern, sind aber unter Umständen anfällig gegen Energieverlust durch »Flexen« - das muss gegeneinander abgewogen werden.

Steife Rahmen geben Fahrbahnstöße kaum gedämpft an den Fahrer weiter, das macht sie nicht gerade komfortabel. Eine wichtige Überlegung für Fahrer mit Marathon-Ambitionen.

Rahmenbruch

Der Begriff UTS (ultimate tensile strength) bezeichnet die Zugfestigkeit eines Materials. Bei einem Crash wird ein Rahmen mit niedriger UTS eher brechen oder biegen als einer mit hohen Werten. Hohe UTS-Werte ermöglichen den Rahmenbauern einen Leichtbau mit geringer Wandstärke. Materialermüdung ist ein Thema für sich. Mit der Zeit belasten Kurbelstress und Fahrvibrationen den Rahmen mit millionenfachen Impulsen, biegen ihn hin und her, um ihn endlich zu brechen. Bei guten Stahl- und Titanrahmen

Wenige Rahmen verwenden noch horizontale Ausfallenden. Sie sollten Stellschrauben haben, um die Radjustage zu erleichtern.

normalerweise kein Thema, aber eventuell bei Alu- und Carbonrahmen. Abrupte Übergänge in Rahmenwinkeln oder bei Wandstärken sind besonders anfällig, hier entstehen Spannungsschwankungen, die zu Rissen und Brüchen führen können. Materialermüdung ist nebenbei die häufigste Schadensursache bei Komponenten - aus den oben genannten Gründen.

RAHMEN-TELEGRAMM

RAHMEN sind entweder für 126-mm-Siebenfach- oder 130-mm-Acht-/ Neun- oder Zehnfachzahnkränze gebaut. Die meisten Stahlrahmen, ausgenommen Reynolds 753 Rohre, können aufgebogen werden - ein Job für Fachleute.

AUSFALLENDEN Vertikale Ausfallenden sind die Norm, das Laufrad ist einfach zu justieren und kann nicht verrutschen. Horizontale Ausfallenden erlauben eine Nachjustage der Rades, etwa wenn Sie mit einer leichten Acht weiterfahren müssen. Die Ausfaller der Vorderradgabel sind teilweise mit einem Sicherungswulst versehen, was den Laufradwechsel umständlich macht.

ANLÖTTEILE sind zur Anbringung von Zubehör und Komponenten notwendig. Sie können auch angeschweißt oder angenietet sein. Basisteile wie Kabelführungen und Pumpennippel und mindestens eine Flaschenhalterung sind an fast allen Rädern vorhanden. Ein Kettenhalter-Nippel erleichtert manche Wartungsarbeit.

STEUERSATZ Es gibt zwei Ausführungen. Der Aheadset kommt aus der Mountain-Bike-Technik - er ist stabil und leicht und erlaubt ein einfaches Nachstellen des Steuerlagers per Inbus-Schlüssel. Es ist bei diesem System allerdings aufwendiger, die Lenkerhöhe zu verändern. Bei der klassischen Variante wird das Steuerlager mit Spezialschlüsseln eingestellt (s.S. 119)

Stahl- und Alurahmen

Von altbewährt bis exotisch - Rahmen kommen in den unterschiedlichsten Materialien und Konstruktionsweisen daher.

Informieren Sie sich gut und treffen Sie Ihre ganz persönliche Wahl.

Normaler unlegierter Stahl wird nur noch bei Billigrädern für den Hinterbau, manchmal für die Gabel eingesetzt. Das Material ist schwächer als legierte Stähle, die Rohre sind daher dicker und der Rahmen schwerer.

Für mehr Stabilität wird Stahl mit Spuren anderer Elemente legiert. Die meisten Qualitäts-Rohrsätze bestehen aus Chrommolybdänstahl, kurz CrMo genannt. Sehr ähnlich sind die Mangan-Molybdänrohre von Reynolds.

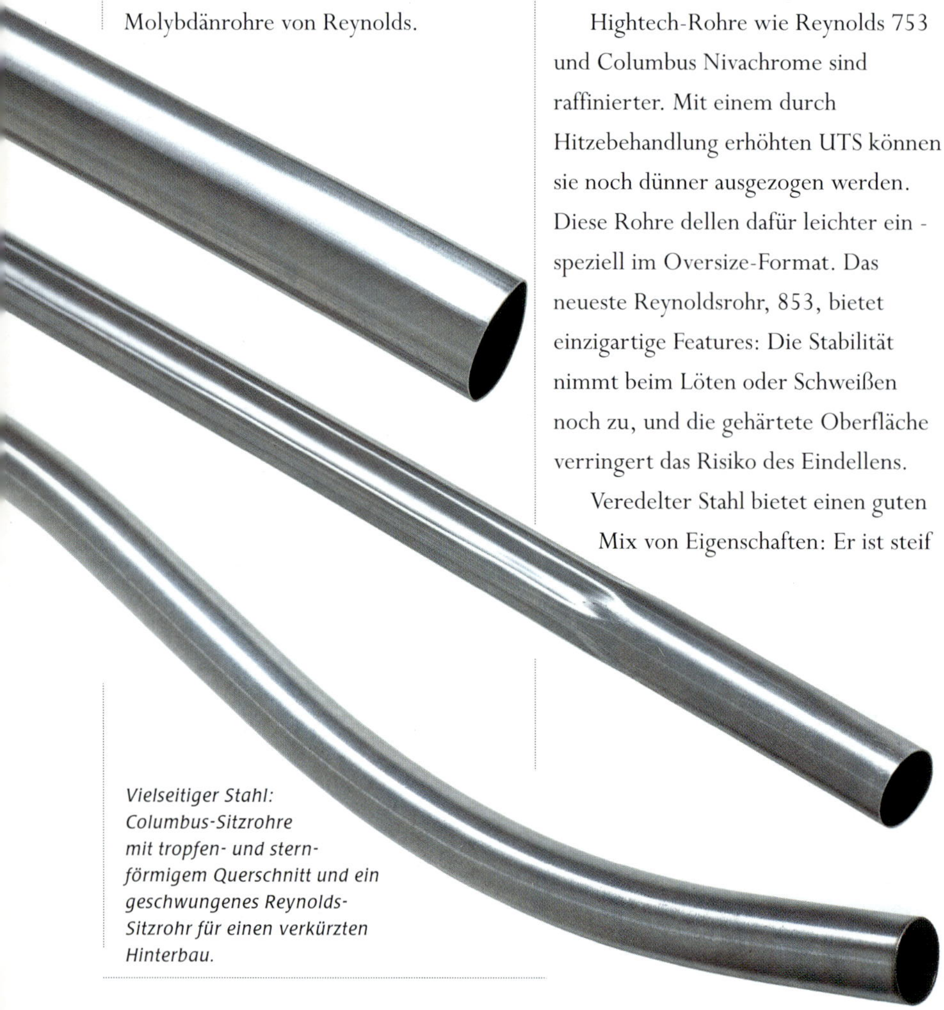

Vielseitiger Stahl: Columbus-Sitzrohre mit tropfen- und sternförmigem Querschnitt und ein geschwungenes Reynolds-Sitzrohr für einen verkürzten Hinterbau.

Veredelte Stähle werden in geringen Wandstärken hergestellt, um Gewicht zu sparen. Gute Rahmensätze haben konifizierte (an den Enden verdickte) Rohre, um die Belastungen, die auch durch die Erhitzung beim Löten verursacht werden, abzufangen. Wählen Sie einen Stahlrahmen auf jeden Fall aus konifiziertem CrMo- oder Reynolds-531-Rohren. Sein Gewicht beträgt dann 2,4-3 Kilogramm.

Hightech-Rohre wie Reynolds 753 und Columbus Nivachrome sind raffinierter. Mit einem durch Hitzebehandlung erhöhten UTS können sie noch dünner ausgezogen werden. Diese Rohre dellen dafür leichter ein - speziell im Oversize-Format. Das neueste Reynoldsrohr, 853, bietet einzigartige Features: Die Stabilität nimmt beim Löten oder Schweißen noch zu, und die gehärtete Oberfläche verringert das Risiko des Eindellens.

Veredelter Stahl bietet einen guten Mix von Eigenschaften: Er ist steif

Löten ist die traditionelle Verbindungstechnik für Stahlrohre.

und zugfest, relativ leicht, vielseitig, preiswert und am einfachsten zu reparieren. Er ist nach wie vor das bevorzugte Material der Custom-Rahmenbauer. Viele erfahrene Rennradler bevorzugen das »Stahl-Feeling« der besten Hersteller gegenüber anderen Werkstoffen. Das Rad spricht auf harten Pedaldruck gut an, ist lebendig, federt aber auch Fahrbahnstöße ab.

Aluminium

Reines Aluminium hat geringe Zugfestigkeit und wird mit anderen Metallen zu einer Reihe industrieller Legierungen kombiniert. Diese Werkstoffe der Serien 5.000, 6.000 und

7.000 werden zu ausgezeichneten Fahrradrahmen verarbeitet.

Einige dieser Rahmen müssen nach dem Schweißen erhitzt werden, um ihre volle Stabilität zu entfalten. Das können nur Großhersteller leisten. Nachteil: Diese Rahmen können nicht repariert werden. Die besten Alu-Rohrsätze, etwa von Easton und Cannondale, sind konifiziert.

Bei einigen Alu- und Carbonrahmen ist das Schaltauge angenietet und kann ausgetauscht werden.

Aluminiumlegierungen sind anfällig gegen Materialermüdung und Biegebelastungen. Deshalb wählen die Rahmenschmieden größere Rohrdurchmesser. Sie machen den Rahmen härter und erhöhen die Lebensdauer. Alu ist zwar dreimal leichter als Stahl (spezifisches Gewicht), trotzdem wiegt ein Oversize-Alurahmen nur 300 g weniger als ein leichter Stahlrahmen. Dabei zeigt er jedoch wesentlich mehr Härte - manche Radler finden den Ritt auf einem Alu-Boliden schlicht unzumutbar, besonders auf schlechtem Pflaster. Die Lösung besteht in schlankeren, dickwandigeren Rohren. Ein typischer Alu-Rohrsatz bringt 1,9-2,5 kg auf die Waage.

Rahmenbauverfahren

Stahlrahmen werden traditionell gelötet. Muffen halten die auf Gehrung geschnittenen Rohre zusammen. Sie werden auf 900°C vorgewärmt, um dann das Messinglot in die Fuge aufzunehmen. Muffen sollten zungenförmig ausgearbeitet sein, um den Kraftfluss zu verbessern. Ein guter gemuffter Rahmen erfordert wahre Handwerkskunst und bietet ein hohes Maß an Zuverlässigkeit.

Hochwertige, veredelte Stähle werden mit Silberlot verarbeitet. Das geschieht bei niedrigeren Temperaturen, um mehr Festigkeit zu erzielen. Muffenlos gelötete Rohre machen fast jede gewünschte Rahmengeometrie möglich.

WIG-Schweißen, ein modernes Hightech-Verfahren, findet in der Massenherstellung von Stahl-, Alu- und Titanrahmen Anwendung. Einige Rohrsätze sind speziell dafür ausgelegt; sie haben kürzere Endverdickungen, um Gewicht zu sparen.

Saubere Nähte zeigen geschuppte oder perlige Schweißraupen. Fehlerhafte Verarbeitung verrät sich durch Klumpen oder Löcher, hier ist der Rahmenbruch schon vorprogrammiert. Verarbeitungsfehler als Unfallursache verpflichten den Hersteller zur Garantie.

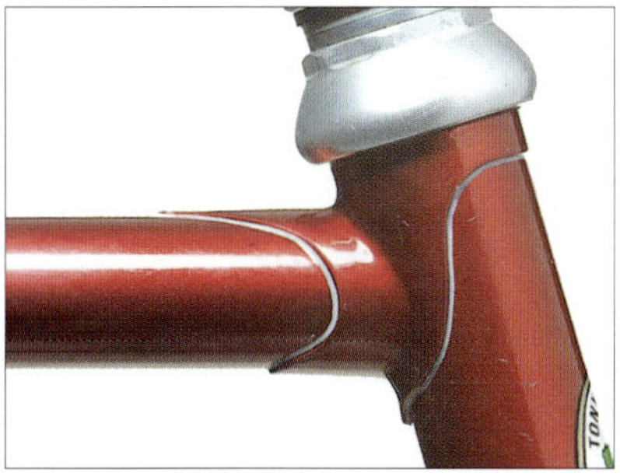

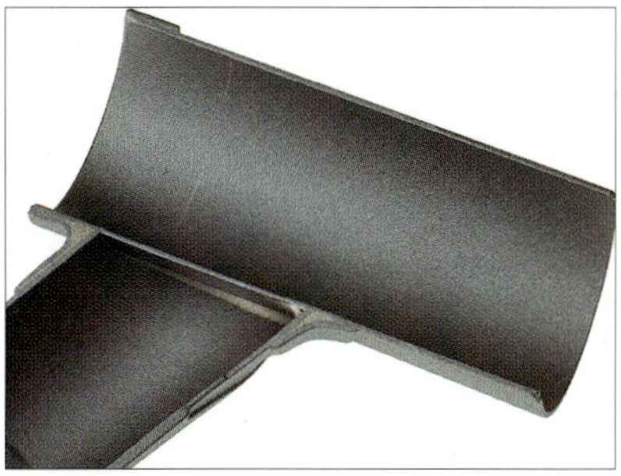

OBEN: *Gemuffter Rahmen: Heute nur noch selten in der Serienfertigung, aber immer noch bei handgefertigten Rahmen üblich.*

UNTEN: *Schnittbild einer perfekt gemufften und gelöteten Verbindung: Die Rohrenden sind exakt zugeschnitten, das Lot füllt alle Fugen aus.*

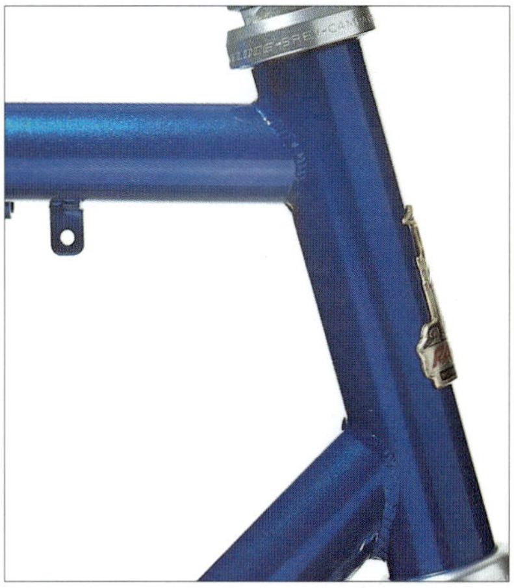

LINKS: *WIG-Schweißen: Die auf Gehrung geschnittenen Rohre werden mit der Elektrode angeschmolzen. Ständige Schutzgaszufuhr verhindert Verunreinigungen.*

RECHTS: *Die korrekte WIG-Schweißnaht besteht aus dicht an dicht gesetzten Schuppen oder Perlen.*

Exotische Werkstoffe

Vom Weltraum auf die Straße: Moderne Materialien aus Luft- und Raumfahrt erobern die Fahrradszene.

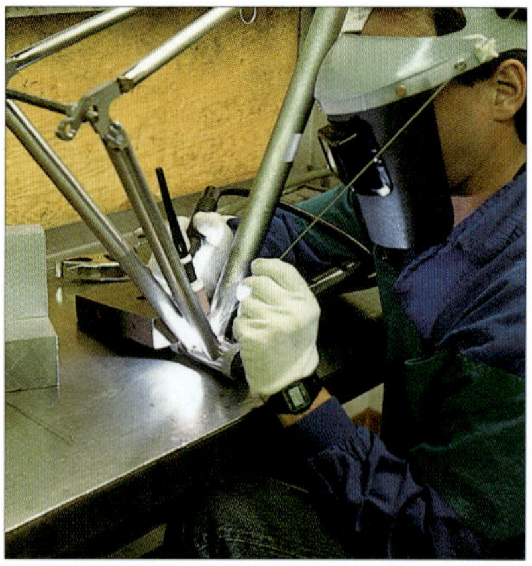

Rahmenbau auf Top-Niveau: Merlins Titanrohre werden unter beinahe klinischen Bedingungen geschweißt.

Die besten Titanlegierungen wiegen nur gut halb so viel wie Stahl und sind fast genauso stabil. Titanvelos können also wesentlich leichter sein: Der typische Rahmen (mit Gabel aus einem anderen Material) wiegt 1,7-2,3 Kilogramm. Bei einer Festigkeit ähnlich wie Stahl ist Titan deutlich biegsamer, was man durch höheren Materialaufwand (= mehr Gewicht) ausgleicht. Die besten Rahmenrohre haben leichtes Oversize-Format und sind teilweise speziell geformt. Dabei kommt ein sehr direkt reagierender Rahmen heraus, der Fahrbahnstöße dennoch gut wegsteckt. Abhängig vom Rohrdurchmesser bieten Titanrahmen in der Regel seidenweichen Fahrkomfort – ausgezeichnet für Langstrecken.

Die Top-Rahmen sind fast immer aus dem Flugzeugtitan 3/2,5 (94,5% Titan, 3% Alu, 2,5% Vanadium) gebaut. Billigere Ausführungen bestehen aus reinem »Kommerztitan« oder aus russischen oder chinesischen 3/2,5-Rohren, die möglicherweise weniger haltbar sind. Die Titanlegierung 6/4 (90% Titan, 6% Alu, 4% Vanadium) ist fester und härter, aber spröder und schwieriger zu Rohren zu schmieden. Titanrahmen werden in aufwendigen Spezialverfahren WIG-geschweißt - ein Expertenjob mit hohen Qualitätsvorgaben. Rahmen aus korrosionsfestem Titan werden meistens nur poliert. Titangabeln sieht man selten: Die Herstellung ist teuer, und es gibt andere Werkstoffe, die besser geeignet sind.

Der Litespeed Ultimate Titanrahmen - schon optisch ein Glanzstück.

Carbon

Einzelne Kohlefasern sind wesentlich fester und steifer als Stahl, allerdings nur in einer Richtung. Eingebettet in Kunstharz bilden sie ein Verbundmaterial, das ihre positiven Grundeigenschaften in die Praxis umsetzt: äußerst vielseitige, starke, leichte und steife Rahmen, die meistens auch gute Stoßdämpfung bieten. Zusätzlich eingearbeitete Kevlarfasern nehmen

Aufwendige Operation: Vakuumofen zur Herstellung von Carbon-Rahmen

dem Material seine Sprödigkeit - wenn es trotzdem brechen sollte, dann weniger abrupt. Die Oberfläche ist relativ kerbanfällig, weswegen freiliegende Kabelzüge sehr sorgfältig verlegt werden müssen. Jede Einkerbung bedeutet einen Schwachpunkt, die häufigste Ursache eines Rahmenbruchs ist allerdings Sturz oder Zusammenstoß. Unfallrahmen müssen sorgfältigst geprüft werden, gelöste Laminatschichten sind von außen nur schwer zu erkennen. Unter Umständen kann der Rahmen in einer Spezialwerkstatt repariert werden.

Verschiedene Carbonrahmen werden aus Rohren oder Rahmenteilen gefertigt, die auf Innenmuffen aus Alu oder Carbon gesteckt und mit Epoxyklebern fixiert werden.

Die eigentliche Stärke des Carbon kommt jedoch erst in der Monocoque-Bauweise zum Tragen. Bei dieser Form »aus einem Guss« sorgt die Faserstruktur für hohe Steifheit und aerodynamisches Design. Auch diese einteiligen Rahmen werden manchmal aus mehreren Teilen zusammengefügt.

Rahmen aus Carbonrohr sind in der Regel die preiswertesten Kohlefaserrahmen. Der Trek OCLV ist einer der renommiertesten dieser Klasse. Das typische Gewicht eines Carbonrahmens beträgt 1,9-2,4 Kilogramm.

Kohlefaser-Gabeln finden sich auch an Alu- und Titanrädern: Sie sind nicht nur leicht, sondern auch stabil, steif und stoßabsorbierend.

Auf einem ähnlichen Carbon-Monocoque fuhr Chris Boardman 1993 den Stunden-Weltrekord.

Metall-Matrix

Hinter dem Kürzel »MMC« verbirgt sich ein futuristischer Mix aus Metall (meist eine Alu-Legierung) als Binder und einem Stützmaterial wie Aluminiumoxid oder Borcarbid - die Zusammensetzung ist sehr verschieden. Manche Matrixrahmen können geschweißt, andere müssen geklebt werden. Das Gewichts-/Steifigkeits-Verhältnis ist exzellent, aber noch sind nur sehr wenige Rahmen auf dem Markt - meistens auch nur als Rahmendreieck. Die Rahmen Boralyn und Specialized M2 bestehen komplett aus MMC. Das typische Rahmengewicht liegt bei 1,9-2,2 Kilogramm.

Rahmendesign: Die Form folgt der Funktion

Aufgepasst beim Rahmenkauf: Stimmt die Rahmengeometrie, wird dies der Beginn einer wunderbaren Freundschaft.

Alle Straßenrennmaschinen sollten vergleichbare Lenkeigenschaften haben, damit man im dichtgedrängten Feld gefahrlos in die Kurve gehen kann. Andernfalls besteht Crashgefahr. Die hochsensible Lenkung der Straßenräder erfordert ständige Aufmerksamkeit. Für Zeitfahren ist diese Geometrie wenig geeignet, speziell auf Langstrecken und wenn mit Hornlenker gefahren wird. Hier wünscht man sich einen ruhigeren Geradeauslauf mit einer trägeren Lenkung.

Ob ein Rad nervös reagiert oder wie auf Schienen fährt, erkennen Sie vor allem am Nachlauf (Zeichnung unten links). Die Werte differieren je nach Fahrradtyp. Selbst Rennmaschinen haben, entsprechend ihrem Einsatzzweck, unterschiedliche Nachlaufmaße.

Der Nachlauf errechnet sich aus der Gabelvorbiegung, dem Steuerkopfwinkel und dem Laufradradius.

Ein flacher Steuerkopfwinkel kann bei stark gekrümmter Gabel den gleichen Nachlauf produzieren wie ein steiler Winkel bei einer relativ geraden Gabel. Kleinere Vorderräder reduzieren den Nachlauf.

Zur schnellen Übersicht und als Entscheidungshilfe haben wir die gebräuchlichsten Nachlaufwerte in einem Diagramm zusammengefaßt.

Den richtigen Kompromiss aus Kurvenfreudigkeit und Laufruhe finden Sie durch sorgfältiges Abwägen von Steuerkopfwinkel und Nachlauf. Großer Nachlauf sorgt für stabilen Geradeauslauf bei hoher Geschwindigkeit, ein steiler Winkel für eine leicht ansprechende Lenkung. Velos, die beides vereinen, können mit Feeling

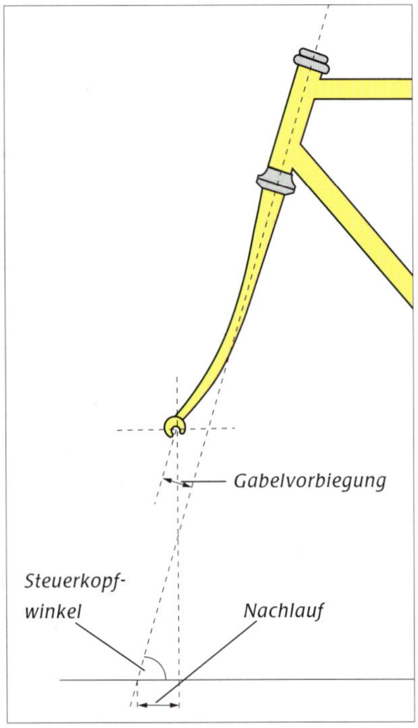

Nachlauf ist der am Boden gemessene Abstand zwischen der (in Verlängerung gedachten) Lenkdrehachse und der Senkrechten durch die Vorderradachse.

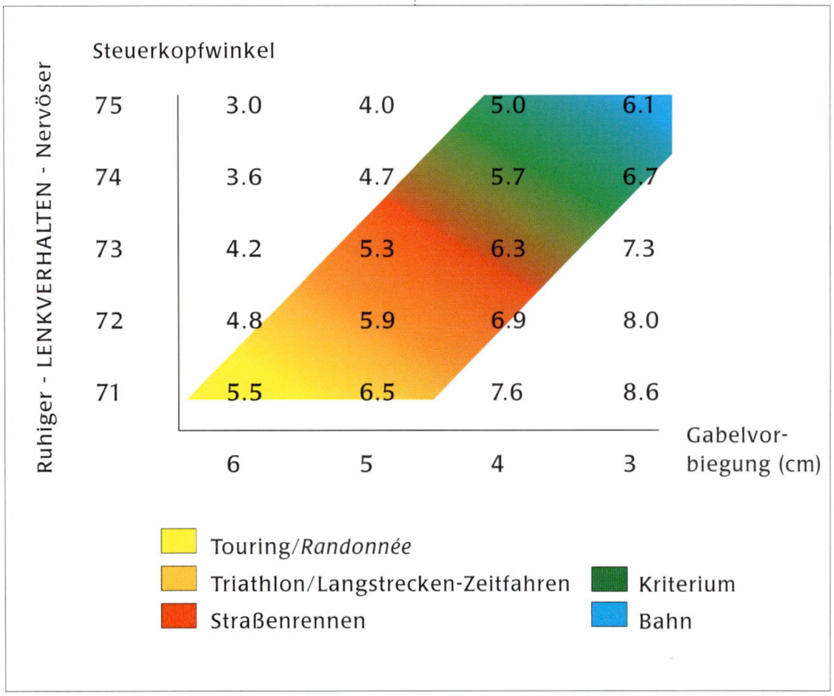

Der Hersteller gibt normalerweise den Steuerkopfwinkel und die Gabelkrümmung an, aber nur selten den Nachlauf. Mit diesem Diagramm finden Sie ihn heraus. Die Farbzonen markieren die Einsatzbereiche. Die Werte basieren auf 700C-Laufrädern, bei 650C-Rädern müssen jeweils 18% abgezogen werden.

Gerade und gekrümmte Gabeln lenken sich ganz ähnlich, aber Komfort und Kurvenverhalten unterscheiden sich.

gelenkt werden - ideal für Sprints und knifflige Kriterien.

Ein flacherer Winkel lässt das Rad träger reagieren, wenn Sie den Lenker einschlagen. Auch das bewirkt Laufruhe bei hohem Tempo. Stark gebogene Gabeln sind nicht allein für den Nachlauf relevant, sie flexen besser und sind komfortabler.

Bei vorgegebenem gleichem Nachlauf sind im Lenkverhalten von geraden und gekrümmten Gabeln nur wenig Unterschiede festzustellen. Im Federkomfort liegen gebogene Gabeln dagegen vorn, während die geraden Gabeln besser mit seitlich wirkenden Kräften (Kurvenfahrten) fertigwerden. Gabeln von Bahnrädern haben traditionell runde statt ovale Gabelscheiden.

Design-Details

Verschiedene Faktoren wie Körpermaße und die vorgesehene Verwendung des Velos schlagen sich in der Konstruktion nieder. Ein Kriterium ist zum Beispiel die Tretlagerhöhe, gemessen vom Boden bis zur Mitte der Tretlagerwelle. Bei höherliegendem Tretlager haben Sie mehr Bodenfreiheit und können sich weiter in die Kurve legen, ohne einen Aufsetzer befürchten zu müssen. Dafür liegt der Schwerpunkt höher und verringert die Stabilität.
Das Langstreckenvelo hat deshalb meist ein niedrigeres Tretlager als die Kriterium-Maschine. Bei einer typischen Tretlagerhöhe von 270 mm kann die Reifendicke bis zu 7 mm Unterschied bewirken. Auch die Bauweise der Kurbeln und Pedale haben Einfluss auf die Bodenfreiheit.

Schutzbleche

Wollen Sie fürs Training oder für Audax-Fahrten Schutzbleche montieren (beim Audax sind sie Vorschrift), müssen mindestens 7 mm Luft zwischen Reifen und Gabelkrone, Sitzrohr, Bremssteg und Kettenstreben-Quersteg sein. Bei diesen Events werden Reifen bis 28 mm Querschnitt gefahren. Vor dem Aufziehen der Pneus sollten die Schutzblechmaße abgecheckt werden. Beachten Sie auch, dass Schutzbleche den Abstand zwischen Ihren Fußspitzen und dem Vorderrad einschränken - eine potentielle Konfliktzone. Zur Montage sind Schraubösen an den Ausfallenden sehr hilfreich, Steckbleche tun es aber auch. Verschiedene Hersteller bieten schmale Rennbleche an, die auch bei enggebauten Rennrädern noch Platz finden.

Reifenfreiheit

Bei manch einer Rennmaschine sitzt das Laufrad sehr dicht am Rahmen. Auf diese Weise spart man Rohrmaterial und Gewicht und verringert das Flexen, die Biegeanfälligkeit des Rahmens. Der Laufradwechsel wird dadurch jedoch umständlicher. Mit etwas mehr Spielraum ersparen Sie sich viel Krampf.

Einige Vollblut-Renner reduzieren die Reifenfreiheit auf wenige Millimeter. Zur Montage muss unter Umständen die Luft herausgelassen werden.

Der Maßrahmen

Die Dimensionen des Rahmens müssen zu Ihren Körpermaßen passen, auch wenn durch die Justierung der Komponenten einiges ausgeglichen werden kann. Gute Händler haben spezielle Einstell-Maschinen.

Wenn Sie aufrecht stehen, das Velo zwischen den Beinen, sollten zwischen Schritt und Oberrohr mindestens 2,5 cm Zwischenraum sein, um Verletzungen auszuschließen. Diese sogenannte Stehhöhe wird vom Boden bis zur Höhe des Oberrohrs gemessen. Die wichtigere Rahmenhöhe ist der Abstand zwischen der Mitte der Tretlagerwelle und dem Schnittpunkt von Sitzrohr und Oberkante Oberrohr. Manche Hersteller messen sie aber auch bis zur Mitte des Oberrohrs oder setzen sie mit der Sitzrohrlänge gleich. Als Faustformel sollte das Sitzrohr 65-69 Prozent Ihrer Schrittlänge betragen.

Von wesentlicher Bedeutung ist auch die Länge des Oberrohrs, gemessen zwischen seinen Schnittpunkten mit Sitzrohr und Steuerkopf. Sie variiert mit der Rahmengröße. Damen-Rennmaschinen haben generell kürzere Oberrohre, weil Frauen proportional längere Beine und kürzere Oberkörper haben als Männer - die brauchen folglich das Gegenteil. Leider sind beinahe alle Rennräder für »Durschnittsmänner« konstruiert. Durch Variation der Vorbaulänge und die Verstellung des Sattels lässt sich der korrekte Abstand zum Lenker zwar korrigieren, das kann jedoch zur Verschiebung des Körpergewichts und zu anderen unerwünschten Effekten führen.

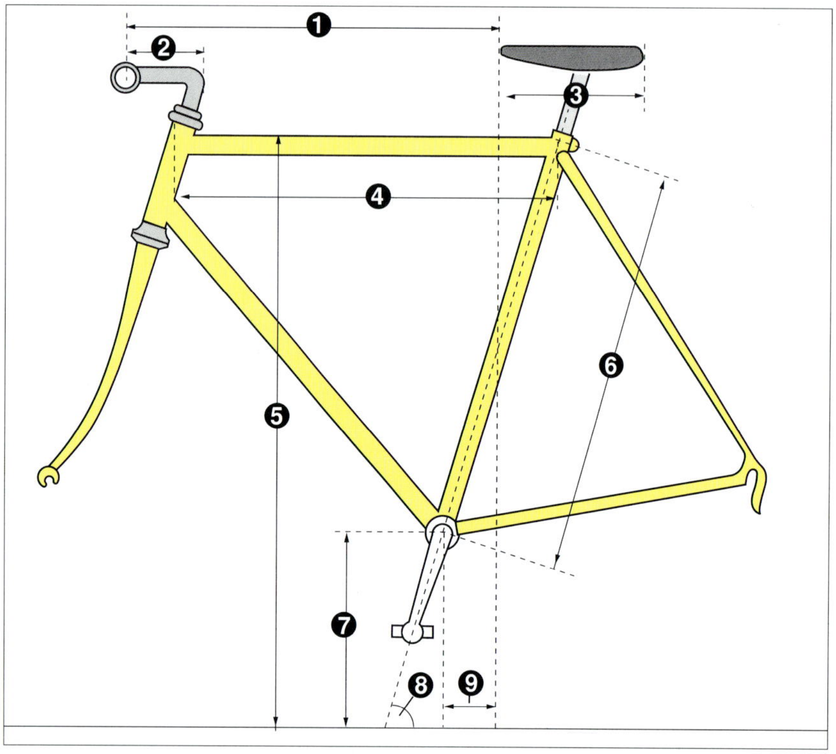

Diese Maße müssen stimmen:
1 Abstand Sattelspitze-Lenker, 2 Vorbaulänge, 3 Sattelposition, 4 Oberrohrlänge, 5 Stehhöhe, 6 Sitzrohrlänge, 7 Tretlagerhöhe, 8 Sitzrohrwinkel, 9 Sattel-Rückstellung

Der Sitzrohrwinkel begrenzt die maximale Rückstellung des Sattels (horizontaler Abstand zwischen dem Lot von der Sattelspitze und der Tretlagermitte). Sie können unterschiedliche Sitzrohrwinkel wählen, aber Oberrohr und Vorbau müssen gleichbleiben, damit die Reichweite zum Lenker stimmt. Verschieben Sie dagegen den Sattel nach hinten, muss die Vorbaulänge entsprechend angepasst werden. Im Extremfall beeinträchtigen diese Maßnahmen die Gewichtsverteilung und damit auch das Handling.

Durch Experimentieren haben Sie die angenehmste und wirkungsvollste Sitzposition herausgefunden. Müssen Sie den Sattel dazu ganz nach vorn oder hinten stellen, wäre ein anderer

Sitzrohrwinkel besser. Ein steileres Sitzrohr gibt mehr Fußfreiheit zum Vorderrad, weil sich damit ein größerer Abschnitt des Oberrohrs vor dem Tretlager befindet.

Der typische Sitzrohrwinkel von 72-73° eignet sich für Männer von mittlerem Körperbau im Straßenrennen und am Berg. Gewichtsverteilung, Fahrstil und persönliche Vorlieben setzen weitere wichtige Akzente. Männer mit schmaleren Schultern und Frauen mit kräftigeren Hüften erzielen durch steilere Winkel eine bessere Balance.

Durchgehend gerade Sattelstützen erzeugen einen um zwei Grad steileren Sitzwinkel als Standardmodelle.

Sehr steile Winkel von 74-78° werden von Triathleten bevorzugt, die sich so besser auf ihre Aerolenker legen und ihre vielseitige Muskulatur effektiver einsetzen können. Der Rumpf lässt sich leichter abwinkeln, aber ab einem bestimmten Punkt behindert diese Konstruktion die Beinarbeit. Bei Zeitfahrern sind steile, wenngleich weniger extreme Winkel üblich. Nach dem internationalen Reglement für Straßenrennen sollte sich die Sattelnase mindestens 5 cm hinter der Tretlagermitte befinden, aber dieser Wert kann nach dem Ermessen der UCI reduziert werden. Nationale Vorschriften können davon abweichen und sind nicht für jedes Zeitfahren bindend.

OBEN: *Ein guter Rahmenbauer zaubert für jeden Fahrer das passende Rad.*
LINKS: *Cannondales »Compact«-Rahmen sind ausgezeichnet für Frauen geeignet.*

Custom-Rahmen?

Es gibt ein riesiges Angebot an Konfektionsrädern, und selbst Fahrer außerhalb des Normalmaßes können, passende Vorbaulänge vorausgesetzt, zu einem annehmbaren Preis fündig werden. Andererseits bietet ein Maßrahmen, speziell für Ihre Ambitionen und Körpermaße gefertigt, das Optimum. Wählen Sie den Rahmenbauer mit Bedacht, er sollte seinen guten Ruf schon durch erfolgreiche Rennräder bewiesen haben. Teilen Sie ihm Ihre Wünsche mit, beschreiben Sie ihm Ihren Fahrstil und lassen Sie sich von ihm beraten.

Kleine Rahmen

Viele »kleine« Räder haben in Wirklichkeit nur ein kürzeres Sitzrohr und ein hochliegendes Tretlager. Sehr kleine Rahmen haben meistens einen flachen Steuerkopfwinkel. Eine vorgebogene Gabel soll verhindern, dass die Fußspitze ans Vorderrad anstößt, erschwert jedoch das Handling. Kleinere 26-Zoll-Laufräder sind der Geometrie besser angemessen; lesen Sie dazu den Kommentar auf den Seiten 122/123. Auch kürzere Kurbeln können für kleinere Fahrer eine gute und überdies recht preiswerte Lösung sein (s.S.114/115).

Rennposition: die Grundhaltung

Die beste Körperhaltung ist physikalisch und aerodynamisch günstig und für die Dauer des Rennens auch hinreichend bequem. Wenn der Rahmen passt, gibt es weder Unwohlsein, Schmerzen noch Verletzungen.

Wir sind alle verschieden, und die Theorie der Rennposition kann nur eine Grundlage liefern. Experimentieren Sie, sammeln Sie Erfahrungen, besonders, wenn Ihnen die Sitzposition Probleme macht. Eine veränderte Haltung kann gewöhnungsbedürftig sein - lassen Sie sich Zeit, um sich mit ihr anzufreunden. Beachten Sie, dass sich mit jeder veränderten Einstellung gleichzeitig auch andere Faktoren der Fahrposition verändern: Ein höher gestellter Sattel vergrößert zum Beispiel auch den Abstand zum Lenker (lesen Sie auf den Seiten 160/161 mehr über die Justage).

Rennposition – die Grundhaltung

Sattelhöhe

Dieses ist der kritischste Punkt von allen. Die Kurbel zeigt nach unten, Sie setzen den Fuß aufs untere Pedal. Im Sitzen muss das Bein fast gestreckt sein. Ein zu hoch justierter Sitz verursacht dem Fahrer Schmerzen hinter dem Knie. Man versucht das automatisch zu kompensieren, indem man beim Kurbeln nach links und rechts rutscht. Der zu tief montierte Sattel kann vorne im Knie schmerzen. Nicht zu vergessen, auch verschiedene Schuhe oder Pedale verändern die effektive Sitzhöhe. Forschungen haben ergeben, dass die optimale Sitzhöhe

105-109 Prozent der Innenbeinlänge beträgt, gemessen von der Mitte der Satteloberlinie bis zur Pedal-Trittfläche.

Wie misst man die Innenbeinlänge? Ziehen Sie Radlerhose und -schuhe an. Stellen Sie sich mit dem Rücken zur Wand, die Beine eine Handbreit auseinander. Bitten Sie einen Helfer, mit einem waagerecht gehaltenen Stift die Höhe Ihre Schrittes durch einen Punkt an der Wand zu markieren. Nun messen Sie die Senkrechte vom Boden bis zum Punkt.

Wenn die Hacke auf das Pedal aufgesetzt wird, sollte das Bein jetzt gestreckt sein.

Zwei Wochen sollten Sie nun fahren wie gehabt. Wenn Sie sich dabei wohlfühlen, versuchen Sie, die Sattelhöhe auf 109 Prozent der Innenbeinlänge zu steigern - alle 14 Tage fünf Millimeter höher mit dem Sitz - bis Sie die für Sie optimale Justage erzielt haben.

Justage der Patentsattelstütze

Zur Einstellung von Sattelposition und Sattelneigung wird das Sattelgestell im Kopf der Patensattelstütze verschoben. Der Verstellbereich wird letztlich durch das Rahmendesign begrenzt, aber an der Sattelstütze kann eine Feinjustierung vorgenommen werden. Ausprobieren ist auch hier angesagt; berücksichtigen Sie dabei den veränderten Abstand zum Lenker. Der Sattel muss waagerecht stehen. Zeigt er nach unten, könnten Arme und Rücken zu schmerzen beginnen. Triathleten und Zeitfahrer bevorzugen einen leichten Tick abwärts, um leichter in die ausgestreckte Position zu kommen. Eine aufwärtsweisende Sattelspitze verursacht Scheuerstellen und Taubheit im Genitalbereich. Falsch eingestellte Sättel sind einfach unbequem (Hinweise zur Justage auf den Seiten 160/161).

Lenkerposition

Position und Höhe des Lenkers müssen stimmen, um mit flachem Rücken fahren zu können, wenn die Hände unten an den Lenkerenden liegen (manchen Fahrern ist diese Haltung unmöglich). Die Oberarme sollen rechtwinklig zum Oberkörper stehen, die Unterarme parallel zum Boden. Bei zu kurzem Lenkerabstand ist der Rücken zu stark gekrümmt, das kann die Atmung behindern, zu lang lässt den Ellenbogen keinen Spielraum mehr, der Rücken beginnt zu schmerzen. Bei der Beurteilung der Reichweite spielt die Griffposition der Hände eine wichtige Rolle.

Prinzipiell sollte der Lenker tief, aber noch bequem sein. Anfangs stellen Sie ihn nur wenig tiefer als die Sattelspitze und arbeiten sich dann langsam nach unten. Mit langen Armen, langem Oberkörper und/oder einem aggressiven Fahrstil brauchen Sie einen tieferen Lenker.

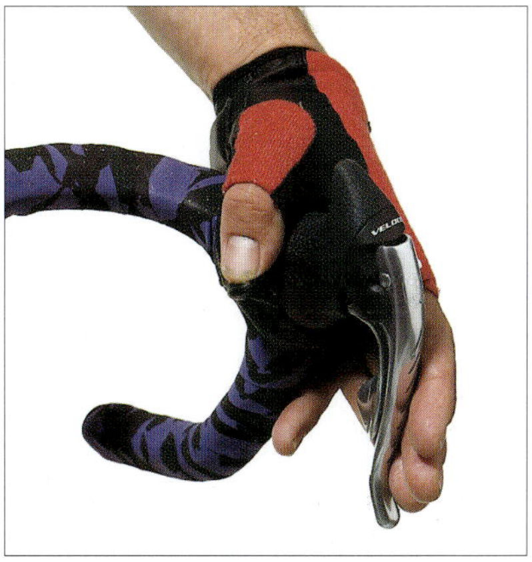

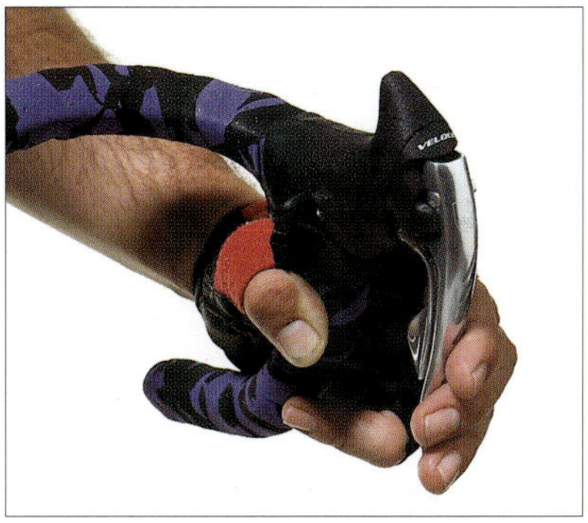

BREMSHEBEL-POSITION: So ist der Bremshebel von oben ❶ und aus dem Rennbügel heraus ❷ am besten zu erreichen. Feineinstellung nach persönlicher Vorliebe. Kleine Hände haben es mit Shimano-Modellen meist etwas leichter als mit Campagnolo-Hebeln.

Möchten Sie die Oberkörperposition modifizieren, geht das natürlich über die Sattelverstellung (was die bekannten Nebenwirkungen hat). Alternativ schafft ein anderer Vorbau Abhilfe. Längere Vorbauten bringen mehr Druck aufs Vorderrad und dämpfen die Lenkwirkung. Ein kürzerer Vorbau bewirkt das Gegenteil, das Rad kann leicht nervös reagieren.

Die Lenkerenden stehen am besten parallel zum Boden. Möglicherweise müssen Sie nach der Lenkereinstellung die Bremsgriffe nachjustieren, um sie bequem erreichen zu können (Details auf den Seiten 158/159).

Spezial-positionen

Der Tria-Lenker ist zu einem Muss für Zeitfahrer geworden, seit Greg LeMond 1989 damit die Konkurrenz verblüffte und die Tour de France gewann. Bei Zeitfahrwettbewerben und Triathlons ist dieses Instrument Pflicht, fast so wichtig wie Clickpedale.

Triathlonlenker sollen die niedrigste und windschlüpfigste Haltung bewirken. Je schneller Sie fahren, desto größer ist ihr Nutzen. Sie dürfen natürlich weder die Atmung noch die Beinarbeit negativ beeinflussen - und bei Straßenrennen sind sie unzulässig. Am besten sind sie an Rädern mit ruhiger Lenkung und viel Nachlauf aufgehoben, um Fahrbahnstöße gut wegstecken zu können.

Tria-Aufsätze werden normalerweise an den vorhandenen Rennlenker angebaut; ITM führt auch spezielle, elegantere Vorbau/Tria-Kombinationen. Kleinere Rahmen benötigen bisweilen ein Ergänzungskit für die Armauflagen. Unter dem Lenker montierte Tria-Aufsätze empfehlen sich bei etwas zu großen Rahmen. Mit überdurchschnittlich kurzen oder langen Armen brauchen sie ein Modell mit weitem Justierbereich. Lenkerend- oder Gripshiftschalter können an den meisten Tria-Lenkern angebracht werden. Mittels Adaptern können Sie auch klassische Unterrohr-Schalthebel montieren. Bevor Sie sich für einen Tria-Aufsatz, Vorbau oder Montageteile entscheiden, überzeugen Sie sich zusammen mit dem Händler, ob sich die Maße mit denen Ihres Equipments vertragen.

Beim ersten Fahrversuch sollten die Ellenbogen weit genug auseinanderliegen, um sich sicher zu fühlen. Üben Sie auf ruhigen Straßen, ehe Sie sich mit einem Triathlonlenker in den Wettkampf trauen. Im weiteren Trainingsverlauf bringen Sie die Arme immer näher

zusammen, bis sich die Ellenbogen fast berühren. Lernen Sie, das Kinn einzuziehen, um die Lücke zwischen den Oberarmen zu schließen, und lassen Sie die Knie innen. Mit zunehmender Geschmeidigkeit halten Sie den Rücken jetzt flacher und müssen vielleicht zu einem längeren Vorbau greifen. Rutschen Sie nicht auf die Sattelspitze - stellen Sie ihn, wenn möglich, lieber weiter nach vorn. Entdecken Sie die Chancen unterschiedlicher Lenkerwinkel - zwischen 15 und 30° zum Boden. Je flacher Sie liegen, desto schneller sind Sie.

Lowprofile-Lenker

Diese Bügel können Sie genauso tief oder noch tiefer anpacken wie normale Rennlenker. Sie werden an Zeitfahrmaschinen und Triathlonrädern montiert, häufig in Kombination mit Tria-Aufsätzen. Achten Sie bei all den verschiedenen Längen, Breiten, Tiefen und Formen nur darauf, dass die Knie hinter den Ellenbogen bleiben.

Lenkertips fürs Straßenrennen

Die sorgfältige Wahl des Lenkerbügels kann Ihnen viel Unbehagen und

Schmerzen ersparen. Die Lenker haben das Standardmaß von 42 cm, gemessen jeweils von der Mitte der Lenkerenden. Die Palette reicht von 38-46 cm, wobei bei einigen Modellen die Breite aber als Außenmaß angegeben wird. Grundsätzlich soll der Lenker so breit sein wie die Schultern, um die optimale Atmung und Kontrolle übers Rad zu erzielen. Lenkerformen variieren in buchstäblich allen Details. Anatomic-Bügel haben ergonomisch abgeflachte Griffbögen, vergrößern aber den Abstand zu den Bremsgriffen. Die meisten Qualitätsmodelle verfügen über eine Kabelrinne für Brems-/ Schalthebel wie Shimano STI oder Campagnolo Ergopower. So verschwinden die Schalt- und Bremszüge unauffällig unter dem Lenkerband.

Anschraubbügel ohne Armauflagen wie etwa der »Spinaci« (s. Abb.) sind für Rennen unter UCI-Regeln nicht mehr zugelassen, da sie als Gefahrenquelle beim engen Fahren innerhalb des Pelotons angesehen werden. Die zwei Griffpositionen bieten aber zumindest dem sportlichen Einzelfahrer Vorteile am Berg und bei der gestreckten Ausdauer-Position.

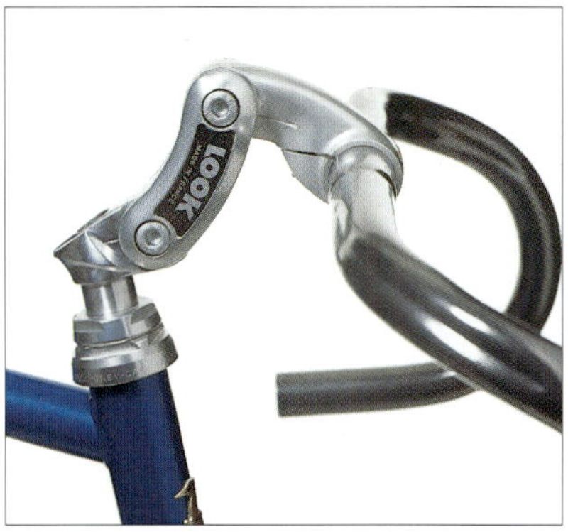

LINKS: *Ellenbogen nach innen, Kopf tief, Rücken flach: Dieser Triathlet demonstriert eine exzellente Haltung. Um so zu fahren, ist er im Sattel weit nach vorn gerutscht.*
GANZ OBEN: *Besonders leichte Lenker/Aerobügel-Kombination mit Unterarmauflagen.*
OBEN: *Cinellis »Spinaci«-Aufsätze sind bei Straßenrennen unter UCI-Reglement nicht zugelassen.*
RECHTS OBEN: *Im Prinzip schon die richtige Fahrposition - jetzt perfektionieren, entweder mit Hilfe eines Freundes oder eines Spiegels!*
RECHTS: *Der Look »Ergo-Stern« Vorbau ist ideal zum Testen verschiedenster Positionen. Ein teures Teil, aber eine sinnvolle Anschaffung für einen Verein.*

Lenkervorbauten

Sind Sie ein Sprinter oder fahren mit Tria-Aufsatz, brauchen Sie einen unbeugsamen Vorbau. CrMo, geschweißtes Alu und Titan sind zwar leichter als das konventionelle geschmiedete Alu, aber hier geht Stabilität vor Gewicht - vor allem bei langen Vorbauten. Aheadset-Modelle sind gut, wenn Sie sich der richtigen Position sicher sind.

Bei der Lenkerklemmung darf es keine Kompromisse geben, besonders nicht, wenn ein Tria-Aufsatz im Spiel ist. Die Belastungen sind hoch!

SHAMAL
Campagnolo

7. KAPITEL

Die Rennmaschine: Komponenten

Der Rahmen ist gefunden. Jetzt geht es um die Komplettierung, allen voran die Komponentengruppe und die Laufräder. Mancher gibt soviel für seinen Traumrahmen aus,

dass das Geld nur noch für zweitklassiges Equipment reicht. Nebenbei, ein Satz der billigsten Komponenten kostet fast soviel wie ein komplettes Einsteiger-Velo... Kaufen Sie ein Rad von der Stange, ist die Auswahl an Teilen zwar begrenzt, doch einige Händler bauen den Rahmen auch nach Ihren Wünschen auf, andere bieten diverse Paket-Lösungen. Dieses Kapitel gibt Hilfestellung beim Ersatz oder Upgrade, behandelt die Funktion einzelner Komponenten und die Kompatibilität verschiedener Marken.

Die Komponenten-gruppe

Hier sind Antrieb und Schaltung, Bremsen und Naben einer bestimmten Güteklasse zu einer Familie vereint. Gelegentlich sind auch Pedale, Vorbau und Sattelstütze einbezogen. Jeder Hersteller hat mehrere Gruppen im Programm, abgestuft nach Qualität und Funktion.

❺

Das einheitliche Styling der Komponentengruppe macht das Rad attraktiv. Wichtiger noch, die Einzelteile entfalten ihre volle Leistung erst in der Gruppe oder wenigstens mit Teilen des gleichen Herstellers. Dieser Kollektivgedanke ist bei Shimano-Gruppen besonders auffällig. Campagnolo und Shimano sind die bekanntesten Komponentenschmieden und genießen beide großen Respekt im Rennsport. Sachs ist der dritte Hersteller hochwertiger Renngruppen. Aus Kostengründen werden viele Räder mit einem Komponenten-Cocktail ausgestattet - ausgehend von Markenteilen, ergänzt durch Produkte anderer Lieferanten.

❶

❷

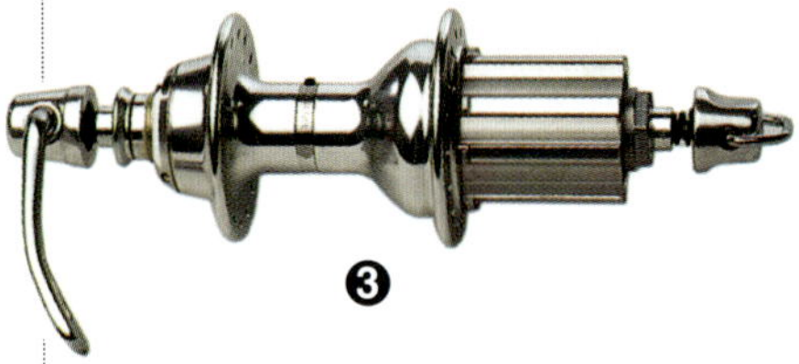

❸

❹

So sind die Naben von einfachen Rädern oft No-Name-Produkte.

Gruppen für Einsteiger bieten, was ein Rennsportler braucht. Technisch werden sie immer anspruchsvoller, weil die Technik der Top-Gruppen nach unten »vererbt« wird. Einfache Gruppen haben weniger Gänge als die Nobel-Sets, bieten dafür aber ein drittes Kettenblatt als Option. Das ist für einen Novizen sicher geeigneter als eine High-End-Gruppe... Viele Radsportler treffen ihre Wahl unter den mittleren Gruppen mit mehr Optionen und besseren Kugellagern - das Preis/Leistungsverhältnis ist ideal. Auch hier kann oft ein drittes Blatt montiert werden.

❻

Shimano Dura Ace und Campagnolo Record sind die Flaggschiffe und Innovationsträger. Jetzt konkurrieren beispielsweise beide mit Neunfach-Kassetten. Aus Gründen der Gewichtsersparnis wird bei den Komponenten zunehmend Titan eingesetzt und es werden spezielle Produktionsverfahren angewandt: Die neuesten Dura-Ace-Kurbeln sind hohl, das Record-Schaltwerk ist mit Titanbolzen versehen. Deutlich teurer als andere Gruppen, sind diese Komponentenpakete aber auch die zuverlässigsten und langlebigsten. Viele Teile werden geschmiedet - ein aufwendiges Verfahren für eine homogene und besonders feste Metallstruktur.

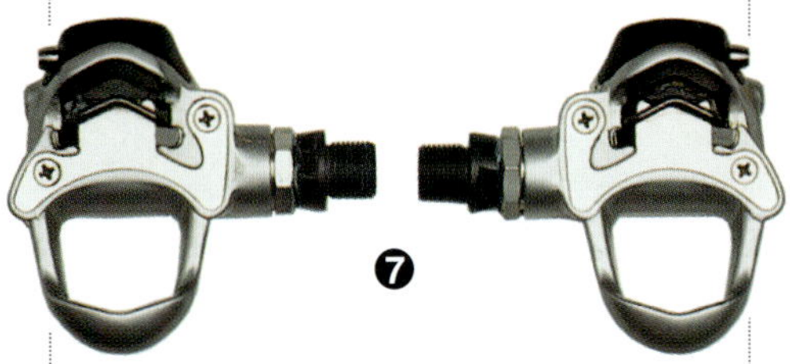

❼

Kugellager und Achsen sind von höchster Qualität mit extrem reibungsarmem Lauf und hoher Lebensdauer. Ein weiteres Plus: Ersatzteile sind leichter und länger zu bekommen als bei den billigeren Gruppen.

❽

Komponenten zum Nachrüsten

Neben den beiden Großen Shimano und Campagnolo bietet der Markt viele Teile unabhängiger Labels, die anstelle von Standardkomponenten montiert werden können. Sie sind für die

9

Aufwertung von Kompletträdern oder als Ersatz für reguläre Gruppenkomponenten konzipiert. An neuen Rädern findet man sie nicht. Typische Produkte sind Naben, Zahnkranzkassetten, Innenlager, Ketten und Steuersätze. Statt großer Stückzahlen bieten die Hersteller Individualität, sie füllen Lücken in den Programmen großer Anbieter, zumindest bieten sie Neues. Kompatible Nachrüst-Teile bringen Leben in die oft künstlich begrenzten Gruppenstrukturen: mehr Wettbewerb, mehr Möglichkeiten fürs individuelle Velo.

10

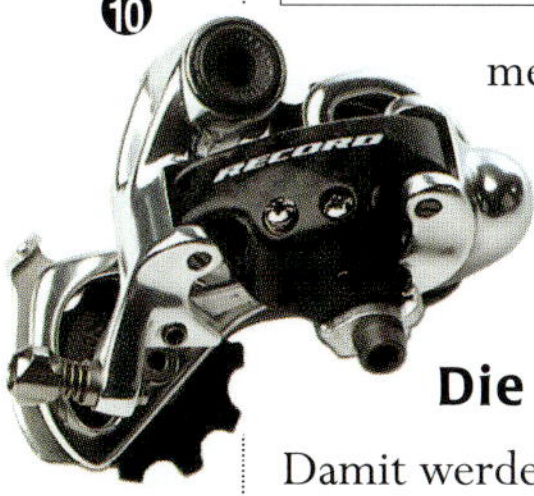

11

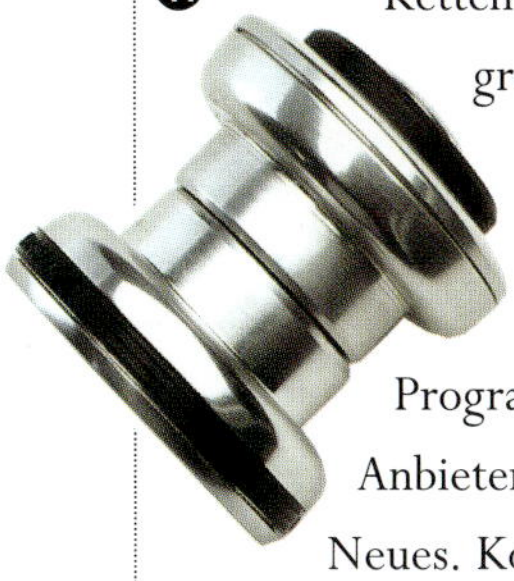

12

Die starre Übersetzung ist der einfachste, leichteste und eleganteste Fahrradantrieb.

Die starre Übersetzung

Damit werden alle Bahnrennen bestritten, und einige Fahrer bevorzugen sie auch fürs Training. Man benötigt eine Spezialnabe mit nur einem Ritzel und ohne Freilauf. Pedale und Laufrad fühlen sich wie eine Einheit an, sie vermitteln ein sehr direktes und kontrolliertes Fahrgefühl.

Auf der Bahn sind Bremsen weder erlaubt noch notwendig, denn das Velo kann durch Rückwärtsdruck auf die Pedale abgebremst werden. Auf der Straße schreiben die meisten Länder eine Vorderradbremse vor.

13

Campagnolo, Shimano sowie der weniger bekannte und weniger teure Hersteller Miche führen spezielle Bahnkomponenten.

KOMPONENTENGRUPPE CAMPAGNOLO RECORD

1 Vorderradnabe
2 Tretlagerkassette
3 Hinterradnabe
4 Kassette
5 Kurbelgarnitur
6 Umwerfer
7 Clickpedale
8 Sattelstütze
19 Schalt-/Bremsgriff
10 Schaltwerk
11 Steuersatz
12 Kette
13 Dual-Pivot-Bremse

Rund um die Gangschaltung

Erst verstehen, wie alles funktioniert - dann ist es einfach, Ersatzteile oder Upgrades auszuwählen und Reparaturen durchzuführen.

Kombinierte Schalt-/Bremsgriffe von Shimano, Campagnolo und Sachs sind heute die Norm an allen Rädern mit Ausnahme weniger Einsteigermodelle. Mit ihrer Hilfe kann geschaltet und gebremst werden, ohne dass die Hände den Lenker loslassen. Ein Unterrohrschalter kostet Konzentration, bringt Sie aus dem Takt und signalisiert den anderen eine mögliche Attacke.

Beim Gangwechsel verändert der Schalthebel die Spannung des Schaltzuges in exakt dosierten Schritten; das Schaltwerk rückt einen entsprechend präzisen Schritt weiter über die Ritzel. So funktioniert eine Indexschaltung.

Gute Schaltkabel bestehen vielfach aus Edelstahl. Sie dehnen sich fast gar nicht und sorgen dafür, dass der Schaltvorgang mit gleichbleibender Präzision vonstatten geht. Auch die Kabelhülle ist standhaft und lässt sich nicht komprimieren. Eine Innenbeschichtung aus Nylon oder Teflon erhöht die Gleitfähigkeit des Kabels. Die aufgepressten Endkappen dienen zur Verstärkung und halten den Kabelzug exakt an der vorgesehenen Position. Teilweise sind sie abgedichtet, um das Eindringen von Wasser zu verhindern.

In der Regel hat der Kabelzug zwei Spannschrauben, eine am Unterrohr und eine am Schaltwerk. Herausdrehen verkürzt das Kabel, Eindrehen längt es.

Durch die Feinregulierung der Kabelspannung kann jeder Schaltklick

Die Elemente der Gangschaltung

SCHALTUNGS-TIPS

1. **Sachs' Aris-Freilaufnaben sind mit Shimano-Siebenfach-Schalthebeln und Campagnolo-Systemen kombinierbar.**
2. **Shimanos Neunfach-Kassetten passen auf alle Shimano-kompatiblen Achtfach-Naben.**
3. **Um eine Campagnolo-Achtfach-Kassette auf neun oder zehn Ritzel aufzurüsten, benötigen Sie einen neuen Kassettenkörper.**
4. **Shimano- und Campagnolo-Neunfach-Kasssetten passen nicht in das jeweils andere System.**

einem bestimmten Ritzel (oder Kettenblatt) zugeordnet werden. Mit der Spannschraube (meist am Unterrohr) können Sie die Schaltung während der Fahrt nachregulieren. Die Justage am Schaltwerk wird normalerweise in der Werkstatt vorgenommen.

Schaltwerk und Umwerfer

Beim Herunterschalten auf ein größeres Ritzel wird das Schaltwerk vom Schaltkabel in Querrichtung gezogen, dies geschieht gegen den Druck einer Rückstellfeder. Beim Schalten auf ein kleineres Ritzel definieren Schalthebel und -kabel, wie weit die Feder das Schaltwerk zurückdrückt. Schalthebel und Schaltwerk müssen zusammenpassen, andernfalls sind die Bewegungen des Kabels zu kurz oder zu lang. Die nebenstehende Tabelle gibt an, welche Schaltwerke mit welchen Schalthebeln kombinierbar sind.

Der Leistungsbereich jedes Modells wird durch das größtmögliche Ritzel und die Kapazität bestimmt (die Differenzen zwischen großem und kleinem Blatt und zwischen größtem und kleinstem Ritzel werden addiert). Bei Schaltwerken von Shimano und anderen hat die Leitrolle seitliches Spiel, sie richtet die Kette automatisch auf das Ritzel aus und sorgt für weiche Schaltvorgänge.

Der vordere Umwerfer ist viel einfacher gebaut. Bei dieser Komponente gibt der Hersteller die maximale Zähnezahl des großen Kettenblatts und die sogenannte Gesamtkapazität an (die Differenz zwischen großem und kleinem Blatt).

Hinterradnabe (Freilauf)

Die Einbauweite zwischen den Ausfallenden beträgt heute üblicherweise 130 mm, passend für Acht- bis Zehnfach-Zahnkränze. Kassettenkörper sind entweder für Campagnolo- oder für Shimano-Kassetten konstruiert, und für acht, neun oder zehn Ritzel. Beachten Sie, dass die Anzahl der Speichenlöcher bei Nabe und Felge identisch sein muß.

Campagnolo und Shimano verwenden konventionelle Konuslager, die regelmäßig gewartet und eingestellt werden müssen. Daneben gibt es auch

Sowohl Campagnolo als auch Shimano setzen die größten Ritzel zur Gewichtseinsparung paarweise auf einen Träger. Die Verwendung von Titan spart bei ganz teuren Kassetten noch ein paar Gramm.

sehr gute Naben mit gekapselten, wartungsfreien Industrielagern.

Ketten

Die weichsten Gangwechsel erzielen Sie stets mit der vom Zahnkranzhersteller empfohlenen Kette in der richtigen Länge. Ultraschmale Spezialketten werden bei 9-fach-Kassetten aufgelegt. Praktisch alle modernen Kettenblätter und Ritzel sind mit eingefrästen Schalthilfen ausgestattet, um der Kette bessere Übergänge zu ermöglichen.

WAS PASST ZUEINANDER BEIM SCHALTUNGSMIX?

SCHALTHEBEL	SCHALTWERK						
	Shimano				Campagnolo		
	7-fach	8-fach	vor '97 Dura-Ace	9-fach	8-fach	9-fach	10-fach
Shimano 7-fach	✓	✓	✗	✓	✗	✗	✗
Shimano 8-fach	✓	✓	✗	✗	✗	✗	✗
vor '97 Dura-Ace	✗	✗	✓	✓*	✗	✗	✗
Shimano 9-fach	✗	✗	✓	✓	✗	✗	✗
Campagnolo 8-fach	✗	✗	✗	✗	✓	✓	✗
Campagnolo 9-fach	✗	✗	✗	✗	✗	✓	✗
Campagnolo 10-fach	✗	✗	✗	✗	✗	✗	✓

* nur nach '97 Dura-Ace

Übersetzungen

Laufradgröße, Kettenblatt und Ritzel definieren die Übersetzung, eine Größe, die über die Wirkung des geschalteten Ganges Auskunft gibt. Die Übersetzungslehre hilft Ihnen auch, bessere Kombinationen herauszufinden.

Englischsprachige Länder verwenden ein inzwischen antikes Formelwerk, um das Übersetzungsverhältnis einer bestimmten Gangkombination auszudrücken: Sie vergleichen es mit dem Durchmesser eines Hochrades (siehe Zeichnung unten und Kasten gegenüber).

Im übrigen Europa spricht man von Entfaltung - der Strecke, die das Laufrad pro Kurbelumdrehung zurücklegt (siehe Kasten).

Der Laufraddurchmesser hängt natürlich von der Reifendicke ab. Wollen Sie es ganz genau wissen, messen Sie nach.

Für Vergleichswerte sind beide Systeme geeignet. Je höher der Wert, desto härter müssen Sie treten, beziehungsweise desto langsamer drehen sich die Kurbeln. Um Irrtümer auszuschließen geben viele Fahrer einfach die geschaltete Zahnzahl an: 52 x 14, 42 x 21 und so weiter.

Alle Gänge, die Sie brauchen

Die Gänge passen nicht - Sie merken es im Flachen oder beim Bergabfahren, wenn der größte Gang nicht schnell genug ist. Oder bei einer Steigung, die Sie auch im kleinsten Gang fertigmacht. Vielleicht brauchen Sie, ausgepumpt vom Training, noch einen »Rentnergang«. Oder Sie stellen fest, dass die Abstufung zweier oft benutzter Gänge einfach zu groß ist.

Bei den meisten modernen Kassetten mit neun oder zehn Ritzeln lassen sich die Ritzel nicht mehr individuell zusammenstellen. Sie sind also auf die angebotenen Standardkombinationen angewiesen. Umso wichtiger ist es, sie genau unter die Lupe zu nehmen und auf den angestrebten Verwendungszweck und ihre persönlichen Vorgaben hin zu beurteilen. Bei dem weiten Entfaltungsbereich der Neun- und Zehngang-Kassetten werden Sie aber für jede denkbare Situation einen passenden Gang finden.

Vermeiden Sie es, das kleine Kettenblatt mit dem kleinsten Ritzel zu fahren oder umgekehrt. Die extreme Schrägstellung der Kette verursacht starke Fahrgeräusche und hohen Verschleiß im ganzen System.

Die folgende Tabelle zeigt typische Entfaltungen für verschiedene Bereiche.

Entfaltung	Einsatzbereich
< 1,0 m	Klettergänge von Mountainbikes und Reiserädern
1,0 – 1,3 m	Klettergänge Rennrad
1,3 – 1,5 m	niedrigste Gänge bei flachen Rundkursen
1,5 – 1,8 m	niedrigste Gänge bei Zeitfahren
1,8 – 2,5 m	normale Gänge
> 2,5 m	Schnellgänge

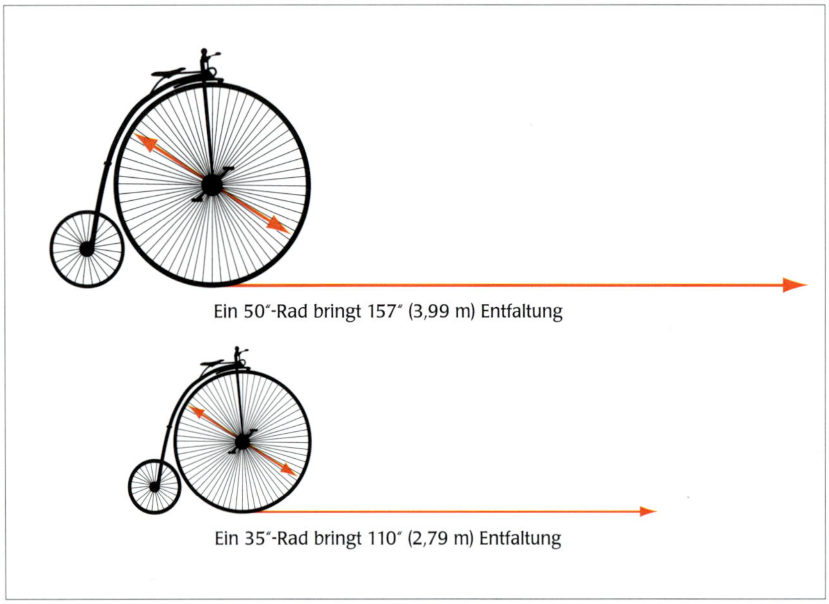

Je größer das Rad, desto mehr Strecke legt es bei einer Umdrehung zurück. Und je größer der Gang, desto weiter kommen Sie mit einer Kurbelumdrehung. Das alte englische System besagt, wie groß ein direktangetriebenes Laufrad (in Zoll) sein müsste, um die gleiche Entfaltung wie eine bestimmte Gangkombination zu erzielen.

Profis wie Sean Kelly und Udo Bölts bevorzugen Übersetzungen mit kleinen Gangsprüngen. Sie haben die Kraft für kleine Ritzel. . .

So berechnen Sie die Entfaltung:

$$\frac{\text{Zähne Kettenblatt}}{\text{Zähne Ritzel}} \times \text{Laufraddurchmesser (in Metern)} \times 3{,}14$$

Beispiel für ein typisches 700C-Laufrad:

$$\frac{52}{14} \times 0{,}67\ \text{m} \times 3{,}14 = 7{,}81\ \text{m}$$

Die folgenden Tabellen zeigen die Entfaltungen einiger Acht- und Neunfach-Kassetten für verschiedene Einsatzzwecke. Die fettgedruckte waagerechte Zeile gibt die Zähnezahl der Ritzel an, senkrecht stehen die Zähnezahlen der beiden Kettenblätter. Grundlage der Berechnung ist das typische 700C-Laufrad mit 67 cm Durchmesser.

Entfaltung in Zentimetern

	12	**13**	**14**	**15**	**16**	**17**	**19**	**21**
52	910	840	780	728	683	642	575	–
42	–	678	630	588	551	519	464	420

STRASSENRENNEN (ACHTFACH) Eine klassische Kombination für trainierte Rennradler, allerdings nur eingeschränkt bergtauglich.

	12	**13**	**14**	**15**	**17**	**19**	**21**	**23**	**25**
53	927	856	795	742	655	586	530	484	–
42	–	678	630	588	519	464	420	383	353

STRASSENRENNEN (NEUNFACH) Der Neunfach-Kranz bietet Ausweitungen nach oben und unten, ohne daß die Gangsprünge größer gewählt werden müssen.

	12	**13**	**14**	**15**	**16**	**17**	**18**	**19**	**21**
53	927	856	795	742	696	655	618	586	–
42	–	678	630	588	551	519	490	464	420

ZEITFAHREN Hier ist es besonders wichtig, eine gleichmäßige Frequenz zu kurbeln und damit maximale Dauerleistung auf die Straße zu bringen. Enge Gangabstufungen wie hier sind dafür unabdingbar. Zusätzlich hält der Neunfach-Kranz noch kleinere Gänge bereit.

	12	**13**	**14**	**15**	**17**	**19**	**21**	**23**
52	910	840	780	728	642	575	520	–
36	–	630	585	546	482	431	390	356

HÜGELKURSE/TRAINING/EINSTEIGER Das kleinste Kettenblatt am Straßenrenner hat selten weniger als 39 Zähne. Die Gangstufen sind hier zum Teil recht groß, verglichen mit der obersten Schaltung gibt es dafür zwei Berggänge mehr.

Kurbelgarnitur und Innenlager

Hier schlägt das Herz des Velos - diese Teile setzen Ihre Muskelkraft in Fortbewegung um. Upgrades sind möglich, wollen aber gut überlegt sein.

Die Kurbelgarnitur besteht aus zwei Kurbeln, die rechte davon fest mit einem Stern verbunden. Daran sind ein, zwei oder drei Kettenblätter angeschraubt (nur absolute Billigteile haben fest vernietete Blätter). Wieviel Zähne Sie auflegen können, hängt von der Kapazität der Schaltung ab. Beim Blattwechsel muss der Lochkreisdurchmesser berücksichtigt werden - bei den meisten Straßengruppen 130 mm, bei Campagnolo 135 mm.

Dreifach-Garnituren sind bei Rennradlern unüblich, aber weniger leistungsstarke Fahrer, Bewohner bergiger Gegenden und Audax/RTF-Fahrer sind damit gut bedient. Ein Straßensatz ist in der Regel ein Doppelkettenblatt. Spezielle Kurbelsätze von T.A. Stronglight und Mavic ermöglichen die Montage eines (preiswerten) dritten Blattes bis herunter zu 24 Zähnen.

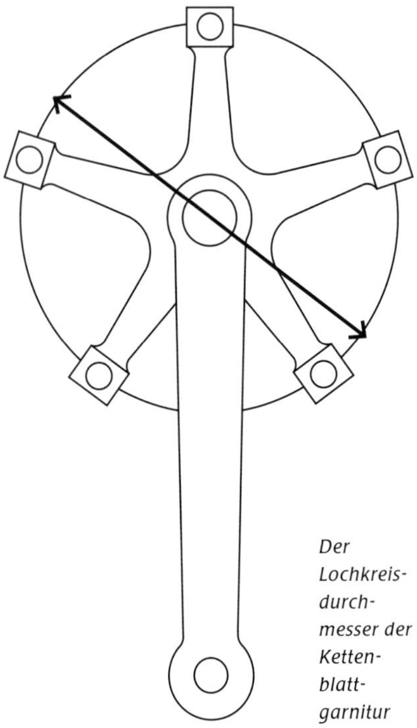

Der Lochkreisdurchmesser der Kettenblattgarnitur

Ständig kommen CNC-gefräste Design-Kurbeln kleiner Hersteller auf den Markt. Bei diesem Verfahren wird das Teil aus einem massiven Aluminiumblock herausgearbeitet. Überzeugen Sie sich, dass die exotischen Teile auch genügend Materialstärke aufweisen, ohne zu schwer zu sein.

Kurbellänge

Die üblichen Standardmaße sind 170 und 175 mm. Die zweite ist in Ordnung, wenn Ihre Innenbeinlänge eher etwas über dem Durchschnitt liegt. Andernfalls kann diese Kurbellänge zur Leistungsbremse werden.

Bei zu kurzen Kurbeln wird die Hebelkraft der Beine nicht voll ausgeschöpft. Zu lange Kurbeln zwingen Knie, Hüften und Knöchel in übermäßige Biegung. Hohe Kniebelastung und langsamere Trittfrequenz sind oft das Ergebnis.

Alternative Kurbellängen finden Sie bei einigen High-End-Gruppen von Shimano und bei wenigen kleineren Labels. Wenn Ihnen der Aufwand nicht zu hoch ist, beginnen Sie mit Kurbeln, die 20-21 Prozent der Innenbeinlänge betragen. Da kürze Kurbeln oft Mangelware sind, müssen Sie vielleicht einen kleinen Kompromiss eingehen. Der Kurbeltausch könnte eine andere Sattelhöhe nötig machen, und damit verändern sich auch die Übersetzungen: Kürzere Kurbeln vermindern die Pedalkraft und erfordern kleinere

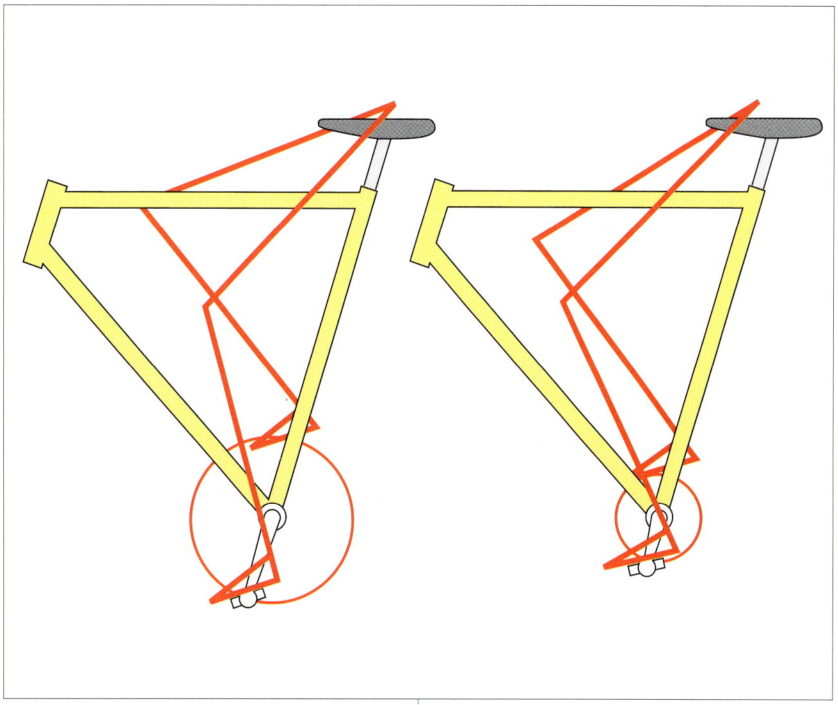

Gänge - umgekehrt gilt das Entsprechende. Die Tabelle zeigt, wann welche Kurbellänge empfehlenswert ist.

Doppelt vorteilhaft ist es, die individuelle Kurbellänge mit einem Maß-Rahmen zu kombinieren. Der Rahmenbauer kann die Rahmengeometrie gezielt darauf

Innenbeinlänge (cm)	Kurbellänge (mm)
72–75	155–160
76–79	160–165
80–83	165–170
84–87	170–175
88–91	175–180
92–95	180–185

abstimmen. Er legt das Tretlager höher oder tiefer, verkürzt das Oberrohr, vergrößert den Abstand zwischen Fuß und Vorderrad und verbessert insgesamt das Handling.

Viele Fahrer benutzen zu lange Kurbeln, aus alter Gewohnheit oder weil es cool aussieht. Selbst einige Profis fahren Kurbeln jenseits des Optimalmaßes. Gegen den Mythos der Lang-Kurbeln scheint tatsächlich niemand gefeit zu sein.

Innenlager

Heute bestehen beinahe alle Innenlager aus einer sogenannten Cartridge. Kugellager und Tretlagerwelle sind in einer Einheit integriert und werden mit Schraubschalen im Rahmen montiert. Diese Kassetten sind praktisch wartungsfrei und halten zwei bis drei Jahre. Die besseren Modelle laufen weicher, sind aufwendiger gedichtet, halten länger und sind leichter: High-End-Innenlager laufen meistens mit Titan-Wellen. Die austauschbaren Lager-Sets kosten ungefähr genauso viel wie ein komplettes Billig-Innenlager. Achten Sie beim Austausch auf die korrekte

LINKS: *Zu lange Kurbeln verkrampfen Knie, Hüften und Knöchel.* RECHTS: *Zu kurze Kurbeln vergeuden Hebelkraft.*

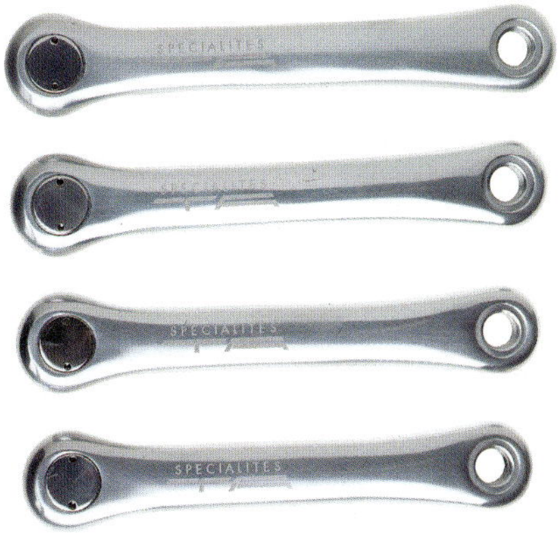

Nur T.A., eine französische Spezialfirma, führt Kurbeln unter 165 und über 180 mm. Die Palette reicht von 150-185 mm in Schritten von 2,5 mm.

Länge und Vierkant-Form der Tretlagerwelle. Italienische Rahmen verwenden oft abweichende Gewindegrößen, wichtig für die Wahl der passenden Cartridge.

Moderne Rennmaschinen sind kaum noch mit klassischen Tretlagern ausgerüstet, bei denen Welle, Kugellager und Schraubschalen einzeln montiert werden. Sie müssen regelmäßig eingestellt und einmal im Jahr überholt werden.

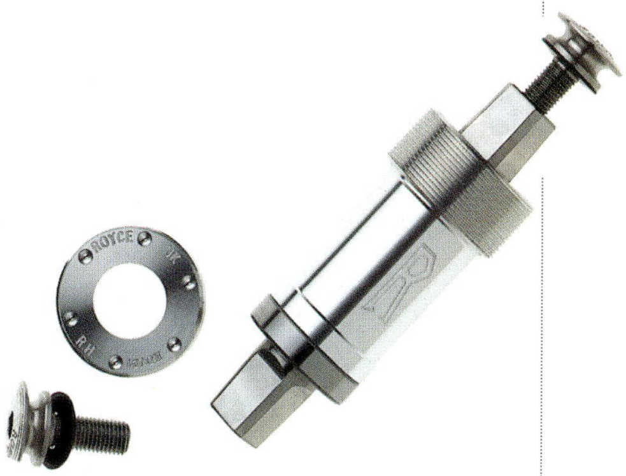

Leicht und zuverlässig: das Royce-Tretlager.

Pedale

Ihre Kraft wird zum größten Teil über die Pedale weitergegeben. Effizient und bequem müssen sie sein. Klick-Pedale sind die richtige Lösung. Sie halten und stützen den Fuß und geben den Schuh schneller und sicherer wieder frei als Pedalhaken. Weil es mehrere Klick-Systeme gibt, werden die meisten Räder ohne Pedale oder mit Billigmodellen geliefert.

Pedalplatten und Adapter für Klick- oder Rennpedale verhindern, dass Ihr Fuß auf dem Pedal rutscht. Das würde ablenken und Energie verschenken. Die Platten setzen den Fuß rechtwinklig zur Pedalachse, um Knieprobleme auszuschließen. Die meisten Systeme lassen einen gewissen »Float« zu, eine begrenzte Drehbewegung des Schuhs. Auf das Pedalieren hat der Float keinen Einfluß, außer dass die Fußfreiheit Gelenk- und Kniebeschwerden vorbeugen kann. Manche Fahrer stellen die Schuhposition leicht nach innen oder außen - entweder, um ebenfalls Knie- oder Fußbeschwerden zu vermeiden, oder um die Knöchel aus dem Kurbelbereich herauszuhalten. Prinzipiell sollten Sie den Schuh zwar gerade nach vorn justieren, aber folgen Sie dabei Ihrem Körpergefühl: Die Einstellung darf nicht unbequem sein.

Bei der ergonomisch besten Position liegt der Fußballen über der Pedalachse. Mit weiter vorn liegendem Fuß scheint man kräftiger treten zu können. Dabei leidet jedoch die Bewegungsfreiheit der Knöchel, langfristig ein Nachteil. Für Fahrer mit langsamem Trittrhythmus, großen Füßen oder Problemen mit Waden und Achillessehnen kann eine leicht vorverlegte Auftrittfläche Sinn machen. Setzt der Fuß zu weit hinten auf, wird der Tritt sehr geschmeidig. Dafür fehlt dann Kraft, wenn sie am meisten benötigt wird, zum Beispiel am Berg oder im Sprint. Ein leicht nach

Im Feld eines Straßenrennens Anfang der achtziger Jahre: Die meisten Fahrer verwenden noch Pedalhaken. Bernard Hinault stieg als erster Profi auf Clickpedale um, Sean Kelly war einer der letzten, die sich für das neue System entschieden.

Mit sauber abgestimmten Pedalen und Schuhen erzielen Sie eine optimale Kraftübertragung.

hinten versetzter Fuß kann für Fahrer mit hoher Trittfrequenz oder mit kleinen Füßen die richtige Entscheidung sein.

Die Montage der Schuhplatten

Schuhplatten müssen gut eingestellt und fixiert sein, andernfalls bekommen Sie vielleicht die Füße nicht von den Pedalen. Fetten Sie die Bolzen, stellen Sie die Platten annähernd gerade ein und ziehen Sie die Schrauben fest an. Stellen Sie die Auslösespannung beider Pedale auf niedrig. Setzen Sie sich aufs Fahrrad, stützen Sie sich an einer Wand ab und treten Sie vor- und rückwärts. Alles in Ordnung? Wahrscheinlich müssen Sie noch einmal nachjustieren.

Üben Sie das Ein- und Ausrasten mit beiden Füßen, bis Sie es im Schlaf beherrschen. Nun können Sie auf einem flachen Straßenabschnitt üben, bis Ihnen die Technik vertraut ist. Hier kann auch ein weiteres Mal nachgestellt werden. Ideal ist ein gleichmäßiger Float zu beiden Seiten, damit der Fuß ungehindert seine natürliche Stellung einnehmen kann. Nun wird der feste Sitz der Platten abgecheckt und die Auslösespannung so hart eingestellt, wie Sie es brauchen.

Die Pedalsysteme

Die meisten Pedalsysteme gehören zu einer von vier Kategorien. Modelle von Look und Campagnolo haben drei, sechs und neun Grad Rotationsfreiheit, wenn sie mit roten Pedalplatten gefahren werden. Schwarze Platten fixieren den Fuß ohne Spiel. Die Pedale sind relativ schwer, bieten dem Fuß aber gute Unterstützung und verfügen über eine justierbare Auslösespannung.

Time Equipe Pedale erlauben fünf Grad Drehfreiheit und vier Millimeter seitliches Spiel. Sie sind schwer, aber die fußfreundlichsten von allen. Die Spannung ist fix, doch die Pedale sind leicht auszulösen. Das bedienungsfreundliche Time Mide System hat drei Grad Float und keine Spannungsjustage.

Die Shimano-SPD-R-Pedale bieten sechs oder zehn Grad Drehfreiheit, je nach Adapter, und eine Spannungsjustage. Sie sind kompakt und haben eine verbesserte Fußauflage.

Campagnolos Pro-Fit-Systempedale bieten ebenfalls zwei unterschiedliche Float-Werte und eine einstellbare Auslösespannung

Die meisten Rennschuhe sind für alle modernen Schuhplatten-Systeme wie Time, Look und Campagnolo geeignet. Eventuell müssen Sie einen Adapter montieren. Look-Platten passen nicht an jeden Shimano-Schuh für Freizeitradeln und Mountainbiking.

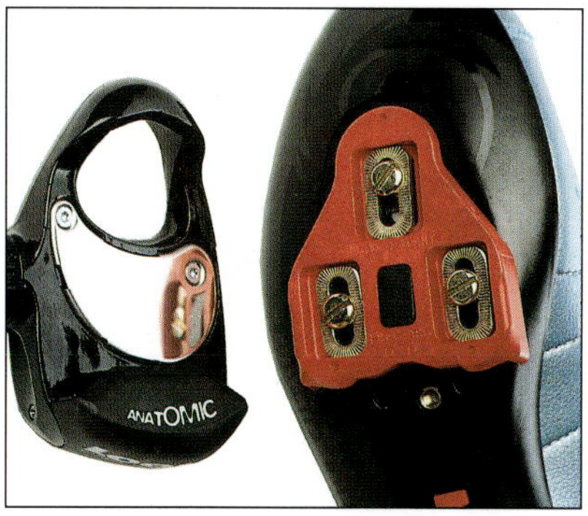

Pedal und Schuhplatte von Look

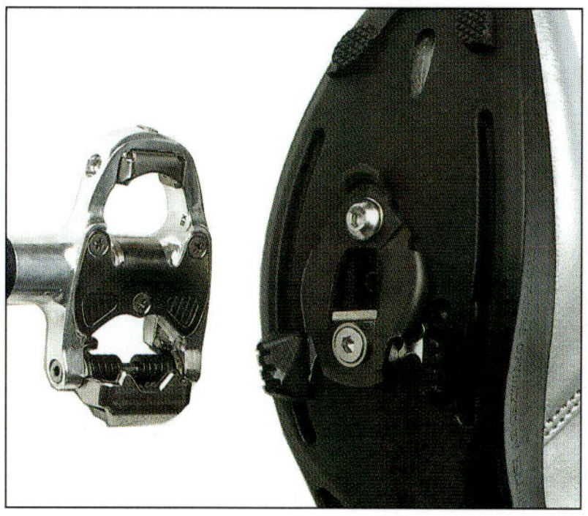

Shimano SPD-R

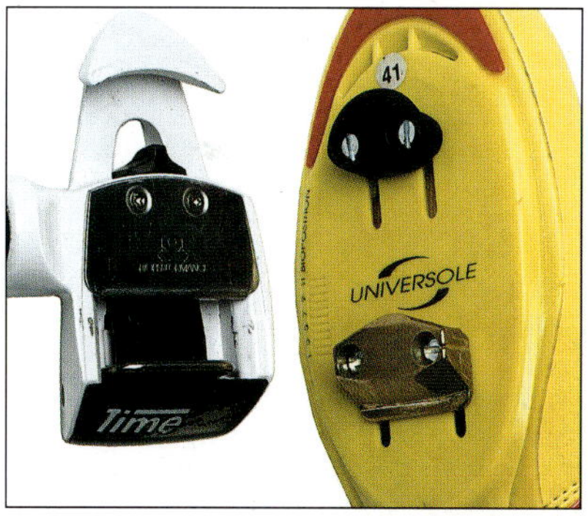

Time Pro

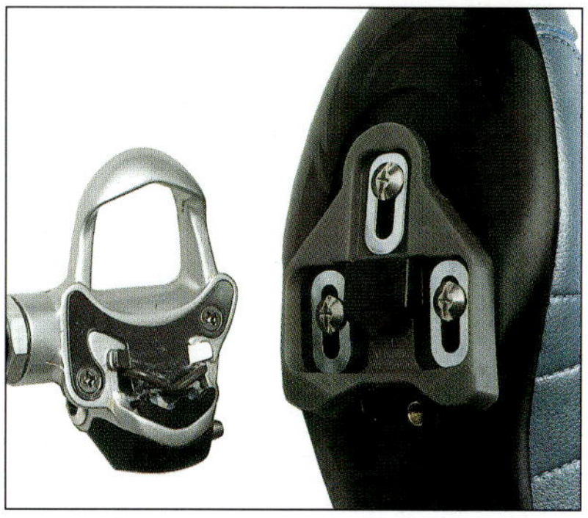

Campagnolo Pro-Fit.

Die Bremsanlage

Bremsarme und Bremsbeläge, Bremszüge und Kabelhüllen, Bremsgriffe und schließlich auch die Felgen (als »Scheibenbremse«) bilden das Bremssystem. Das Zusammenspiel aller Teile bestimmt die Wirksamkeit und Reaktionsweise der Bremse.

Rennbremsen mit einem Drehpunkt (Single-Pivot) sind bei Shimano nur in den billigsten und bei Campagnolo in den einfacheren Gruppen vorhanden. Auch bei Mavic, Modolo und anderen kleineren Herstellern werden sie noch geführt. Es sind nicht die kräftigsten Stopper, aber manche Fahrer bevorzugen sie wegen ihrer guten Dosierbarkeit. Es sind außerdem die leichtesten Rennbremsen, aber sie verstellen sich auch am leichtesten und schleifen dann an der Felge.

Dual-Pivot-Bremsen von Shimano und Campagnolo sind heute die am meisten verbreitetsten Modelle. Design und Wirkung sind in den unterschiedlichen Gruppen sehr ähnlich. Sie haben eine zupackende Art und bremsen manchmal heftiger als gewünscht, was aber durch die Bremsbeläge beeinflusst werden kann.

In der Schlammschlacht eines Querfeldein-Parcours haben Rennbremsen keine Chance - hier müssen die guten alten Cross-Cantilever her.

Denken Sie bei der Anschaffung einer Bremse an das Bremsmaß: Die Bremsgummis müssen parallel zur Felge stehen. Es wird von der Mitte des Bremsbolzens, der die Bremse am Rahmen hält, bis zur Mitte der Felgenflanke gemessen. Rennräder verlangen in der Regel Bremsmaße zwischen 42 und 47 mm.

Bremsbeläge und -züge

Bremsbeläge sind eine Wissenschaft für sich, sie unterscheiden sich in Biss und Dosierbarkeit bei Trockenheit und Nässe, in ihrer Lebensdauer, in ihrer Geräuschentwicklung (Quietschen). Einige sind Schmutzfänger, andere nicht. Durch Experimentieren finden Sie heraus, welche Sie brauchen.

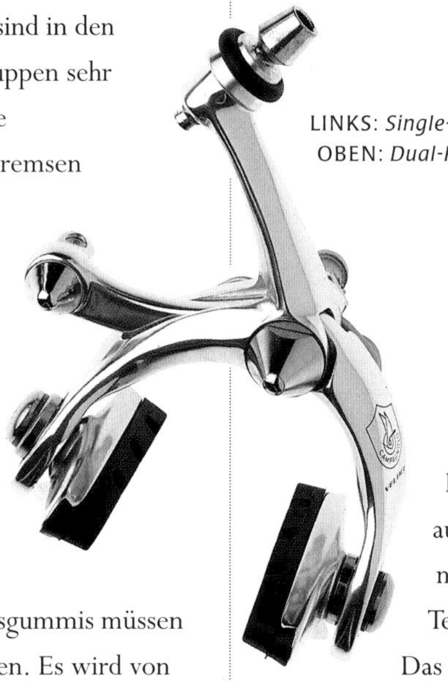

LINKS: *Single-Pivot-Bremse*
OBEN: *Dual-Pivot-Bremse*

Gute Bremszughüllen sind auf der Innenseite mit Nylon oder Teflon beschichtet. Das sorgt für weiche, gut dosierbare Verzögerung. Sie brauchen weniger Kraft, um die Bremse ansprechen zu lassen.

Cantileverbremsen

Im rauhen Cross-Sport sind Cantis im Prinzip die einzigen Bremsen, die trotz Schmutz und Schlamm volle Leistung erbringen. Moderne Mountainbike-Cantilever machen am Rennlenker jedoch kein gutes Bild; außerdem erfordert ihre Montage spezielle Anlötsockel an den Gabelscheiden, was im Straßensport unüblich ist. Lediglich für Cross-Maschinen werden entsprechende Gabeln angeboten.

Der Steuersatz

Seine Aufgabe besteht darin, die Gabel im Rahmen zu halten. Sie muss sich glatt und ungehindert drehen können, ohne Ruckeln und Klemmen, aber auch ohne Spiel. Solche Mängel behindern nicht allein die Lenkung, sie sind gefährlich.

Aheadset-Steuersätze für Mountainbikes finden sich auch an einigen Rennrädern.

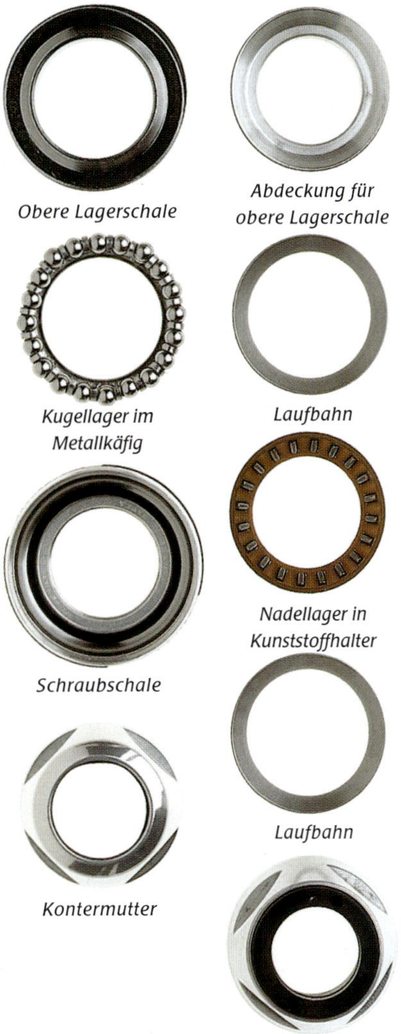

LINKS *Steuersätze Campagnolo Record und* RECHTS *Tecora im Überblick (gezeigt wird jeweils das obere Lager; das untere ist nahezu identisch). Bei Campagnolo handelt es sich um ein herkömmliches Kugellager. Seitliche Schmieröffnungen erlauben das Nachfetten ohne Demontage. Tecora repräsentiert den typischen Aufbau eines Nadellagers.*

Zwei Typen von Steuersätzen kommen für ein Rennrad in Frage. Die herkömmlichen Modelle haben ein einstellbares Kugellager und eine Kopfmutter zum Kontern. Die Alternative wird meist nach dem Markennamen des Pioniers »Aheadset« genannt. Ursprünglich wurde das System für Mountainbikes entwickelt. Der Aheadset wird auch als gewindeloses System bezeichnet. Er besteht aus einem glatten Gabelschaft, auf den die einstellbare Lagerschale und der Vorbau aufgeschoben werden. Eine Befestigungsschraube und eine Abschlusskappe werden aufgedreht und über ein Innengewinde festgezogen.

Gewindelose Systeme sparen Gewicht ein, lassen aber kaum Spielraum zur Regulierung der Lenkerhöhe. Für Rennmaschinen ein deutlicher Nachteil, denn hier muß die Position präzise eingestellt werden. Ein anderer Vorbau kann helfen, und die Umbauarbeiten sind meist erfreulich einfach: Die Lenkerklemmen können häufig ganz geöffnet werden, so daß sich die einseitige Hebeldemontage erübrigt. Die Vorbauten gewindeloser Systeme sind wesentlich stabiler als Standard-Ausführungen. Starke Sprinter und Fahrer, die mit Triathlonlenkern fahren, können davon profitieren. Wenn Sie auf Aheadset umsteigen möchten, wird neben dem Steuersatz auch eine neue Gabel plus Vorbau fällig.

Steuersätze haben es schwer: Anders als die anderen Kugellager werden Sie axial beansprucht. Jeder Fahrbahnstoß setzt sich als Schlag in den Steuersatz fort. Das untere Lager muss am meisten wegstecken, und weil der Bewegungsradius sehr gering ist, werden regelrechte Einkerbungen in die Laufbahnen geschlagen. Diese unerwünschten Rasterstellungen machen irgendwann eine präzise Lenkbewegung unmöglich.

Bei beiden Arten von Steuersätzen gibt es zwei verschiedene Lagertypen. Außer den üblichen Kugellagern werden auch Nadellager angeboten. Sie verursachen so gut wie keine Schlagspuren und sind sehr haltbar. Allerdings müssen sie mit Spezialwerkzeug äußerst exakt justiert werden, eigentlich ein Profijob. Bei diesen Modellen können die Nadel-Sets einzeln ersetzt werden; das macht die Wartung preiswert. Gedichtete Steuersätze zahlen sich gerade bei Rennmaschinen ohne Schutzbleche aus, denn hier schleudern die Reifen Wasser und Schmutz direkt in die Lager empor.

Bereifung

Die Laufräder und ihre Bereifung haben erheblichen Einfluss auf das Fahrgefühl und mehr noch auf die Beschleunigung. Gute, leichte Reifen und Schläuche reduzieren den Rollwiderstand. Sie geben mehr Grip und höhere Pannensicherheit, bieten Federkomfort und gutes Handling. Gute Reifen - eine lohnende und überschaubare Investition.

Reifen (und die zugehörigen Felgen) zerfallen in zwei Gruppen: Schlauch- und Drahtreifen. So gut wie alle neuen Straßenrennräder sind standardmäßig mit Drahtreifen ausgerüstet. Sie haben einen U-förmigen Querschnitt. Draht- oder Kevlarringe an den Außenseiten halten die Reifendecke in den Felgenkanten, die zu diesem Zweck leicht nach innen gerichtet sind. Drahtreifen haben einen separaten Schlauch.

Schlauchreifen (»tubs«) gehören zum traditionellen Renn-Outfit. Es handelt sich um einen runden Schlauch mit einem eingenähten Innenschlauch, in der Regel aus Latex. Schlauchreifen sind gewöhnlich sehr leicht; sie werden auf die ebenfalls leichten »Sprintfelgen« aufgekittet. Ihre Nachteile: Sie sind teuer, und ein Plattfuß zieht viel Arbeit nach sich (Reifennaht öffnen, flicken, Reifen wieder zunähen). Der Austausch eines kompletten Reifens geht allerdings schnell vonstatten. Immer bessere Drahtreifen kommen auf den Markt und drängen den Schlauchreifen in die Defensive. Unter den Puristen aber und im Straßenrennen ist er immer noch die Norm.

Hierauf sollten Sie achten

Kevlar statt Draht macht den normalen Reifen zum »Foldable« - ideal als Ersatzreifen - und außerdem ein bisschen leichter, wenn auch teurer. Kevlar-Einlagen bieten mehr Pannenschutz, machen den Reifen dafür etwas schwerer und erhöhen den Rollwiderstand. Nichts fürs Rennen, aber sinnvoll im Training.

Die Pannensicherheit einzelner Fabrikate ist äußerst unterschiedlich. Wenn sich Probleme mit Plattfüßen häufen, wechseln Sie die Marke. Einige der härtesten Decken entpuppen sich als anfällig, weil ihr Gummi zu wenig elastisch ist. Dünne, feingewebte Reifenkarkassen sind schneller und leichter, haben mehr Grip, liegen besser in den Kurven und offerieren mehr Federkomfort.

Je schmaler ein Reifen, desto leichter und aerodynamischer ist er. Dafür bringt das reduzierte Luftpolster mehr Härte ins Spiel. Auf den Rollwiderstand hat das Reifenmaß kaum Einfluss, ihn können Sie durch höheren Luftdruck reduzieren. Im Gegensatz zu Autoreifen brauchen Fahrrad-Pneus kein Profil. Sie sind so schmal, dass sie das Wasser zur Seite wegdrücken. Profil verringert lediglich die Aufstandsfläche auf der Straße! Weiches Deckenmaterial gibt den besten Grip, nutzt sich aber

LINKS: *Der Continental Grand Prix wird viel bei Zeitfahren und Straßenrennen gefahren.* MITTE: *Slickreifen für Bahnrennen.* RECHTS: *Ein Reifen fürs Training.*

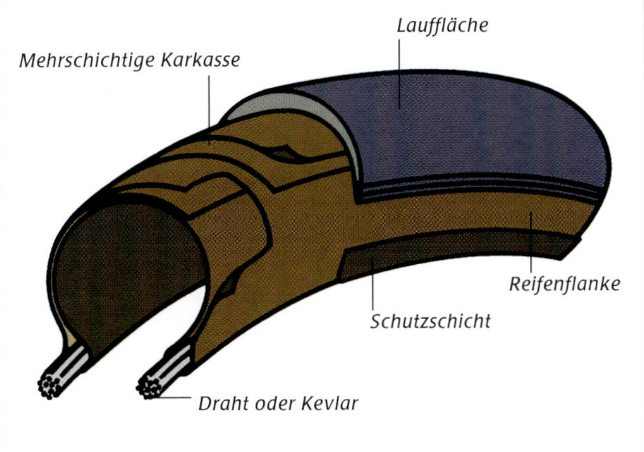

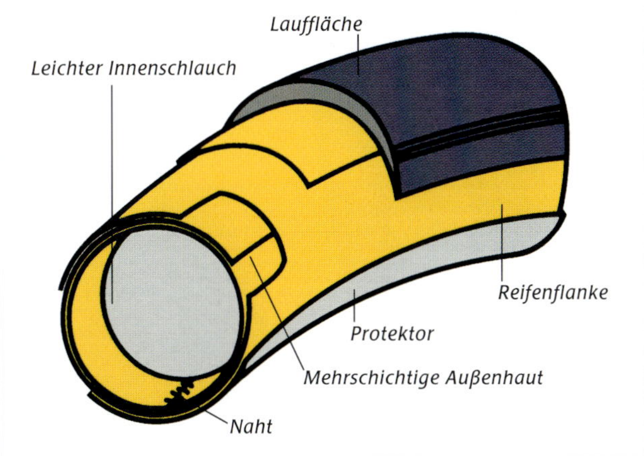

schneller ab. Einige Hersteller setzen deswegen auf einen Materialmix mit weichen Reifenflanken für Spurtreue in den Kurven und harter Lauffläche.

Reifen mit einem Mittelsteg sollen den Rollwiderstand verringern und die Lebensdauer erhöhen. Doch in den Kurven fahren sie sich ziemlich unsicher und sind deshalb wenig empfehlenswert.

Am besten wäre es, möglichst viele verschiedene Pneus in der Praxis zu testen. Fahrkomfort, Grip auf trockener und nasser Straße, Kurven- und Lenkverhalten können stark variieren - von individuellen Vorlieben ganz abgesehen.

Schlauch mit Langventil

Latexschlauch

Schläuche

In der Regel bestehen sie aus Butyl oder dem teureren Latex. Latexschläuche sind flexibler und rollen leichter, verlieren aber rund 1 bar Luft (15 psi) in acht Stunden - auf Langstrecken nicht unproblematisch. Butyl-Latex-Kombinationen wie AirB sind ein guter Kompromiß. Continental und Michelin bieten weitere gute Produkte. Polyurethan-Schläuche sind leicht, erhöhen jedoch den Rollwiderstand. Sie müssen die exakte Größe haben, weil sie nicht unbegrenzt dehnbar sind. Fernost-Importe zeichnen sich oft durch mehr Gewicht und weniger Elastizität aus.

Der Schlauchdurchmesser muss dem des Reifens entsprechen. Zu

LINKS: *Drahtreifen bestehen aus der mehrlagigen Karkasse, der Lauffläche und dem Draht.*
RECHTS: *Im Schlauchreifen ist ein sehr leichter Innenschlauch eingenäht.*

dünne, überdehnte Schläuche sind anfällig gegen Pannen. Zu große werden leicht unter dem Draht eingeklemmt und sind schnell durchlöchert, außerdem sind sie unnötig schwer. Für Hochprofil-Felgen benötigen Sie Spezialschläuche mit Langventil oder Ventiladapter.

Felgenband

Bevor Sie einen Drahtreifen aufziehen, muss eine Lage Felgenband her. Es schützt den Schlauch vor scharfkantigen Speichenlöchern und hervorstehenden Nippeln. Das Band muss fest anliegen und das ganze Felgenbett abdecken. Bei Mavic-Felgen verwenden Sie bitte das zugehörige gelbe Plastikband. Sonst empfehlen sich Gummi- oder Textil-Klebebänder. Wenn der Reifen zu lose sitzt oder sich schlecht zentrieren lässt, kann eine doppelte Lage (oder ein dickeres) Felgenband Abhilfe schaffen. Sitzt die Decke sehr stramm, versuchen Sie es mit einem dünneren Band.

Felgen

Die Bandbreite ist groß. Leichtgewicht spielt die entscheidende Rolle, darf indessen nicht auf Kosten der Stabilität gehen. Hochprofil-Felgen sind besonders aerodynamisch, teilweise aber recht schwer. Billige Felgen laufen schnell unrund und sind schlechter wieder zu zentrieren.

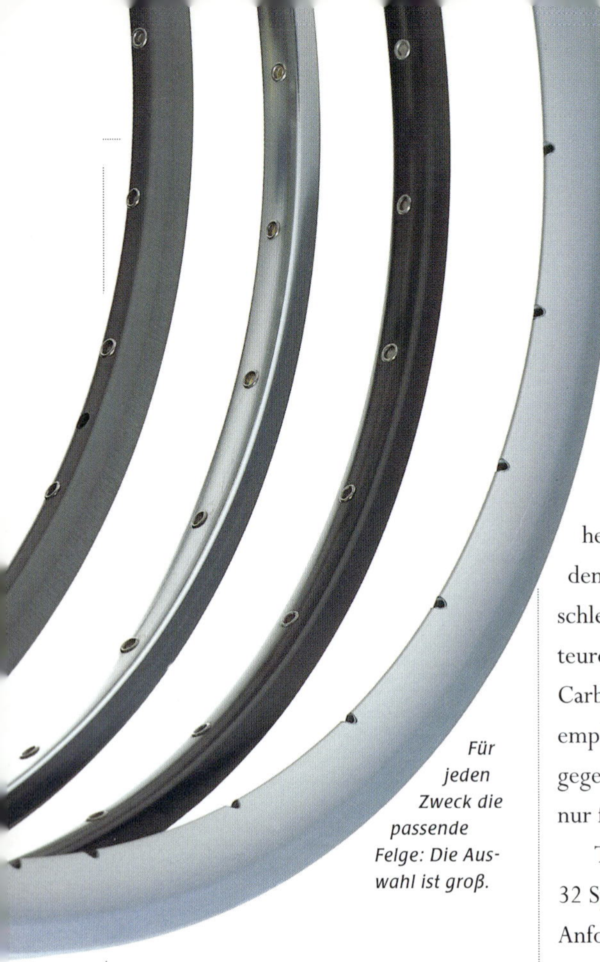

Für jeden Zweck die passende Felge: Die Auswahl ist groß.

Die meisten Drahtfelgen sind aus einer Aluminiumlegierung nach dem Hohlkammerprinzip konstruiert. Dabei erhält der Rohling im Strangpress-Verfahren ein besonders verwindungssteifes Profil. Breite und tiefe Felgen sind stabil und schwer und müssen weniger oft nachzentriert werden.

Die meisten Felgen sind schwarz, grau oder braun eloxiert. Ein guter Korrosionsschutz - aber die Nassbrems-Werte sind fatal, solange die Eloxierung nicht abgeschliffen ist. Felgen mit gefrästen, unbehandelten Flanken haben die besten Bremseigenschaften und eine perfekte Oberfläche. Harteloxierung kann die Festigkeit erhöhen, aber auch die Bruchanfälligkeit, da das Material versprödet. Keramikbeschichtete Felgen bremsen sich trocken teilweise weniger gut, bei Nässe aber hervorragend – möglicherweise um den Preis rapiden Bremsbelagverschleißes. Für Crossfahrer können die teuren Teile sinnvoll sein. Carbonfelgen sind wegen ihrer empfindlichen Oberfläche anfällig gegen Bremsabrieb - empfehlenswert nur für Flachstrecken.

Traditionell ist die Felge für 32 Speichen ausgelegt, für härteste Anforderungen greift man auf 36-Loch-Felgen zurück. Auf Bahnrennen sieht man auch Laufräder mit 28 Speichen, spezielle Aerofelgen haben zumeist deutlich weniger. Lochösen sollen die Belastung durch die Speichen gleichmäßiger verteilen. Doppelte Ösen umfassen die ganze Hohlkammer und bringen die größte Stabilität. Bei Aerofelgen wird derselbe Effekt durch mehr Wandstärke erzielt.

Laufradgröße

Die weitaus meisten Rennmaschinen rollen auf 700C-Felgen. Der Gesamtdurchmesser der Laufräder beträgt

HINTEN: *700C-Laufrad.*
VORN: *650C-Laufrad.*

LINKS: *Schlauchreifenfelge.*
RECHTS: *Drahtreifenfelge mit Felgenhörnern.*

je nach Reifen rund 700 mm. Das »C« kennzeichnet den Rennbereich im Unterschied zu Freizeiträdern.

An einigen Triathlon- und Zeitfahrmaschinen sind 650C-Räder montiert. Usprünglich betrug der Laufrad-Durchmesser insgesamt 650 mm (26'). Aktuelle Rennversionen sind über einen Zoll kleiner, heißen aber noch genauso. Ihr Hauptvorteil: Sie beschleunigen schneller und bieten ein direkteres Handling. Kurvenreiche Kriterien sind dafür vielleicht die besten Einsatzgebiete. Die Abmessungen machen ein 650C-Rad stabiler, torsionsfester und unbequemer als das 700C-Pendant. Was die Übersetzung angeht, macht das 700C-Maß neun Prozent mehr Entfaltung aus als 650C (s.S. 112/113), der Zahnkranz muss also entsprechend angepasst werden. Felgen und Reifen der Größe 650C sind teilweise schwer zu bekommen, neutrale Servicewagen auf Rennen führen sie gar nicht.

Welcher Reifen für welche Felge?

Zu schmale Reifen tendieren zu einem abgeflachten Querschnitt. Sie fahren sich anstrengender und sind anfällig gegen Snakebites (Doppelloch, wenn ein Rumpler den Reifen gegen das Felgenhorn durchschlagen lässt). Breite Reifen auf schmaler Felge sind an den Flanken empfindlich und neigen zu schwammigem Kurvenverhalten. Die Tabelle gibt Ihnen Auskunft über passende Kombinationen.

Die Reifenhersteller verwenden unterschiedliche Maßsysteme, von denen allein die ISO-Bezeichnung als internationaler Standard gilt. Die erste Zahl gibt die Reifendicke an, die zweite den Durchmesser des Drahtrings beziehungsweise der Felge am Reifenaufsitz (dort, wo die Drähte in der Felge liegen). Bei einem 700C-Rad beträgt dieser Wert 622 mm, bei einem 650C-Rad 571 mm.

Platzmangel am Hinterrad

Bei Hinterradnaben sorgt der Zahnkranz für besondere Verhältnisse. Zum Ausgleich werden Hinterradfelgen asymmetrisch gespeicht (s.Abb.). Das aber beeinträchtigt besonders bei Acht- und Neunfachkränzen die Stabilität, diese Laufräder sind stärker gewölbt als solche mit Siebenfachritzeln.

FELGENWEITE (innen)	EMPFOHLENER REIFENQUERSCHNITT	ANWENDUNGSBEREICH
12–13 mm	18–23 mm	Zeitfahren, Straßenrennen
14–17 mm	23–28 mm	Straßenrennen, Langstrecken-Zeitfahren, Training
18–20 mm	28–37 mm	Training, Audax/RTF, Touring

REIFENGRÖSSE: Die aufgeprägte ISO-Bezeichnung gibt Auskunft.

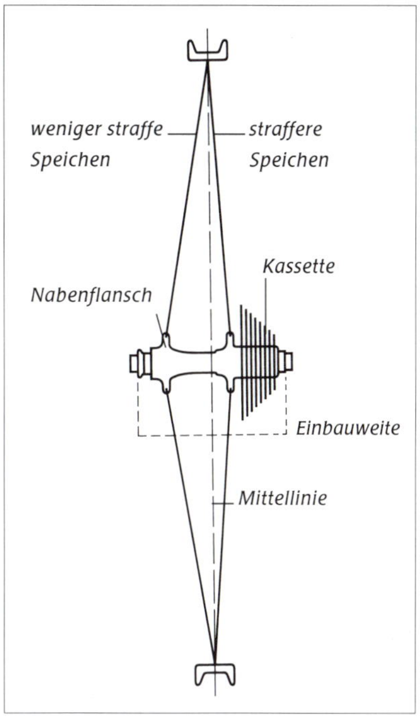

Die Speichen sind rechts mehr gespannt als links, um die Felge auf der Mittellinie zu zentrieren.

Speichenräder

Ungeachtet moderner Hightech-Räder bietet das Speichenrad immer noch den meisten Fahrkomfort - speziell bei Straßenrennen, Marathons und Fahrten auf schlechtem Pflaster. Im Vergleich mit exotischen Alternativen sind selbst die besten Speichenräder eine äußerst preiswerte Angelegenheit.

Federleicht und unglaublich stark: Das Speichenrad ist eine der genialsten Erfindungen der Menschheit. Felge, Speichen und Nabe müssen ihrer Verwendung entsprechend ausgewählt werden und sollten ein einheitliches Qualitätsniveau aufweisen. Das schützt vor überflüssigen Reparaturen.

Das Einspeichen und Zentrieren erledigt eine Maschine und/oder ein erfahrener Fahrradmechaniker. Alles hängt von der richtigen, dauerhaften Speichenspannung ab. Zu hart vorgespannte Laufräder verformen sich, kaum dass eine Speiche bricht; die Nippel sind schwer zu drehen oder deformieren sich beim Zentrieren, die Flansche können brechen. Bei lockeren Speichen schlägt die Felge gegen die Bremse, besonders bei hartem Antritt. Die Speichennippel drehen sich unter der rhythmisch wechselnden Tretlast von selbst los.

Auf dem rauhen Pflaster eines Klassikers wie Paris-Roubaix oder der Flandern-Rundfahrt verzichtet kein Fahrer auf den Komfort der Speichenräder.

Ein kompetenter Laufradbauer erzielt ein Höchstmaß an Stabilität und Zuverlässigkeit. Er lässt die Speichen »sich setzen« und zieht sie so gefühlvoll an, dass sie sich nicht innerlich verdrehen. Solche Laufräder bewahren ihren Gleichlauf über sehr lange Zeit und sind normalerweise einfach nachzuzentrieren. Ein individuell hergerichtetes Rad kann dem Fahrer und dem Event angepasst werden: Ein sehr hart gespeichtes Rad mit minimalem Flex könnte die richtige Wahl für ein Bahnrennen sein, ein komfortabler gespanntes wäre für einen Klassiker wie Paris-Roubaix mit viel Kopfsteinpflaster geeignet.

Radial gespeichte Laufräder

Wenn sie aus konventionellen Bauteilen konstruiert sind, bringen sie mehr Nachteile als Pluspunkte. Gewichtsersparnis und aerodynamische Vorteile sind kaum nennenswert. Sie brauchen eine Nabe der Spitzenklasse, eventuell mit verstärkten Flanschen, damit die Speichenlöcher nicht ausreißen. Radialspeichung wird gelegentlich auf der linken Hinterradseite angewendet, um die Spannung zwischen beiden Felgenseiten zu relativieren. Ein Vorteil, der mit dem Risiko eines Flanschbruches und sich lockernder Speichen erkauft wird.

Komplett-Laufräder

Zusätzlich zu den Aeromodellen bieten verschiedene Hersteller optimierte Laufräder an, bei denen alle Komponenten auf einen bestimmten Einsatzzweck hin perfekt aufeinander abgestimmt sind (Mavic/Helium, Trek/Vector, Campagnolo/Electron etc.).

Tangential gespeichte Laufräder sind am zuverlässigsten.
UNTEN: Laufrad »Helium« der Firma Mavic, Spitzenqualität direkt vom Hersteller.

Speichentypen

Moderne Rennspeichen bestehen ausnahmslos aus rostfreiem Stahl. Durchgehend dicke Billig-Speichen werden an vielen Einsteigerrädern verbaut und sind weniger stabil, als man vermuten könnte. Die für Rennräder typischen Doppeldickend-Speichen sind (bis auf

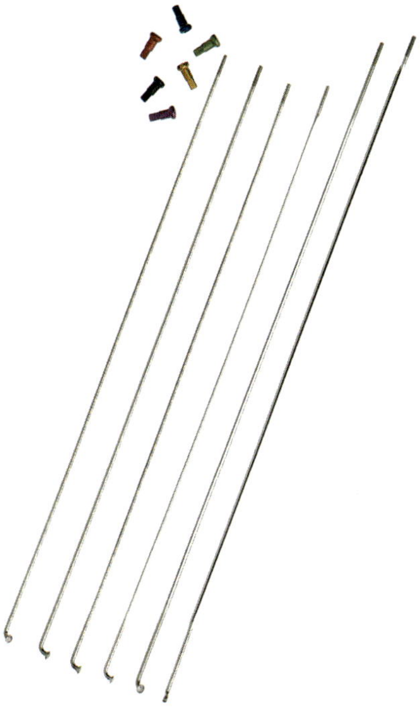

die Enden) schlanker. Das spart Gewicht und Windwiderstand. Wichtiger noch, es erhöht die Elastizität und Haltbarkeit. Diese Räder sind weitaus standhafter. Achten Sie auf eine im Rennsport bekannte Marke wie DT Swiss, Sapim oder Wheelsmith. Stark abgeflachte Messerspeichen sind zwar schwerer, aber sie bringen die Windverwirbelung im Laufrad auf ein absolutes Minimum. Sie werden normalerweise in hochgebaute Aerofelgen und Spezialnaben eingespeicht. Einige haben Speichenköpfe, die auch in konventionellen Naben Halt finden. Elliptische Speichen sind ebenfalls windschnittig, aber leichter als Messerspeichen.

Aerolaufräder

Je höher das Tempo, desto größer ist die Bedeutung des Windwiderstands. Schon kleine Verbesserungen können wertvolle Sekunden im Kampf gegen die Uhr gutmachen. Nach dem Tria-Lenker sind Aerolaufräder die wichtigsten, leider auch die teuersten »Zeitraffer«.

Frontaler Luftwiderstand, Seitenwind und die Luftwirbel der quirlenden Speichen müssen vom Laufrad überwunden werden. Aerolaufräder sollen alle drei Widerstände minimieren. Vielversprechend sind sie für Zeitfahrer und Triathleten, doch auch bei Straßenrennen kann man von ihnen profitieren.

Nicht jedes Aero-Rad ist so stabil wie ein normales Speichenrad. Unter Umständen fährt es sich anstrengender. Die meisten wiegen etwas mehr und erfordern höhere Beschleunigungskräfte; ein wichtiger Faktor bei kurvenreichen und bergigen Strecken. Manch ein »Diskus« ist seitenwindanfälliger als ein Normalrad und erschwert das Lenken. Aero-Vorderräder sind generell die sinnvollste Lösung. Achten Sie bei einem Aero-Hinterrad auf den passenden Zahnkranz (s.S.110/111).

Laufräder mit Aerofelgen

Heute gehören sie bei Zeitfahrwettbewerben und Triathlons schon zum guten Ton: windschlüpfig, relativ unempfindlich gegen Seitenwind und verhältnismäßig preiswert. Moderate Ausführungen sind immer öfter auch bei Straßenrennen zu beobachten, speziell auf flachen, glatten Strecken, wo die geringe Stoßdämpfung zu verkraften ist. Bei einem solo gefahrenen Ausreißversuch könnten Ihnen diese Räder die Verfolger vom Leib halten. Kurz, diese Modelle sind der beste Kompromiss zwischen Rennen und Zeitfahren.

Zwei Materialien sind üblich. Hochprofilfelgen aus Alu sind äußerst fest und verwindungssteif, dabei aber relativ schwer. Teilweise nur zwölf Speichen gleichen das wieder aus und sorgen für minimale Angriffsflächen des Windes. Ihre guten Bremseigenschaften kommen auf hügeligen, verzwickten Parcours zur Geltung, obgleich die eigentliche Stärke in der Ebene liegt. Carbonräder sind leicht, aber durch starkes Bremsen schnell zerstört. Die Kombination von Kohlefaserprofil und Alufelge vereint Leichtgewicht,

LINKS: *Rad von Rolf Vector mit ungewöhnlicher Speichung.* MITTE: *Aluminium-Rad »Shamal« von Campagnolo.* RECHTS: *Das bewährte Laufrad von Specialized ist sehr vielseitig und relativ bequem zu fahren.*

Festigkeit und gute Verzögerung; auch bei Trispokes und Scheibenrädern sind Aluflanken üblich.

Radial angeordnete Spezialspeichen und -naben sind die Norm; eine so geringe Speichenzahl ließe sich tangential auch nicht einspeichen.

Trispokes

Dieser Terminus wird auf drei- und vierflügelige Laufräder angewendet. Ähnlich wie Hochprofilfelgen in der Wirkung, bieten sie mehr seitliche Angriffsfläche und sollten bei Wind nicht gefahren werden. Für Straßenrennen sind die »Propeller« zugelassen.

Spinergy produziert achtblättrige Carbonräder mit angenehmem Fahrverhalten. An den Kanten sind sie etwas weniger fest als Speichen- oder Scheibenräder. Seitenwind stecken sie besser, Gegenwind schlechter weg als andere Aero-Räder.

Der Windkanal macht die Vorzüge der Aerolaufräder offenkundig.

Scheibenräder

Von allen Rädern haben sie den geringsten Windwiderstand, vor allem mit dem aerodynamisch besten, elliptischen Profil. Scheibenräder bringen mehr auf die Waage und sind empfindlicher gegen seitliche Winde als andere Räder. Aus diesem Grund montiert man sie ausschließlich als Hinterrad. Für Straßenrennen sind sie tabu. Eine deutlich billigere und leichtere Lösung sind Laufradabdeckungen, bei denen die Festigkeit des Speichenrades erhalten bleibt.

HED Scheibenrad.

Windkanal-Daten einiger bekannter Modelle. Gemessen wurde der Windwiderstand in Pounds bei 49 km/h. Ein Windwinkel von 0° bedeutet Gegenwind. Es wird deutlich, wie unterschiedlich die Werte ausfallen. Das HED Scheibenrad arbeitet bei 15° Seitenwind schon wie ein Segel und bringt minimalen Vortrieb.

LAUFRADTYP	WINDRICHTUNG IN GRAD				
	0	5	7.5	10	15
Standardlaufrad 32 Speichen	0,50	0,65	0,49	0,49	0,53
Campagnolo Shamal, Hochprofil Alu	0,44	0,42	0,44	0,46	0,46
Mavic Cosmic, Hochprofil Carbon/Alu	0,48	0,46	0,48	0,.44	0,46
HED J2, Hochprofil Carbon/Alu	0,30	0,31	0,34	0,37	0,35
HED Ironman Jet, sehr hohes Aluprofil	0,32	0,29	0,27	0,27	0,21
Specialized Trispoke	0,38	0,38	0,37	0,34	0,21
Spinergy	0,55	0,.53	0,45	0,43	0,40
HED Disc light	0,25	0,23	0,17	0,12	-0,01

Computer und Zubehör

Ausgesuchte Zubehörteile machen das Radfahren bequemer und effektiver - einfach besser.

Der Fahrradcomputer sollte Momentan- und Durchschnittsgeschwindigkeit, gefahrene Strecke und gestoppte Zeit anzeigen. Damit haben Sie Ihre Rennleistung vor Augen, besonders beim Zeitfahren, und können notfalls entsprechend reagieren. Wenn die Muskeln mitspielen, kann

der Computer den Unterschied zwischen Sieg und »ferner liefen« bewirken. Auch im Training leistet er unschätzbare Dienste. Er misst mit Hilfe eines Magneten, der an einer Vorderradspeiche angebracht ist. Mit jeder Radumdrehung löst der Magnet einen Impuls bei einem an der Gabel montierten Sensor aus. Über Draht oder Funk werden die Werte ans Display geschickt. Drahtlose Computer sind die eleganteste Lösung, aber keineswegs zwingend. Die Mehrzahl der Modelle zeigt auch die erreichte absolute Höchstgeschwindigkeit an, die simpelsten nur die aktuellen Stundenkilometer. Die besten Computer messen zusätzlich Höhenmeter und Trittfrequenz, einige sind in wasserdichter Ausführung zu haben. Shimanos »Flight Deck« und das »Ergobrain« von Campagnolo sind mit der Schaltung kombiniert und zeigen Ihnen zusätzlich auch den aktuellen Gang und Ihre Trittfrequenz an.

Herzfrequenzmesser (Pulsuhr)

Pulsuhren kosten mehr als Fahrradcomputer, aber sie bieten eine wissenschaftliche Messmethode der von Ihnen erbrachten Leistung. Wirklich wichtig ist die Herzfrequenz. Einige Modelle geben darüberhinaus Alarm, wenn eingestellte Grenzwerte überschritten werden. Sie registrieren, wie lange Sie ein bestimmtes Level halten und wie

schnell Sie wieder im Normalbereich sind, und sie speichern die Messwerte zur späteren Auswertung. Die aufwendigsten Modelle bieten einen Download für Ihren PC. Mehr über die Pulsmessung lesen Sie in Kapitel 5.

Fahrradhalter fürs Auto

Es gibt vier verschiedene Kategorien von Fahrradhaltern für das Auto: dachmontierte, auf die Anhängerkupplung gestützte, an Heck- oder Kofferraumklappe gestängemontierte oder mit Riemen angeschnallte Modelle.

Dachmontierte Modelle nehmen komplette Fahrräder auf, eventuell mit den Rädern nach oben, oder erfordern die Entnahme des Vorderrades (diese sind sowohl sicherer als auch bequemer zu nutzen). Alle Dachmodelle steigern signifikant den Spritverbrauch des Fahrzeuges. Außerdem kann es anstrengend sein, die Räder auf das Dach zu heben.

An der Anhängerkupplung montierte Modelle sind recht belastbar. Am Besten sind die, die einzelne Aufnahmen für die Laufräder bieten. Andere sind günstiger, aber die Fahrräder scheuern aneinander. Auf der Kupplungskugel abgestützte Modelle sind meist einfach zu montieren. Zwei Arme halten die Fahrräder, allerdings ebenfalls ohne Abstand voneinander. Hier ist Schaumstoff empfehlenswert.

Einige Modelle werden an der Heckklappe oder dem Kofferraum befestigt. Die Gestänge sind nicht billig, aber sehr halt- und belastbar, sie können bei

OBEN LINKS: *Fahrradcomputer machen dem Rätselraten um die Fahrgeschwindigkeit ein Ende.*

LINKS: *Der Pulsmesser verrät Ihnen, wie effektiv Sie trainieren, und weist auf mögliche Gesundheits- oder Leistungsschwächen hin.*

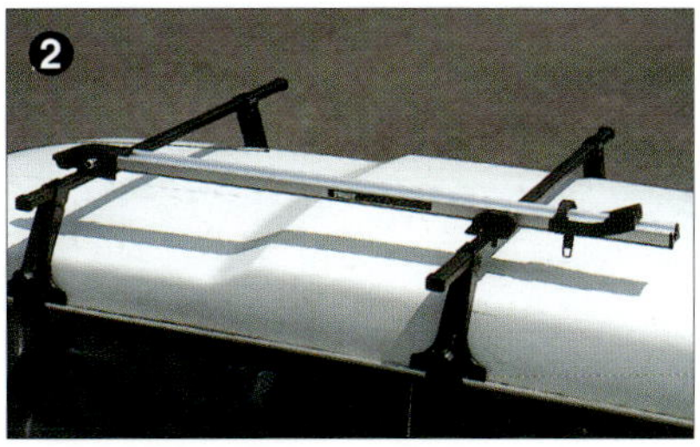

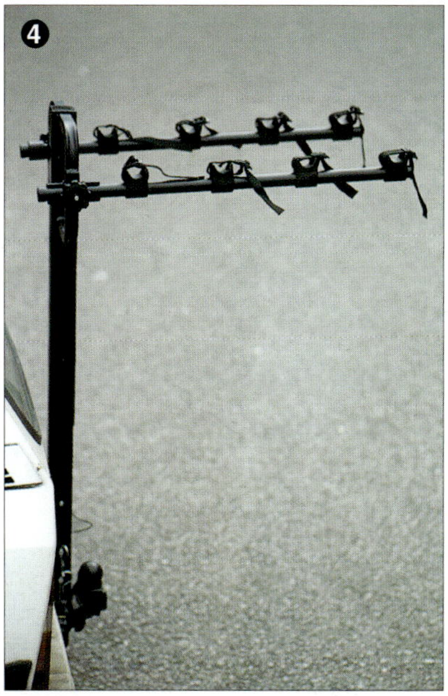

❶ Riemenbefestigter Heckträger mit Abstützung.
❷ Dachgepäckträger für Montage des Rades ohne Vorderrad.
❸ Montage an der Anhängerkupplung, Einzelaufnahme der Fahrräder.
❹ Kupplungsmontage mit »hängender« Fahrradaufnahme.

Bedarf auch anderes Gepäck aufnehmen. Mit Hilfe von Riemen angeschnallte Träger erfordern sorgfältige Anbringung, ständige Kontrolle und sind eher für die kurze Reise empfehlenswert.

Heckmontierte Fahrradträger decken häufig das Kennzeichen und auch die Brems-, Rück- und Blinklichter ab. In diesem Fall benötigen sie eine besondere Kennzeichen- und Lichthalterung. Außerdem ist der Kofferraum oft nur noch eingeschränkt zugänglich.

Nützliche Trainingshilfen

Beim Rennen können Sie kein Werkzeug mitnehmen, wohl aber beim Training. Ein universelles Road-Tool enthält alles, was Sie zur Einstellung und Pannenhilfe brauchen, in kompakter Form.

Clip-On-Satteltaschen sind praktische Behälter für den nötigen Kleinkram. Größere, faltbare Ausführungen bieten sogar ausreichend Platz für eine Regenjacke.

Ohne Luftpumpe keine Trainingsfahrt! Wählen Sie eine, die sich zwischen Ober- und Unterrohr einklemmen lässt. Minipumpen passen in einige Satteltaschen, doch ihre Leistung ist bescheiden. Eine CO_2-Kartusche kann eine gute Alternative sein.

Sind Sie in der Dämmerung oder bei Nacht auf der Straße, muss Licht ans Rad. Die kleinen, leichten Dioden-Rücklichter sind sehr beliebt. Leider sind die meisten Modelle nicht offiziell für den Straßenverkehr zugelassen.

Weist Ihr Diodenlicht kein amtliches Prüfzeichen auf, sollten Sie es nur zusammen mit einer regulären Lichtanlage verwenden. Die meisten Rennfahrer bevorzugen kleine, batteriegespeiste Halogenscheinwerfer. Wegen des hohen Stromverbrauchs empfehlen sich aufladbare Batterien, und nehmen Sie immer einen Reservesatz mit. Exzellente Akkuleuchten für nächtliche Trips werden von Vistalite und Cateye angeboten.

RECHTS: *Ein Multifunktions-Werkzeug wie das Cool Tool hilft bei fast allen Problemen unterwegs.*
GANZ RECHTS: *Eine kleine Satteltasche sollte beim Training dabei sein: Werkzeug, Ersatzschlauch, Telefonkarte, Studentenfutter – alles findet Platz.*

KARRIMOR
RALEIGH

8. KAPITEL

Bekleidung

Für Wohlbefinden, Gesundheit und Leistung spielen die Auswahl und das Anlegen der richtigen Bekleidung eine zentrale Rolle. Doch bei einem so vielfältigen und unüberschaubaren

Angebot fällt die Wahl des richtigen Produkts extrem schwer. Nur zu oft verschleißt die beste Kleidung, weil sie zur falschen Gelegenheit getragen wurde. In diesem Kapitel finden Sie nützliche Praxistips für gute Bekleidung, Schuhe und Helme; sowie einige Tricks, auf die Sie sonst vielleicht nicht gekommen wären.

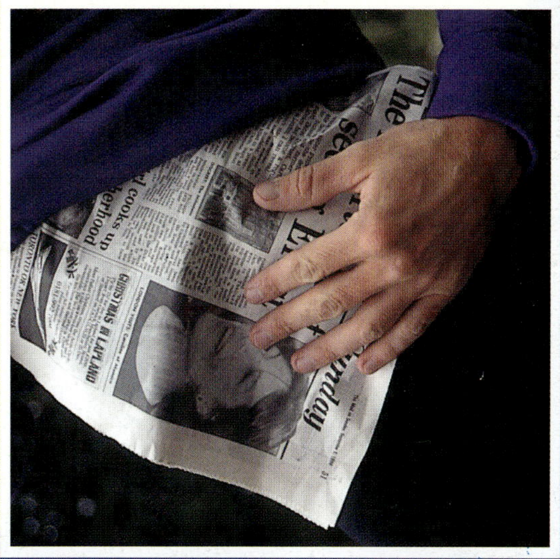

Sommermode

Im Sommer möchte man am liebsten mit freiem Oberkörper fahren - und würde dabei Sonnenbrände, Infektionen und Abschürfungen riskieren.

Egal wie heiß es ist, tragen Sie immer ein Hemd. Es sollte ein atmungsaktives Gewebe sein, das den Schweiß absorbiert, den Oberkörper trocken hält und Erkältungen keine Chance gibt. Ein Baumwoll-T-Shirt wirkt wie ein Schwamm. Bei Abfahrten und Stopps lässt es Sie nass und kalt. Und ohne Unterhemd verursacht es Scheuerstellen und Ausschlag.

Lycra-Rennhosen sind erste Wahl. Direkt auf der Haut tragen sie sich am angenehmsten. Latzhosen sind besser als einfache Shorts, denn hier kann kein Gummizug den Bauch kneifen, und die Träger sorgen dafür, dass die Hose nicht rutscht und den Rücken der Kälte aussetzt. Generell gilt, je stärker die Shorts unterteilt sind, desto besser. Synthetisches Wildleder ist Standard, viele Hosen haben eine zusätzliche Frottee-Einlage. Rennhosen sollten stets sauber sein, aber nicht in zu starker Seifenlösung gewaschen werden. Legen Sie vor allem Wert auf Qualität. CoolMax bietet gute Sommershorts.

OBEN: *Im Frühjahr und Herbst, wenn es für Shorts noch zu kühl ist, bilden halblange Hosen, Armlinge und ein extra Unterhemd einen idealen Kompromiss.*
LINKS: *Das klassische Sommer- und Trainings-Outfit besteht aus Rennhose, kurzärmligem Trikot und kurzen Socken plus einem Unterhemd zur »Schweißabfuhr«.*

SCHUTZMASSNAHMEN

1 **Tragen Sie beim Training in heißem Wetter immer eine Radlermütze - Radfahren birgt die Gefahr eines Sonnenstichs. Auch unter dem Helm kann eine Mütze getragen werden.**

2 **Rennhandschuhe sind eine sinnvolle Maßnahme für Ihre Gesundheit und Sicherheit.**

Ein leichtes Trikot aus Mischgewebe ist ideal zum Überziehen. Der kurze Reißverschluß am Hals dient als Thermostat gegen Überhitzung. Vermeiden Sie Lycra, es gibt keine Hitze nach außen ab.

In kurzen Socken aus Baumwolle, besser noch aus CoolMax, fühlen sich die Füße wohl. Die Schuhe sollen gut passen und reichliche Belüftung ermöglichen (s.S. 136/137).

Ein Kleidungsstück, auf dass Sie bei keinem Trip verzichten sollten, ist ein winddichter Blouson. Die Temperatur kann schnell fallen, es gibt einen Schauer, bei einer Abfahrt und einem Stopp kühlen Sie aus. Bei all diesen Gelegenheiten schützt Sie ein Windbreaker vor Erkältungen. Die beste Lösung ist eine atmungsaktive Jacke; sonst kondensiert die Feuchtigkeit an der Innenseite, die Jacke »klebt«.

Ergänzungen für Frühjahr und Herbst

Außer bei großer Hitze sollte man nicht bloß im Minimal-Dress fahren. Arm- und Beinlinge sind in der Übergangszeit

OBEN: *Im Interesse Ihrer Gesundheit, sollten Sie nie ohne winddichte Jacke unterwegs sein.* LINKS: *Gegen starke Sonneneinstrahlung schützt ein Baumwoll-Käppi, die Sonnenbrille schützt die Augen zusätzlich vor Fremdkörpern.*

besonders angenehm und lassen sich leicht verstauen, wenn die Temperatur steigt. Auch halblange Hosen eignen sich bei dieser Witterung; sie lassen die Waden kühl und halten die Knie warm.

Der Oberkörper verdient besondere Aufmerksamkeit. Bei unzureichendem Schutz von Brust und Lungen droht eine ernste Infektion. Ziehen Sie im Zweifelsfall noch ein Unterhemd unter oder ein langärmliges Trikot über. Das mehrschichtige »Zwiebelschalenprinzip« ist sinnvoller, als einfach eine dicke Jacke überzuziehen.

Bei Kälte leistet ein Stirnband gute Dienste. Es verhütet Wärmeverluste über den Kopf, ohne ihn zu überhitzen.

Sonnenbrillen

Gute Rennbrillen sehen nicht nur cool aus. Sie sind ideal für alle Wetterbedingungen, besonders natürlich bei starkem Sonnenschein. Sie schützen vor Sandkörnern, Pollen, Staub und Fliegen, gewähren ungehinderte Sicht und filtern ultraviolette Strahlung.

Sie müssen kein Vermögen für eine Sonnenbrille ausgeben, aber billige Modelle taugen gewöhnlich nicht viel.

Winterdress

In keiner Jahreszeit ist die richtige Kleidung so wichtig wie im Winter. Das falsche Outfit kann Ihnen ernsthafte Probleme bereiten. Auskühlung ist der größte Feind des Fahrers, das Risiko erhöht sich in größeren Höhen und offenem Gelände.

Bleiben Sie beim Zwiebelschalensystem und fangen Sie mit einer effektiven Grundlage an. Ein schweißaufsaugendes Unterhemd hält Sie trocken und warm. Es sollte dicker sein als ein Sommerhemd; lange Ärmel wären nicht schlecht. Bei Temperaturen unter Null oder kaltem Wind empfiehlt sich eine vergleichbare Unterwäsche auch für die Beine.

Wieviele Lagen Sie anziehen, hängt natürlich von der Temperatur ab. Die mittlere Schicht besteht am besten aus kurzärmligen oder ärmellosen, aber auch langärmligen Trikots aus Mischgewebe. Viele Fahrer legen Wert darauf, die Arme frei bewegen zu können - deshalb die ärmellosen Shirts.

Die Außenschicht hängt davon ab, ob es nass oder trocken ist. Ihre Aufgabe ist es, die Wärme zu halten. Bei trockenem, frostigem Wetter tut es eine leichte bis mitteldicke Fleece-Jacke vom Typ Polartec. Scharfer Wind erfordert eine Jacke mit einer aufgenähten Membran aus Pertex oder ähnlichem. Sie hält Wind und Nässe ab und erlaubt dem Schweiß, nach außen zu diffundieren.

Ideal für die kalte Jahreszeit: eine warme Fleece-Mütze. Eine Brille mit klaren oder gelben Gläsern schützt die Augen.
LINKS: *Ein atmungsaktiver, leichter Windstopper aus Gore-Tex macht Nässe und Kälte erträglich.*

Steigen Sie im Winter nie in den Sattel, ohne eine gute wind- und wasserabweisende Jacke in der Tasche zu haben. Pertex und ähnliche Textilien sind winddicht und isolieren gut, aber bei wirklichem Mistwetter ist Gore-Tex oder etwas Vergleichbares angezeigt.

Unter normalen Bedingungen ist Gore-Tex nicht ideal, weil es einfach zu wenig atmet und Schweißausbrüche verursacht. Unter extremen Bedingungen ist eine Gore-Jacke, am besten mit seitlichen Lüftungseinsätzen, unentbehrlich. Schlichte Nylonjacken sind als Regenschutz in Ordnung, falls Sie nicht zu lange unterwegs sind. Auf längere Sicht sind sie ungefähr so angenehm zu tragen wie eine Plastiktüte.

Die Extremitäten

Arme, Hände und Füße - sie haben kaum Bewegung und sind daher besonders anfällig gegen Wind und Wetter.

Halten Sie immer den Kopf bedeckt, zum Beispiel mit einer warmen Fleece-Kappe. Ein Mützenschirm schützt Ihre Augen vor Regenwasser. Auch im Winter leistet eine Schutzbrille wichtige Dienste. Einige Hersteller bieten

austauschbare Klarsichtgläser für Regen und gelbe Gläser für Dunst und Nebel.

Die Hände sind mit relativ groß bemessenen Handschuhen gut bedient; vorzugsweise mit griffigen Innenflächen und nicht zu steifen Fingern. Thinsulate- oder Windstopper-Handschuhe sind die besten. Bei extremer Kälte sind leichte Überhandschuhe keine schlechte Idee. Halten Sie die Handschuhe immer trocken - nass werden sie schmerzhaft kalt.

Schützen Sie die Füße immer nur durch zusätzliche Überzüge. Stopfen Sie

GANZ OBEN: *Ob nass oder trocken, kalt oder windig: Im Winter ist der Schutz vor den Elementen besonders wichtig.*
OBEN LINKS: *Die warmen, griffigen Handschuhe dürfen nicht zu eng sein.*
OBEN: *Neopren-Überschuhe, universell einsetzbar.*

keine dicken Extrasocken hinein, das behindert nur die Blutzirkulation. Vielleicht versuchen Sie es mit Überschuhen, obwohl sie schweißtreibend wirken. Neopren hält die Füße am besten trocken und warm.

Schuhe und Helme

Kopf und Füße gehören zu den wichtigsten und empfindlichsten Körperteilen: Hier haben Sicherheit und Wohlbefinden Priorität.

Ein gigantisches Angebot an Schuhen und Helmen kann den Einkauf zu einem Albtraum machen. Wenn Sie Ihre Auswahl treffen, sollten Sie sich von guter Passform, Preis und Leistung, offiziellen Normen und Zweckmäßigkeit leiten lassen. Hier ein paar Tips, um die Qual der Wahl zu erleichtern.

Helme

Die meisten Radsport-Organisationen schreiben für Straßenrennen einen festen Helm vor. Einige Cross-Verbände erlauben noch die Benutzung des altmodischen Sturzrings, der aber im entscheidenden Moment wenig Schutz bietet.

Die Aufkleber auf dem Helm geben Auskunft, welche Sicherheitsstandards erfüllt werden. Die Sticker der ANSI - und SNELL-Normen sind ausschlaggebend, ein CE ist wertlos. Aerohelme entsprechen gewöhnlich nicht den Sicherheitsbestimmungen; bei ihnen steht die Aerodynamik im Vordergrund.

Schuhe

Obwohl sie sich in Qualität und Aussehen stark unterscheiden, ähneln sich die meisten modernen Rennschuhe im Aufbau. Generell sind sie für alle Arten von Clickpedalen und Schuhplatten geeignet - aber vergewissern Sie sich trotzdem, ob das bei Ihnen zutrifft (mehr zum Thema Pedale auf den S. 116/117).

GANZ OBEN: *Aerohelme sind bei Zeitfahren erlaubt, aber Sicherheit spielt bei ihnen eine eher untergeordnete Rolle.*

OBEN: *Gute Belüftung, Komfort und Sicherheit haben Priorität. Aufkleber wie dieser Carrera-Sticker sehen vielleicht gut aus, aber sie können die Herstellergarantie unwirksam machen!*

ZUM THEMA HELM

1 Verschiedene Marken unterscheiden sich erheblich in der Passform. Anprobieren!
2 Helme mit zusätzlichem Nackenschutz sind sicherer.
3 Je mehr Belüftungsschlitze, desto besser.
4 Hardshell-Helme halten meistens wesentlich länger als Softshell-Modelle.
5 Vergleichen Sie die angebotenen Garantien. Manche Hersteller bieten lebenslange Garantie. Achtung: Sie kann durch Veränderungen wie Aufkleber erlöschen.
6 Aerohelme machen schneller, aber nicht unbedingt sicherer.
7 Ein beschädigter Helm muss ersetzt werden!

Schuhe fallen bekanntlich sehr verschieden aus - italienische sind zum Beispiel oft sehr schmal - so dass Sie mit einer längeren Suche rechnen müssen. Die Zehen sollten, wenn Sie aufrecht stehen, noch ein bisschen Spielraum haben. Achten Sie auch auf die Fersen. Sie dürfen weder eingeklemmt sein noch im Schuh auf- und abrutschen. Verstärkte Zehenkappen machen den Schuh komfortabler. Haben Sie einen niedrigen Spann, darf die Innensohle des Schuhs nicht zu stark gewölbt sein. Auch hier: probieren…

Neue Schuhe fühlen sich beim ersten Anziehen oft ungewohnt an. Allein die Sohlenstärke kann um einen ganzen Zentimeter variieren und den Fuß ein Stück von der Pedale entfernen. Das verändert die gewohnte Fahrposition und kann sogar rätselhafte Knie- und Rückenschmerzen hervorrufen. Zum Glück ist das Problem schnell behoben: Messen Sie den Abstand zwischen dem Fußbett des eingeklickten Schuhs und der Sattel-Oberkante. Nun können Sattelhöhe und Schuhplatten entsprechend justiert werden. SPD-Schuhplatten sollten erst dann festgezogen werden, wenn die Position hundertprozentig stimmt. Sie hinterlassen rasterartige Einkerbungen in der Schuhsohle und

SCHUH-TIPS

1 Genügend Öffnungen bringen Luft an den Fuß und verhindern, dass der Schweiß kondensiert.
2 Schuhe mit Carbon- oder Kevlarsohlen sind kostspielig, aber wesentlich fester und haltbarer.
3 Praktische Klettverschlüsse sind Schnallen und Bändern vorzuziehen.

Erst die Passform abchecken, dann das Aussehen.

sind schlecht nachzujustieren. Markieren Sie die korrekte Position mit einem Stift: Beim Festziehen können die Platten verrutschen.

Tips und Tricks

Alte Hasen haben ihre Geheimrezepte, um schlechtes Wetter zu überlisten und es sich etwas behaglicher zu machen. Meistens kommt man nur zufällig drauf - dabei ist es nichts als gesunder Menschenverstand.

Gegenwind ist ein besonders unangenehmer Gegner, weil er den Brustkorb auskühlt. Vielleicht haben Sie einmal beobachtet, dass Tour-de-France-Piloten auf den Alpenpässen eine Zeitung in die Hand bekommen. Das Papier wird unter das Trikot geschoben, um dem eisigen Wind bei der Abfahrt Paroli zu bieten. Im Winter ergänzen viele Fahrer ihre Bekleidungshüllen durch eine eingelegte Zeitung oder eine Plastiktüte als Windschutz. Eine andere Methode, die Kälte zu bekämpfen und gleichzeitig die Bewegungsfreiheit der Arme zu bewahren: Streifen Sie eine Fleece-Jacke mit abgeschnittenen Ärmeln über oder investieren Sie in ein Windshirt, eine Storm- oder Thermoweste.

Schutz für die Extremitäten

Beim Saisonauftakt, wenn es draußen kühl aber trocken ist, ziehen viele Fahrer ein altes Paar Socken über die Schuhe. Unten ist ein Loch für die Platte hineingeschnitten. Der billige, aber auch recht wirkungslose Ersatz für Überschuhe.

Bei bitterer Kälte greifen einige Sportler zu Einreibemitteln für Knie und Rücken, die allerdings Hautreizungen provozieren können. Bevor Ihnen die Füße einfrieren, steigen Sie ab und gehen Sie zu Fuß, bis das Blut wieder zirkuliert.

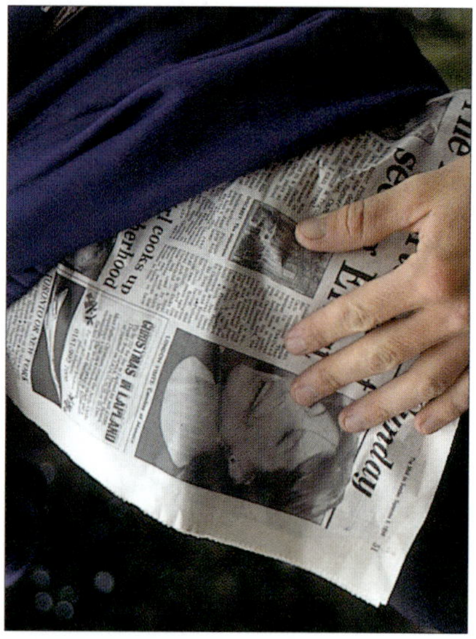

Spitzensportler machen es vor: die Zeitung als preiswerter Warmhalter.

Kalte Regengüsse werden vielleicht etwas erträglicher, wenn Sie dünne Plastiktüten über die Schuhe ziehen. Ein Paar dünner Gummihandschuhe, über oder unter die Rennhandschuhe gezogen, macht sich ebenfalls bezahlt:

Nasse Handschuhe sind schlimmer als gar keine. Trockene Reservehandschuhe und eine zweite Mütze

EINFACH UND PFIFFIG

1. **Abschneiden: Ausgediente Stretchhosen und Langarm-Trikots geben prima Arm- und Beinlinge ab.**
2. **Wenn die Hitze über der Straße flimmert, können Sie kurzentschlossen die Trikotärmel abtrennen. Das gibt erheblich mehr Luft - und Sonnenbräune auf den Oberarmen.**

zum Wechseln können auch nicht schaden.

Wind und Wetter überlisten

Fahren Sie ohne Schutzbleche, können

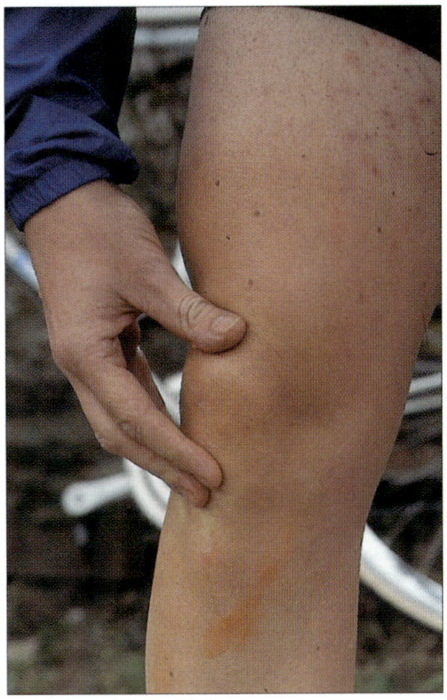

Sie die Hosenrückseite mit einer Plastiktüte schützen.

Eine in den Helm eingelegte Alufolie bildet eine ausgezeichnete Isolierschicht, ebenso eine außen übergezogene Frischhaltefolie. Achtung: nur bei extremer Kälte anwenden!

OBEN: *Frischhaltefolie überm Helm schützt vor Kälte und Regen.*
GANZ OBEN: *Alte Socke mit Loch: etwas mehr Fußwärme bei trocken/kalter Witterung.*
LINKS: *Einige Fahrer nehmen mit Einreibungen den Kampf gegen den Frost auf.*

Ein leichtes Ersatzunterhemd nimmt nicht viel Platz weg und sollte eigentlich das ganze Jahr über dabeisein. Wechseln Sie bei einer Rast das durchgeschwitzte gegen das trockene, und Sie schlagen der Erkältung ein Schnippchen. Genauso sinnvoll ist es, während einer Erfrischungspause die Jacke in den Wind oder vor die Heizung zu hängen, um wieder trocken auf die Piste zu gehen.

Friert im Winter die Trinkflasche dicht, riskieren Sie Dehydration (Austrocknung). Schneiden Sie eine große Flasche oben ab, stecken Sie das Innenteil einer Kinderthermosflasche hinein und füllen Sie den Zwischenraum mit Styroporkugeln oder Isolierschaum. Das Resultat, heiße oder warme Getränke für mehrere Stunden. Macht die schlimmste Kälte erträglich.

1400
TREK

9. KAPITEL

Velo-Workshop

Alles aus sich herausholen, den anderen das Hinterrad zeigen - das setzt eine perfekte Maschine voraus, auf die Sie sich restlos verlassen können. Also kein Kettenklemmer im Endspurt und kein kräftezehrendes Bremsschleifen... Wenn das Rad Sie im Stich lässt, war das ganze Training umsonst. Deshalb ist die Wartung der Rennmaschine so wichtig. Wir zeigen Ihnen die Routinechecks und Einstellungen sowie technische Vorbereitungen auf spezielle Events. Sie werden schnell Spaß am Schrauben bekommen und auf Ihr hundertprozentig leistungsbereites Sportgerät stolz sein.

Wartung und Pflege

Mit der Zeit bekommen Sie ein Auge für die Velotechnik. Gehen Sie jedem Problem sofort auf den Grund, und wenn Sie selbst nicht weiterkommen, bringen Sie das Rad in die Werkstatt.

Die Wartung der Maschine hat viel mit Ihrer inneren Einstellung zu tun. Gehen Sie geduldig und analytisch vor. Hast, Ärger oder Unverständnis kosten Zeit und Geld - wobei auch der beste Mechaniker manchmal das Rad mit dem Vorschlaghammer bearbeiten möchte. Machen Sie konsequent Schluss, wenn sich Frust einstellt. Ein relaxter Neuanfang wirkt Wunder.

Die Anleitungen in diesem Kapitel sind nicht schwer auszuführen. Vergewissern Sie sich vor allem, dass das Werkzeug passt. Achten Sie darauf, kleine Schrauben (etwa bei Kabelhaltern) nicht zu überdrehen. Gewinde sind generell empfindlich, beim Eindrehen eines Abziehers ins Kurbelgewinde beispielsweise sollte man gefühlvoll vorgehen. Andererseits müssen Teile wie Kurbelschrauben und Tretlagerschalen richtig festgezogen werden.

Im Zweifelsfall lassen Sie sich von einem erfahrenen Schrauber zeigen, wie fest einzelne Verbindungen sitzen müssen. Ein spezieller Drehmomentschlüssel ist fürs Rennrad auf lange Sicht eine sinnvolle Anschaffung. Machen Sie sich kein Kopfzerbrechen - mit ein bisschen Übung entwickeln Sie das Feeling für die Technik.

Der Arbeitsplatz

Viel Licht brauchen Sie und etwas Bewegungsfreiheit. Vielleicht können Sie einen Raum ganz dafür freimachen; Garage, Schuppen oder Keller? Das wäre optimal. Auch Küchen erfreuen sich großer Beliebtheit: nicht zu kalt, einfach zu wischen, Waschbecken in Reichweite. Dazu der Kühlschrank mit all dem Treibstoff, den ein Schrauber nötig hat!

Eine kleine Werkbank und ein Werkzeugbrett an der Wand - weiß gestrichen und praktischerweise mit den Umrissen der Werkzeuge versehen - bilden die Grundausstattung. Ist eine permanente Einrichtung nicht möglich, tut es auch ein Werkzeugkasten oder -tablett, um die meistgebrauchten Teile zur Hand zu haben.

Ein Montageständer erspart Ihnen eine Menge Improvisation. Hier wird das Rad in der richtigen Höhe fixiert,

Ein guter Montageständer ist eine wertvolle Arbeitserleichterung.

Ein Profi-Mechaniker macht sein Team fit fürs Rennen.

und Sie haben stets alles vor Augen. Wenn es die Brieftasche zulässt, schaffen Sie sich einen schweren Ständer mit vielen Einstellmöglichkeiten an. Simple Versionen stellen lediglich das Hinterrad hoch oder werden in der Werkbank eingeklemmt. Dünne Rahmenrohre dürfen nicht zu fest und nicht an einem Anlötteil eingespannt werden; die Sattelstütze bietet einen guten Fixierpunkt.

Die Standpumpe mit eingebautem Manometer ist ein weiteres hilfreiches Profi-Teil. Eine große Arbeitserleichterung, um Rennreifen schnell mit Hochdruck zu füllen. Normale Rennpumpen tendieren dazu, das Ventil zu verbiegen, und sind bei hohen Drücken mühsam zu handhaben.

Instandsetzungsarbeiten

Als Vielfahrer müssen Sie mindestens einmal jährlich die stark beanspruchten Konuslager (Naben, Steuersatz, eventuell Pedale) zerlegen und überholen. Abgenutzte Teile werden ersetzt, die Kugeln dick in Fett gepackt und die Lager wieder präzise eingestellt, um einen reibungsarmen Lauf zu gewährleisten und den Verschleiß zu minimieren.

Bei gekapselten Lagereinheiten muss unter Umständen ein komplettes Lager oder, bei Billigkomponenten, die ganze Einheit ausgetauscht werden. Industrielager halten normalerweise einige Jahre. Lagerspiel, rauher Lauf oder Geräuschentwicklung machen Ersatz nötig (bei manchen Lagern ist ein minimales Spiel vorgesehen). Den Austausch gekapselter Lager überlassen Sie besser einem Mechaniker.

Werkzeug

Zur Wartungsroutine sind nicht viele Werkzeuge nötig. Mit den hier gezeigten haben Sie alle anfallenden Arbeiten und Checks wie auch die komplette Überholung im Griff.

Gutes, teures Werkzeug macht sich immer bezahlt, aber für den Alltagsgebrauch ist die »Heimwerkerqualität« vollkommen ausreichend. Erwerben Sie ein Satz guter Inbusschlüssel. Sie brauchen 4, 5 und 6 mm und eventuell weitere Größen für Ihr spezielles Rennrad. Ideal sind mehrfach gewinkelte Schlüssel, mit denen man in jede Ecke kommt. Ein Y-förmiger Universalschlüssel mit drei verschiedenen Größen ist eine sinnvolle Ergänzung.

Ein paar weitere Instrumente komplettieren das Equipment, zum Beispiel ein verstellbarer Rollgabelschlüssel (nicht für kleine Muttern). Für Bremsen und andere Komponenten benötigen Sie kleinere Schraubenschlüssel - optimal sind Ringschlüssel, die nicht abrutschen können. Ferner braucht man einen Kunststoffhammer oder einen normalen Schlosserhammer mit einem Holzklotz als Schlagschutz.

Zahnkranz- und Kettenwerkzeug

Mehrfachzahnkränze und Kassetten werden mit einem speziellen Abzieher und einem Ritzelwerkzeug (Kettenpeitsche) demontiert. Der Pamir Hyper-Cracker ist leicht und preiswert, wenn auch umständlich. Den Kettenverschleiß können Sie mit dem Lineal messen, schneller und genauer geht es mit einer Kalibrier-Lehre von Rohloff oder Park Tools.

Spezialwerkzeug für Kurbelgarnitur, Innenlager und Steuersatz

Diese Instrumente werden häufig im Set angeboten. Solche Innenlager-Kits taugen allerdings eher für konventionelle Bauteile als für moderne Tretlager. Auf jeden Fall muss das Werkzeug für Ihre Komponenten passen. Viele Kurbelschrauben benötigen einen dünnwandigen Steckschlüssel der Größe 14 oder 15 mm, neuere Modelle oft nur einen 8 mm Inbusschlüssel. Zum Entfernen der Kurbeln brauchen Sie einen Kurbelabzieher, gewöhnlich im Standardmaß, bei älteren Fabrikaten zum Teil in Sondergröße. Einige Abzieher sind mit einem Steckschlüssel für den Kurbelbolzen kombiniert.

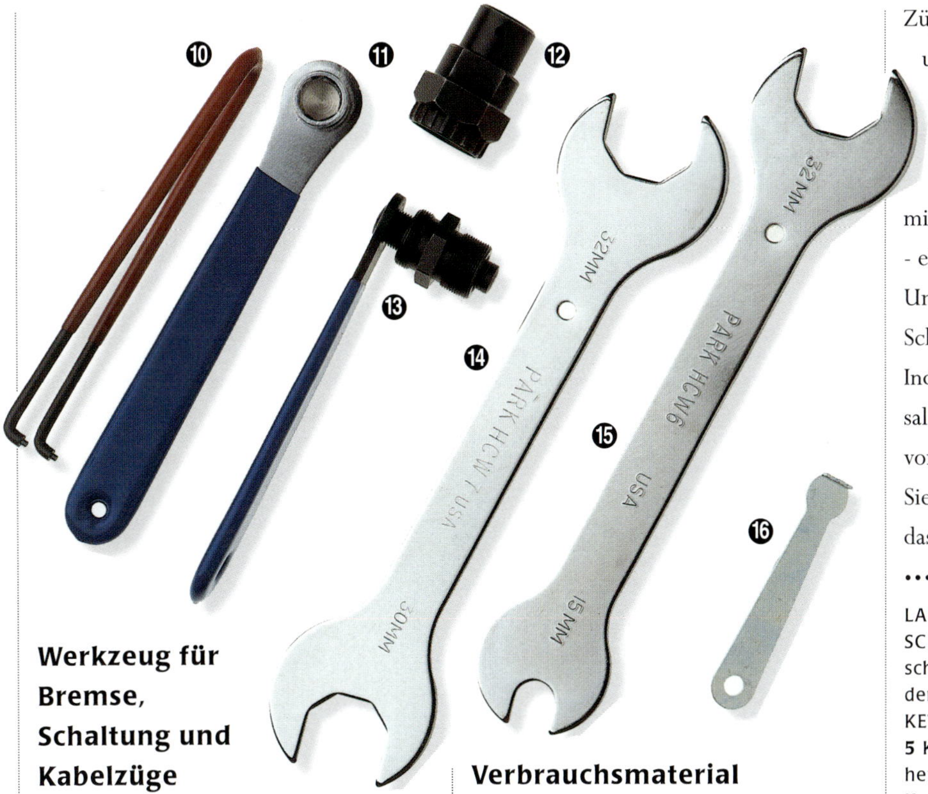

Werkzeug für Bremse, Schaltung und Kabelzüge

Besondere Bowdenzugzangen sind in der Lage, Kabel und Kabelhülle glatt zu durchtrennen und Kabelhülsen aufzuklemmen. Ein guter Seitenschneider mit gehärteten Schneiden erfüllt den gleichen Zweck. Mit der Spannzange ziehen Sie den Bowdenzug stramm und halten ihn fest, während Sie mit der anderen Hand die Haltemutter anziehen. Zwei Zangen wären die umständlichere Alternative.

Ersatzteile

Mit einem kleinen Bestand der wichtigsten Verschleißteile kommen Sie über die Runden: zwei Schläuche, ein Reifen, Brems- und Schaltkabel und Bremsbeläge sollten genügen. Ein paar Kabelhülsen sind praktisch, um die Seilzüge am Auffasern zu hindern. Zu guter Letzt brauchen Sie noch Flickzeug mit gezackten Flicken, die auf schmalen Reifen am besten haften.

Verbrauchsmaterial

Zähflüssiges Haftöl wie Black Gold oder Finish Line eignet sich als Kettenöl bei Schlechtwetter, ist allerdings ein Schmutzfänger. Untauglich sind 3:1-Öle (oftmals kombinierte Pflanzen- und Mineralöle), sie sind zu dünn und verkleistern. Teflon-Sprays sind saubere, gute Universal-Schmiermittel, vor allem für die Schaltungs- und Bremsmechanik, aber auch für die Ketten bei trockenem Wetter. Pflegesprays auf Molybdänbasis wirken wasserabweisend, rostlösend und konservierend. Fahrrad-Spezialfette sind ideale Schmiermittel für Kugellager, Züge und Montageteile. Mit Silikonspray und Imprägnierwachs bewahren Sie Titan-, Alu- und Stahlteile vor dem »Zusammenkleben«.

Alte Fett- und Ölreste werden Sie mit biologisch abbaubaren Entfettern los - ein Plus fürs Velo, für Sie und für die Umwelt. Und selbst die schwärzesten Schmierfinger werden mit einer Industrie-Handwaschpaste wieder salonfähig. Wenn Sie die Hände schon vorher mit Vaseline eincremen, beugen Sie Dermatitis vor und erleichtern sich das Händewaschen.

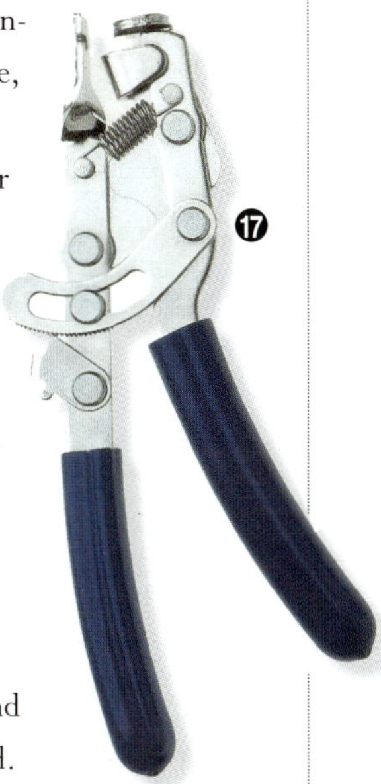

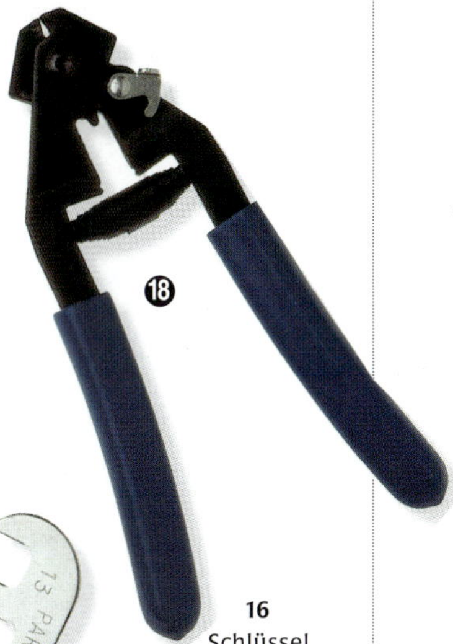

LAUFRADWERKZEUG UND INBUSSCHLÜSSEL: **1** Nippelspanner, **2** Inbusschlüssel, **3** Konusschlüssel zum Einstellen der Naben, **4** Reifenheber
KETTEN- UND ZAHNKRANZWERKZEUG: **5** Kettennieter, **6** Ritzelabnehmer, **7** Abzieher für Kassette/Zahnkranz, **8** Kassetten-Kombiwerkzeug, **9** Kalibrierlehre
KURBELGARNITUR-, TRETLAGER- UND STEUERSATZWERKZEUG: **10** Stiftschlüssel f. linke Lagerschale, **11** Kurbelbolzenschlüssel, **12** Werkzeug für Tretlagerkassette, **13** Kurbelabzieher, **14** Steuersatzschlüssel, **15** Kombischlüssel für Steuersatz u. Pedale

16 Schlüssel für Kettenblattmutter
BREMS-, SCHALTUNGS- UND BOWDENZUGWERKZEUG: **17** Bowdenzugspannzange, **18** Bowdenzugzange, **19** Schlüssel zur Bremszentrierung

Reinigung und Inspektion

Wasser, Schmutz und Streusalz können dem Velo erheblich zusetzen. Das beste Gegenmittel sind Reinigung und Inspektion, etwa einmal pro Woche und natürlich vor jedem Rennen.

Falls möglich, spannen Sie das Rad im Montageständer ein und entfernen die Laufräder. Die Kette wird über den Kettenaufhänger gelegt (nicht bei allen Rädern vorhanden). Einem wirklich dreckigen Rad rücken Sie erstmal mit einem Bio-Entfetter zuleibe. Sprühen Sie ihn in alle Winkel (nur nicht auf die Lager!) und lassen Sie ihn einwirken.

Inzwischen bereiten Sie einen Eimer heißes Wasser mit einem reichlichen Schuss Spülmittel vor. Vom Lenker bis zum Schaltwerk wird die Maschine methodisch und gründlich gesäubert. Mit Schwamm, Flaschenbürste und Zahnbürste kommen Sie dabei in jede Ecke, für die Reifen ist eine Wurzelbürste das richtige. Anschließend wird das Rad mit reichlich Wasser abgespült, wofür man einen Extraschwamm nehmen sollte. Durch Schütteln oder Abreiben entfernen Sie das meiste Wasser, der Rest trocknet von selbst. Eine abschließende Schicht Sprühwachs versiegelt das Rad, schützt gegen Witterungseinflüsse und verleiht neuen Glanz.

Die Bolzen an Bremsen und Schaltwerk und die Innenseiten der Bremsgriffe werden mit einem Teflonspray behandelt. Das kleine Röhrchen an der Spraydose erleichtert die punktgenaue Schmierung und die sparsame Dosierung.

Kettenpflege

Eine verschmutzte Kette ist uneffektiv, verschleißt die Zahnkränze und schaltet schlecht. Reinigen Sie sie trotzdem nicht öfter als unbedingt nötig, denn dadurch wird die werkseitige Schmierung aus den Kettenbuchsen herausgewaschen.

Sprühen Sie nach einer langen Regenfahrt einen leichten Silikon- oder Kettenschmierfilm auf, so vermeiden Sie Rost und steife Kettenglieder. Spezielle Kettenreinigungsgeräte und -mittel bergen eine Gefahr: Das Fett wird zwar aus den Kettenlaschen gewaschen, hinterher aufgebrachtes Fett dringt aber nicht weit genug in das Ketteninnere vor. Hartnäckige Schmierkrusten werden mit einer Drahtbürste beseitigt.

Auch die Ritzel, Kettenblätter und Schaltwerk-Rädchen werden blankgeputzt. Nun können Sie den Kettenverschleiß prüfen. Hat sie sich gelängt? Zählen Sie 24 Kettenglieder ab. Beträgt deren Länge über 308 mm (jeweils bis zur Mitte der Niete bei gespannter Kette gemessen), ist Ersatz fällig. Abgenutzte Zahnkränze müssen jetzt ebenfalls ausgetauscht werden, sonst springt und hakelt die neue Kette.

Die Kette soll weder ganz trocken sein noch von Öl triefen, das würde nur Staub anziehen. Legen Sie einen mittleren Gang ein, kurbeln Sie langsam und lassen Sie das Kettenöl dabei gleichmäßig auf die Kette tropfen. Dann kräftig durchdrehen, damit der Schmierstoff sich gut verteilt.

Kette montieren/reparieren

Beim Auflegen einer neuen Kette oder beim Ersetzen eines Kettengliedes

Das Kettenreinigungsgerät ist eine Hilfe, muss aber sparsam eingesetzt werden.

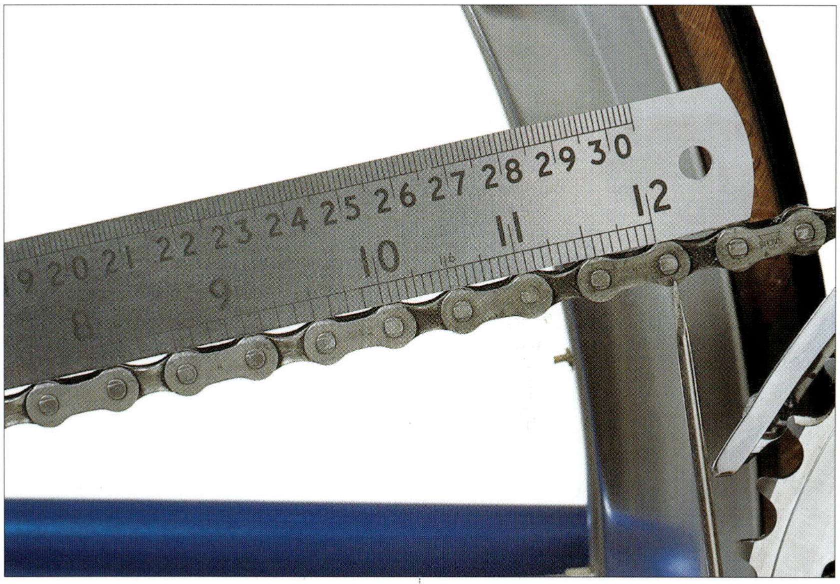

LINKS: *Überdehnte Kette? Messen Sie nach.*

UNTEN: *DEMONTAGE Der Niet wird mit dem Druckstift fast ganz ausgetrieben. Der Stift muss genau mittig aufgesetzt werden, um Niet oder Werkzeug nicht zu beschädigen.*

GANZ UNTEN: *MONTAGE Mit sanfter Gewalt fügt man die losen Enden wieder zusammen.*

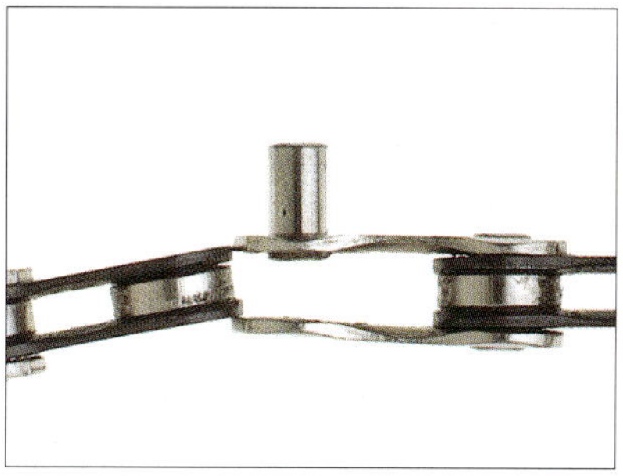

wenden Sie dieselben Handgriffe an. Im Idealfall haben Sie für jede Zahnkranzkassette eine eigene Kette (s.S.150).

Zur Demontage wird die Kette in den unteren Schlitz des Kettennieters eingelegt und der Druckstift auf eine Niete ausgerichtet (bei Sachs- und Campagnolo-Ketten wählen Sie dazu ein schwarzes Kettenglied). Die Niete wird nur so weit herausgedrückt, dass die Kette gerade noch hält (bei allen Shimano-Ketten außer Dura Ace: ganz herausdrücken). Nun die Kette leicht biegen - und sie ist offen.

Zur Montage schieben Sie die losen Glieder zusammen, legen sie in den Schlitz des Kettennieters und drücken den Niet soweit hinein, dass er auf beiden Seiten gleich weit übersteht. Haben Sie den Niet vorher zu weit ausgetrieben, werden Sie jetzt mit Fummelarbeit bestraft. Alle Shimano-Ketten außer Dura Ace werden mit einem speziellen Pin vernietet. Drücken Sie ihn, spitzes Ende voran, ins Loch, bis die Einkerbung des Pins auf der Kettenrückseite zum Vorschein kommt. Nun kann der überstehende Teil an der Einkerbung abgebrochen werden.

Ein steifes Kettenglied (Ursache: hartes Zusammennieten oder mangelnde Pflege) legen Sie in den oberen Schlitz des Kettennieters. Pressen Sie den Druckstift vorsichtig an, dadurch werden die Kettenlaschen aufgeweitet.

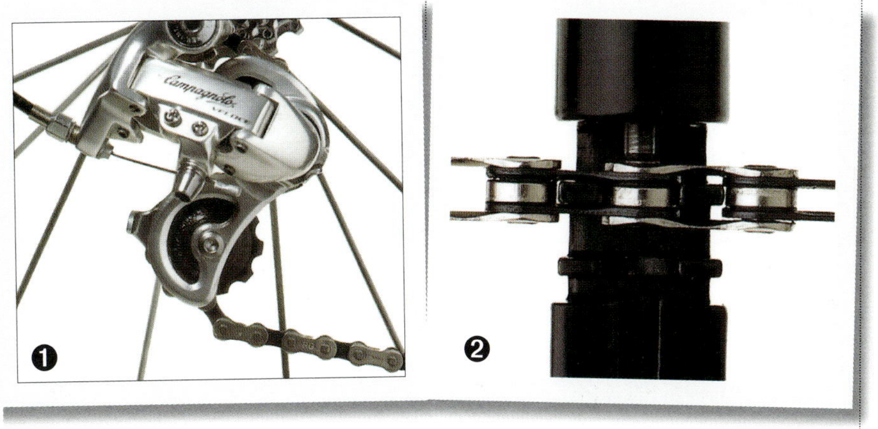

STEIFES KETTENGLIED ❶ Beim Rückwärtskurbelm steigt es auf dem Schaltwerkrädchen empor und gibt sich zu erkennen. ❷ Im oberen Schlitz eingelegt, kann die Kette aufgeweitet werden.
LINKS: SHIMANO-KETTEN Der Pin ist mit der Spitze voran durchgedrückt worden, der überstehende Teil wird mit der Zange weggeknackt. Links im Bild der Pin mit Einkerbung.

Naben und Schnellspanner

Schnelle, sichere Funktion - dazu müssen die Schnellspanner richtig eingestellt sein.

Zum Herausnehmen des Laufrades muss zuerst der Schnellauslöser der Bremse geöffnet werden, damit der Reifen nicht von den Bremsklötzen festgehalten wird.

Beim Hinterrad wird die Kette auf kleinstes Ritzel und großes Blatt geschaltet. Öffnen Sie den Schnellspanner ganz, der Innenbogen zeigt nach außen. Nun das Fahrrad anheben, Schaltwerk und Kette wegziehen und das Rad herausfallen lassen. Manchmal braucht es einen aufmunternden Klaps.

Beim Vorderrad funktioniert es ähnlich, nur müssen Sie die Sicherheitskanten der Gabel überlisten: Das Rad kommt erst frei, nachdem Sie die gekröpfte Gegenmutter des Schnellspanners ein paar Umdrehungen gelöst haben.

Umgekehrt muss der Schnellspanner zum Einbau des Laufrades vollständig geöffnet sein. Üblicherweise befinden sich die Spannhebel immer auf der linken Seite des Rades.

Zum Einbau des Hinterrades legen Sie die Kette oben aufs kleinste Ritzel und lassen sie unten herabhängen. Nun das Schaltwerk zurückhalten und das Hinterrad ganz in die Ausfallenden hineinsetzen. Schließen Sie den Schnellspanner so, dass der Hebel nach hinten/oben oder vorne/oben zeigt. Das Rad muss fest arretiert werden, aber ohne Brachialgewalt. Passen die Finger jetzt noch unter den Hebel? Gut.

Beim Vorderrad sieht es fast genauso aus. Der geschlossene Schnellspanner steht parallel zur Gabel und lässt noch etwas Freiraum für die Finger. Bei Gabeln mit Haltekanten wird der Schnellspanner jetzt durch Andrehen der gekröpften Mutter nachjustiert.

Stehen Rahmen und Ausfallenden korrekt in Flucht, müsste das Rad jetzt gerade laufen. Falls nicht, richten Sie es aus und schließen dann erst die Schnellspanner. Waagerechte Ausfallenden sollten Justierschrauben haben, um das Rad mittig einzustellen.

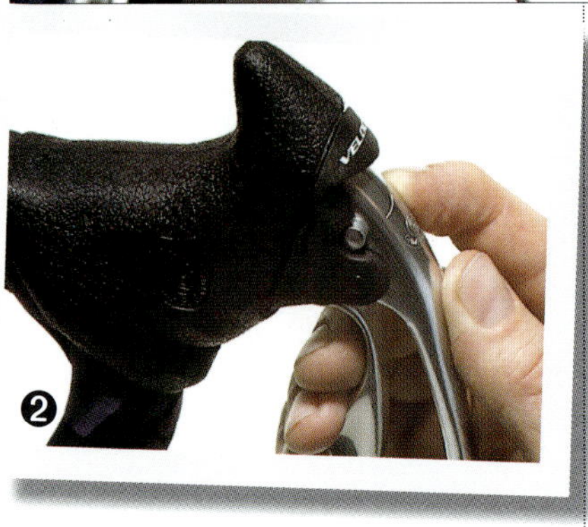

ÖFFNEN DER BREMSE ❶ Bei Shimano-Bremsen wird der Auslösehebel hochgeklappt.. ❷ Bei Campagnolo-Bremsen wird der Sicherungsstift am Bremshebel eingedrückt.

Naben-Check

Prüfen Sie, ob die Felge des eingebauten Laufrades sich hin- und herbewegen lässt. Seitliches Spiel weist in der Regel

AUSBAU DES HINTERRADS: Mit den Fingern wird das Schaltwerk zurückgezogen; der Daumen drückt die Achse aus den Ausfallenden.

auf zu lose Kugellager in der Nabe hin. Nehmen Sie das Rad heraus und zerlegen Sie die Schnellspanner-Einheit. Dazu wird die gekröpfte Gegenmutter ganz abgeschraubt und die Spannachse herausgezogen. Verlieren Sie die konischen Spiralfedern nicht (schmales Ende nach innen). Sie zentrieren die Spannachse in der Hohlachse. Wackeln und drehen Sie jetzt erneut an der Achse. Bei rauhem Lauf, starker Reibung und Spiel muss das Lager eingestellt werden. Minimales Spiel ist in Ordnung und wird durch den angezogenen Schnellspanner kompensiert.

Shimano und Campagnolo haben Naben mit konventionellen Konuslagern. Die Konen, mit denen das Lagerspiel reguliert wird, sind von außen kaum zu sehen. Eine Kontermutter sorgt für festen Sitz.

Am linken Konus wird das Lager eingestellt. Halten Sie ihn mit einem korrekt passenden Konusschlüssel fest, lösen Sie die Kontermutter mit einem Schraubenschlüssel. Schrauben Sie den Konus fest, bis das Rad sich nicht mehr dreht, und dann etwa eine Vierteldrehung zurück. In der richtigen Position wird er gehalten und die Kontermutter fest dagegengezogen. Tüfteln Sie, bis Sie zufrieden sind. Sollte das Lager immer noch Ärger machen, muss es überholt werden (s.S. 143).

Nach ungefähr einem Jahr kann es nötig werden, die Lager nachzuschmieren. Man merkt es daran, dass die Achse sich bei korrekter Einstellung sehr lose dreht, oder an einem leisen Ticken. Die Campagnolo-Naben Record und Chorus (ab 1996) können mit einer Fettpresse von außen nachgeschmiert werden. Dazu drehen Sie den Clip in der Mitte und pumpen solange Fett hinein, bis die verbrauchte Schmiere an den Seiten herausgedrückt ist.

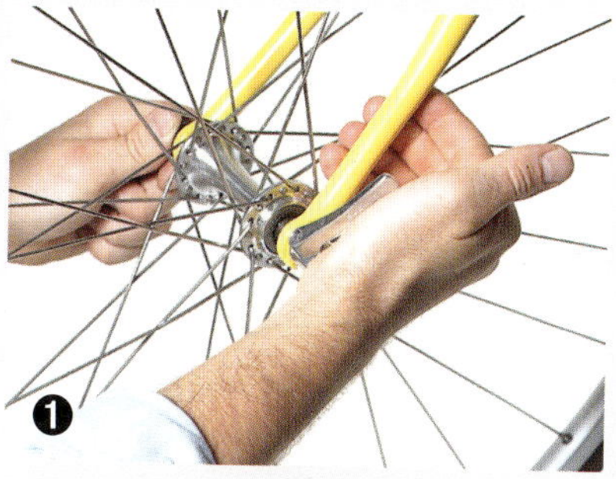

EINBAU DES LAUFRADS ❶ Halten Sie das Rad in Position und ziehen Sie den Schnellspanner an. ❷ Sollte das zuviel Kraft erfordern, drehen Sie die gekröpfte Mutter weiter auf. Fester zugedreht, sorgt sie für mehr Spannung.

LINKS: LAGER EINSTELLEN Während der Konusschlüssel den Konus festhält, wird die Kontermutter mit einem Rollgabelschlüssel gelöst.

Felgen, Speichen und Kassetten

Manchmal werden Sie eine andere Zahnkranzkassette montieren wollen. Bei der Gelegenheit können gleich die Speichen durchgesehen und die Zentrierung gecheckt werden.

Eigentlich sollte man jeden Zahnkranz mit einer eigenen Kette fahren; aufeinander eingespielte Teile funktionieren am besten. Sehen Sie nach, ob die Zähne unversehrt sind, und überprüfen Sie den festen Sitz des äußeren Ritzels oder Sicherungsrings.

Zum Ausbau wird der Abzieher in die Aussparungen des Sicherungsrings

ABNEHMEN DER KASSETTE ❶ Der Abzieher muss mindestens 2 mm tief in der Kassette sitzen. ❷ In dieser Position werden Ritzelabzieher und Schraubenschlüssel kräftig nach unten gedrückt.

gesetzt. Der Schnellspanner, aus dem die Spiralfedern entfernt wurden, fixiert den Abzieher. Das Laufrad lehnt an Ihrem Bein. Mit dem Ritzelabnehmer halten Sie das zweitgrößte Ritzel fest; ein schwerer Schraubenschlüssel packt den Abzieher (siehe große Abbildung). Drücken Sie beide Werkzeuge nach unten, bis der Sicherungsring nachgibt.

Jetzt kann der Schnellspanner entfernt und der Ring abgedreht werden. Das kleinste Ritzel und sein Distanzring (falls vorhanden), das

KASSETTENTAUSCH ❶ Bei Sachs und Shimano werden Ritzel und Kassettenkörper mittels einer dreieckigen Markierung ausgerichtet.
❷ Bei Campagnolo müssen die Dreiecke übereinander stehen und die »O«-Markierungen im Uhrzeigersinn versetzt sein.

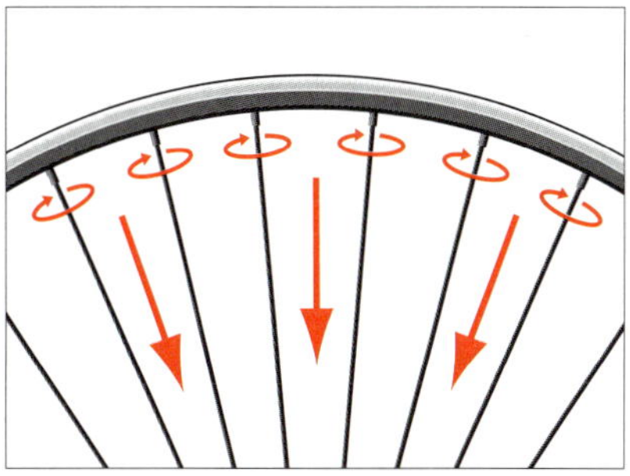

LINKS: HÖHENSCHLAG AUSGLEICHEN

Mehr Speichenspannung holt die Felge nach innen - und umgekehrt.

SEITENSCHLAG AUSGLEICHEN

Die äußeren Speichen werden gelockert, die entgegengesetzten im gleichen Umfang gespannt.

zweitkleinste und der Kassettenkörper werden abgenommen. Bei Campagnolo können alle Ritzel und Zwischenringe einzeln entfernt werden.

Beim Zahnkranzwechsel ist es wichtig, dass alle Teile, vom Kassettenkörper bis zum Zwischenring, vollkommen sauber sind. Der Zahnkranz wird aufgesetzt, dann die äußeren Ritzel/Ringe und der Sicherungsring (mit Abzieher). Der Schnellspanner hält den Abzieher in Position. Mit Schlüssel und Abzieher wird der Sicherungsring fest angezogen. Dabei ist in der Regel ein deutliches Klicken zu hören.

Speichen- und Felgenchecks

Drehen Sie das Laufrad. Läuft es rund? Höhen- oder Seitenschläge von mehr als 1 mm verdienen Beachtung. Bei unrundem Lauf liegt die Ursache meistens in der Speichenspannung. Zentrieren ist knifflig, üben Sie erstmal an einem alten Rad! Aerofelgen überlässt man ohnehin dem Fachmann.

Nehmen Sie Schlauch und Reifen ab, untersuchen Sie die Felge und markieren Sie alle Unregelmäßigkeiten. Bei einem Höhenschlag muss die Felge wieder zur Mitte gezogen werden. Dazu spannen Sie die Speichen unter der Ausbuchtung mit einem Nippelspanner nach - maximal mit einer halben Umdrehung pro Speiche, an den Rändern der Ausbuchtung weniger. Bei einer Einbuchtung der Felge gehen Sie umgekehrt vor.

Bei einem Seitenschlag werden die betroffenen Speichen dieser Seite etwa eine Vierteldrehung gelöst und die gegenüberliegenden entsprechend nachgezogen. Immer muss die Justierung über mehrere Speichen verteilt werden und sich zum Rand der Problemzone hin abschwächen. Zum Schluss wird der Nippelspanner immer sparsamer betätigt, bis die Zentrierung perfekt ist.

Nun spielen Sie die Harfe: Alle Speichen werden angezupft. Ein heller, gleichmäßiger Klang soll zu hören sein, wobei der Sound der rechten Hinterradseite meistens dumpfer ist. Sollte es mit der Zentrierung überhaupt nicht klappen, bringen Sie das Rad in die Werkstatt.

Felgenverschleiß

Moderne Felgen haben dünne Flanken. Die Schmirgelwirkung der Bremsbeläge tut ein Übriges, und irgendwann kann der Reifendruck die Felge sprengen. Bei Riefen oder Einkerbungen von mehr als 0,5 mm Tiefe sollte die Felge in Rente geschickt werden.

Das Laufrad wird im Zentrierständer eingespannt. Einstellbare Meßfinger erleichtern die Kontrolle. Das Ganze lässt sich auch improvisieren, indem Sie zum Beispiel die Bremsbeläge als Messpunkte benutzen.

Reifenflicken

Eine Reifenpanne muss hundertprozentig zuverlässig repariert werden. Lose Flicken, starke Erwärmung oder zu große Löcher resultieren in einem erneuten »Platten« oder »Schleicher«. Im Zweifel lieber den Schlauch ersetzen!

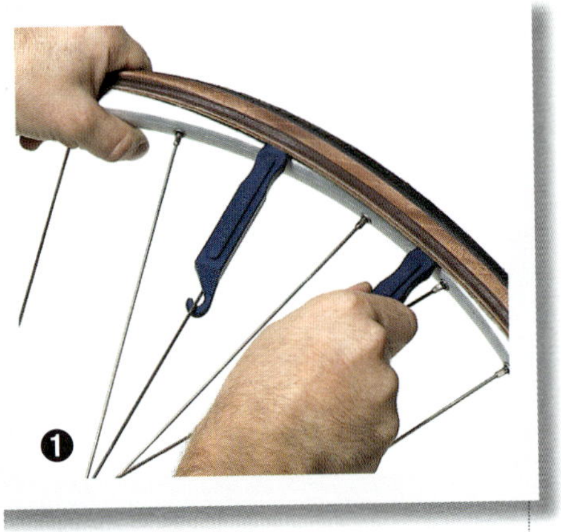

REIFEN ABNEHMEN

❶ Die Reifenheber hebeln den Draht über die Felge - bei schmalen, strammsitzenden Reifen manchmal recht mühselig.

❷ Prüfen Sie bei einem Plattfuß, ob noch ein Fremdkörper (Nagel, Scherbe) im Reifen steckt.

Zuerst werden Ventilkappe und -mutter entfernt und die Luft herausgelassen. Drücken Sie das Ventil nach innen und setzen Sie auf der gegenüberliegenden Seite zwei Reifenheber ein. Einer bleibt, den anderen ziehen Sie einmal im Kreis und heben den Draht heraus. Der Schlauch kann jetzt entnommen werden. Ist der Reifen sauber und heil? Ragen keine Speichen aus dem Felgenbett? Ein rauher Felgenstoß sollte glattgeschmirgelt werden.

Reifen aufziehen

Überzeugen Sie sich, dass das Felgenband heil ist und in der Mitte liegt. Der Reifen wird mit einer Seite (einem Draht) aufgezogen. Pumpen Sie den Schlauch auf, bis er gerade rund ist, und setzen Sie ihn unter den Reifen auf die Felge, das Ventil gerade im Ventilloch.

Drücken Sie nun, beim Ventil beginnend, den anderen Draht mit den Daumen über die Felgenkante (notfalls etwas Luft ablassen). Sitzt das Ventil korrekt? Ist der Schlauch nirgends eingeklemmt? Pumpen Sie mit 1,5 bar (20 psi) auf. Liegt der Draht überall parallel zur Felgenkante? Sonst drücken Sie ihn zurecht. Jetzt voll aufpumpen (der empfohlene Druck steht auf dem Reifen), Ventilring und -kappe drauf - und fertig!

Reifen flicken

Wo ist das Loch? Bei prall aufgepumptem Schlauch kann man die herauszischende Luft aufspüren oder unter Wasser an den Blasen erkennen. Markieren Sie das Loch, lassen Sie alle Luft heraus und trocknen Sie den Schlauch. Die Umgebung des Lochs wird doppelt so groß wie der Flicken aufgerauht. Lassen Sie die dünn aufgetragene Gummilösung abtrocknen und legen Sie eine weitere Schicht auf. Ist auch diese trocken, wird die Schutzfolie vom Flicken abgezogen und der Flicken fest aufgedrückt und angerieben. Die Zellophanschicht auf der Oberseite kann jetzt abgepellt werden. Zum Schluß stäuben Sie die Flickstelle mit Talkumpuder ein.

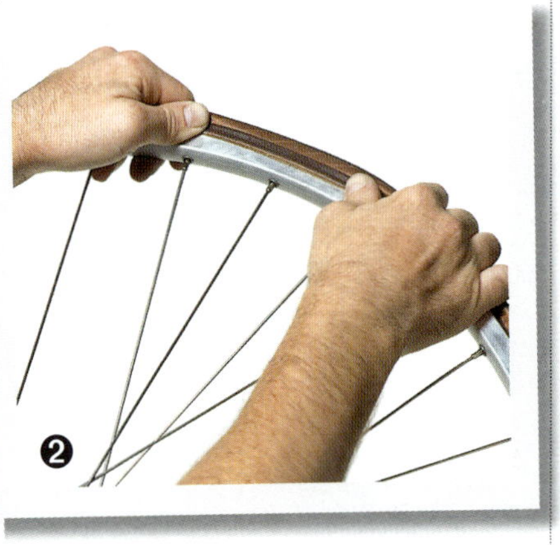

REIFEN AUFZIEHEN ❶ Ziehen Sie erst einen Draht auf, dann den Schlauch, dann den zweiten Draht. ❷ Hierzu benutzt man nur die Daumen, keinen Reifenheber.

REIFEN FLICKEN ❶ Wenn die Lösung berührtrocken ist, kann der Flicken aufgelegt werden. ❷ Die Zellophanschicht wird mittig geknickt und dann von innen nach außen abgezogen.

Schlauchreifen

Neue Schlauchreifen legt man aufgepumpt auf eine unpräparierte Felge, damit sie sich dehnen können. Sie sollten nicht liegen, sondern aufgezogen aufbewahrt werden.

Der Reifen wird mit Reifenkitt auf der Felge fixiert. Sauberer geht es mit doppelseitigem Klebeband, doch für den harten Einsatz ist es weniger tauglich.

Alte Kitt- und Klebebandreste werden mit Lackverdünner entfernt und die Felge mit einer Drahtbürste angerauht. Eine dünne Schicht Kitt kommt ins Felgenbett (aber nicht auf die Bremsfläche!) Nach dem Trocknen wird eine zweite Schicht aufgelegt. Nun den Reifen aufpumpen, bis er gerade rund ist, und innen einkitten.

Wenn nichts mehr klebrig ist, setzen Sie das Ventil in die Felge. Bringen Sie jetzt den Reifen auf, arbeiten Sie sich auf beiden Seiten nach unten. Zum Schluss müssen die Daumen nachhelfen. Ist der Reifen zurechtgedrückt und -gezogen, wird stramm aufgepumpt.
Ein letzter Check: Noch kann korrigiert werden. Vor Benutzung muss das Rad jetzt ein paar Stunden ablagern.

Müssen Sie unterwegs flicken, kann der Schlauchreifen notfalls ohne Extrakitt wieder aufgelegt werden. Fahren Sie sehr vorsichtig, damit er nicht abspringt.

Es ist reichlich kompliziert, einen Schlauchreifen zu flicken. Besser, man lässt es machen.

SCHLAUCHREIFEN AUFZIEHEN

❶ Handschuhe empfohlen: Reifenkitt haftet gut, auch an Ihren Händen.

❷ Unter konstanter Spannung wird der Reifen nach unten aufgezogen.

Schaltung

Schwerfällige oder unpräzise Gangwechsel sind meistens ein Kabelproblem. Springt die Kette ab, liegt es dagegen an der Einstellung des Schaltwerks. Gehen Sie immer in der unten beschriebenen Reihenfolge vor (mehr über die Schaltung auf den Seiten 110/111).

Nehmen Sie das Laufrad heraus und betätigen Sie die Schalthebel. Schaltwerk und Umwerfer müssen sofort und mühelos in beide Richtungen ansprechen. Falls nicht, brauchen Sie neue Schaltkabel (vorausgesetzt, die Komponenten selbst sind in Ordnung). Kabelhüllen sollten jedes Jahr ersetzt werden.

Merken Sie sich vorher, wie das Kabel zum Schaltwerk führt und wie es in der Klemmschraube fixiert wird.

Schalten Sie vorn und hinten auf den kleinsten Kranz, mit den Schalthebeln bis zum Anschlag. Lösen Sie nun die Klemmschraube und ziehen Sie das Kabel heraus.

Die Kabelspannschrauben an Schaltwerk und Unterrohr werden zwei Umdrehungen herausgedreht. Kneifen Sie die benötigte Kabellänge sauber ab und schützen Sie beide Enden durch eine Kappe. Kabel und Nippel werden eingefettet. Fädeln Sie das Kabel am Schalthebel ein und klemmen Sie es am Schaltwerk fest. Zum Schluss den Überstand abkneifen und eine Schutzkappe aufsetzen (s.S. 159)

LINKS: *So wird die Klemmschraube gelöst.* RECHTS: *Die neue Außenhülle so ablängen, dass sie einen sanften Bogen formt.*

Schaltwerk einstellen

Die Stellschrauben an Schaltwerk und Umwerfer begrenzen deren seitliche Bewegung für den höchsten und niedrigsten Gang und sind meistens mit »H« und »L« (high, low) markiert. Bei Shimano liegt die Low-Schraube unten (siehe Foto unten rechts), bei Campagnolo oben.

Die Leitrolle oben am Schaltwerk sollte so dicht wie möglich am

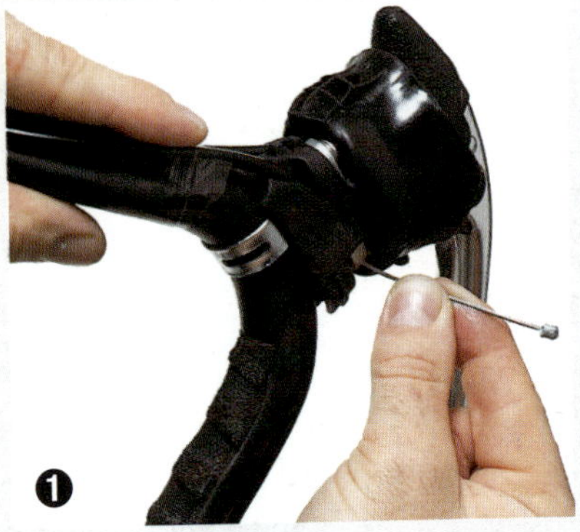

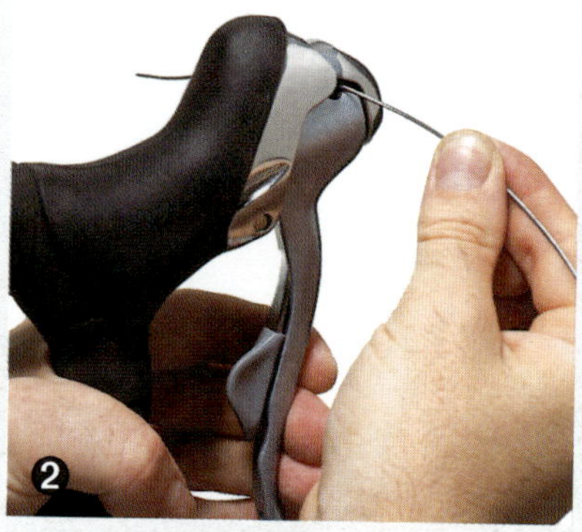

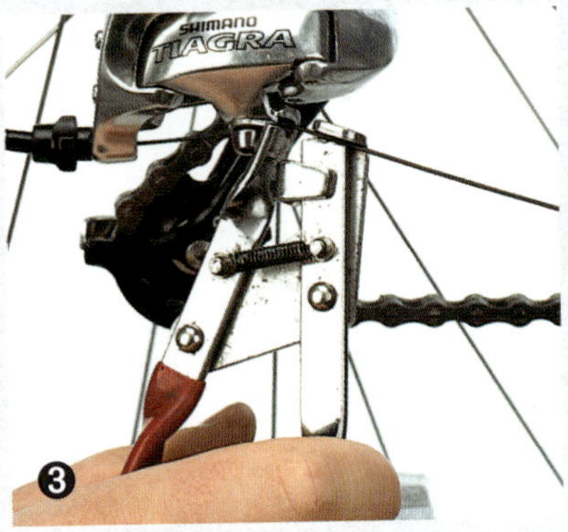

KABELWECHSEL ❶ Bei Campagnolos Ergopower-Hebeln wird unten eingefädelt.

❷ Bei Shimano STI wird das Kabel bei leicht gezogenem Bremsgriff seitlich eingeführt.

❸ Mit einer Kabelspannzange bekommen Sie die richtige Spannung. Dann festklemmen.

LINKS: *L-Schraube eindrehen.*

MITTE: *H-Schraube eindrehen.*

RECHTS: *Durch Herausdrehen der Spannschraube wandert der Indexpunkt nach innen.*

größten Ritzel laufen. Mit der B-Justierschraube lässt sich der Abstand regulieren.

Drehen Sie die L-Schraube ein, bis die Kette kaum noch aufs größte Ritzel will, und dann eine Achtelumdrehung wieder heraus.

Läuft die Leitrolle frei vom kleinsten Ritzel? Ansonsten regulieren Sie mit der B-Schraube nach. Die Spannschraube am Schaltwerk wird ganz hineingedreht, das Kabel lockert sich. Nun die H-Schraube eindrehen, bis das kleinste Ritzel eben noch geschaltet wird, und eine Achteldrehung wieder lösen. Index-Probleme sollten Sie für den Moment ignorieren.

Kabeljustierung

Nach Arbeiten am Schaltwerk oder bei Störungen muss der Index neu eingestellt werden. Mit der Kette auf dem großen Blatt schalten Sie aufs kleinste Ritzel. Geht nicht? Drehen Sie die Spannschraube los, bis es klappt. Das Gleiche machen Sie nun mit dem nächsten Ritzel. Lösen Sie die Spannschraube weiter, bis die Kette am dritten Ritzel rattert, und dann minimal wieder zurück, bis das Geräusch verstummt. Jetzt müsste jeder Gang perfekt einrasten. Sollte das größte Ritzel noch Probleme machen, drehen Sie die L-Schraube minimal heraus, bis es funktioniert.

Umwerfer einstellen

Das äußere Leitblech muss parallel zum großen Kettenblatt stehen und an der engsten Stelle 1-2 mm Abstand haben. Falls nötig, lösen Sie das Kabel und die Klemmschelle am Sitzrohr, rücken Sie den Umwerfer zurecht und fixieren Sie das Kabel wieder. Schalten Sie aufs größte Ritzel. Drehen Sie die L-Schraube des Umwerfers hinein, bis die Kette glatt und ohne am Leitblech zu scheuern aufs kleine Blatt läuft. Tut sie es nur zögernd, muss die Schraube wieder ein Stück heraus. Checken Sie die Kabelspannung: Bei durchgedrücktem Schalthebel muss es gestrafft sein. Jetzt kommt die Kette aufs kleinste Ritzel. H-Schraube eindrehen, bis die Kette nur unwillig aufs große Blatt geht, dann wieder feinregulieren, bis der Umwerfer sauber schaltet.

Bei einer Dreifachgarnitur mit Shimano STI-Hebeln legen Sie mittleres Blatt und größtes Ritzel auf. Justieren Sie mit der Spannschraube am Unterrohr, bis das innere Leitblech 0,5 mm Abstand von der Kette hat.

Beide Begrenzungsschrauben sind gut zugänglich. Die Zuordnung ist von Modell zu Modell unterschiedlich, erschließt sich aber bei genauem Hinsehen ohne Probleme.

Pedale, Kurbeln, Innenlager

Bei Arbeiten am Innenlager oder zum Kettenblattwechsel müssen die Kurbeln abgenommen werden. Tun Sie das nur, wenn es wirklich nötig ist, denn Kurbelgewinde sind sehr empfindlich. Mit losen Kurbeln zu fahren führt unweigerlich zur Zerstörung von Vierkant und Gewinde.

Der Kurbelbolzen lässt sich mit einem speziellen Steckschlüssel oder 8 mm Inbus lösen. Zum Teil muss vorher eine Staubkappe abgehebelt oder -geschraubt werden. Gehen Sie immer sehr vorsichtig mit den Schrauben und Gewinden um!

Vor dem Zusammenbau werden die Vierkantflächen an Kurbel und Tretlagerwelle mit Entfetter gesäubert. Sie werden stets trocken montiert. Bolzen und Zwischenring werden eingefettet und kräftig festgezogen. Staubkappen auch leicht fetten, aber vorsichtig aufdrehen. Auf den ersten 300 km sollten der feste Sitz mehrmals überprüft werden.

Innenlager checken

Ab und zu muss das Lagerspiel geprüft werden. Ruckeln Sie beide Kurbelenden hin und her. Ist ein Spiel zu fühlen, sind entweder die Schraubschalen lose oder die Lagerkassette beziehungsweise die einzelnen Lager reif zum Austausch. Konventionelle Konuslager müssen gelegentlich mit der linken Schraubschale und dem Konterring neu eingestellt oder komplett überholt werden (s.S. 143).

Kettenblätter untersuchen

Verbogene, verschlissene oder beschädigte Blätter lassen die Kette haken, springen oder am Umwerfer schleifen. Achtung: Manchmal scheint das Blatt zu eiern, obwohl nur die Kurbel lose ist. Verbogene Zähne behindern die Kette; sie werden mit einem Rollgabelschlüssel gerichtet. Beim kleinen Blatt geht das meistens nur im Schraubstock.

Kettenblätter wechseln

Merken Sie sich vor dem Ausbau die Lage der Zwischenringe und Distanzhülsen. Alle Befestigungselemente müssen gereinigt und eingefettet werden. Legen Sie die Blätter mit der richtigen Seite nach

LAGERSCHALEN EINSCHRAUBEN

Linke Schraubschalen haben Rechtsgewinde, rechte ein Linksgewinde (italienische und französische: Rechtsgewinde!).

DIE BENUTZUNG DES KURBELABZIEHERS

❶ Der innenliegende Druckstift muss ganz zurückgeschraubt sein. Abzieher äußerst vorsichtig ins Kurbelgewinde drehen und festschrauben.

❷ Druckstift einschrauben, bis der Widerstand überwunden ist und die Kurbel freikommt.

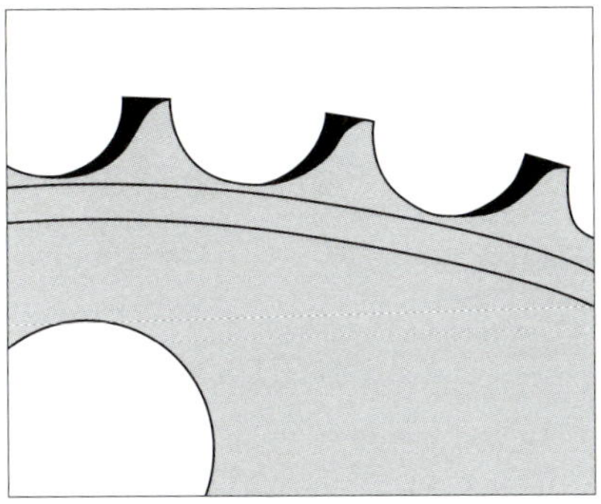

Haifischflossenzähne sind typische Verschleißerscheinungen an Kettenblättern.

KETTENBLATT RICHTEN
Ein leicht verbogenes Kettenblatt läßt sich häufig mit einem Rollgabelschlüssel richten. Vorsichtig arbeiten!

außen auf. Die Schrauben bekommen etwas Schraubenzement (medium) aufs Gewinde und werden dann von Hand eingedreht. Zuletzt ziehen Sie in mehreren Schritten alle Schrauben vorsichtig im Uhrzeigersinn fest.

Pedale

Moderne Klickpedale sind gewöhnlich langlebig und wartungsfrei. Von Zeit zu Zeit muss aber die Verschraubung in der Kurbel kontrolliert werden. Pedale neigen dazu, sich ins Kurbelmaterial einzufressen. Alle rechten Pedale haben Rechtsgewinde und ein eingestanztes »R« oder »D«, alle linken ein Linksgewinde und ein »L« oder »G«. Ein angefastes Gewindeende erleichtert das Einschrauben.

Drehen Sie das rechte Pedal gegen den Uhrzeigersinn ab, das linke umgekehrt. Hier muss viel Kraft aufgewendet werden, bevor sich das Teil ruckartig löst - Vorsicht, dass Sie nicht in die scharfen Zähne rutschen! Geben Sie vor dem Einschrauben etwas Öl oder Wachsspray aufs Gewinde.

Shimano SPD-Pedale sind mit speziellen Konuslagern bestückt. Zur Wartung muss die Achs-Einheit ausgebaut werden (Ausnahmen: M 323 und MM 535). Füllen Sie das Pedal zu einem Viertel mit Fett. Stellen Sie, falls erforderlich, das Lager ein (analog zu Naben und Steuersatz) und montieren Sie das Ganze wieder. Shimano liefert die Pedale komplett mit Spezialschlüssel und Anleitung.

Rastet der Schuh nur mit Schwierigkeiten ein oder aus, reinigt man den Mechanismus mit einer Drahbürste und sprüht ein dickflüssiges Schmiermittel auf. Hilft auch das nicht, müssen die Schuhplatten oder die Rastplatten der Pedale ersetzt werden.

GANZ OBEN: KETTENBLATTSCHRAUBEN LÖSEN Ein Kettenblattschlüssel hindert die Mutter an der Rückseite am Mitdrehen.
OBEN: PEDALE ABNEHMEN Nutzen Sie die volle Hebelkraft. Die Kurbel darf nicht mitdrehen.

Links oder rechts? Eine Markierung am Pedalende gibt Auskunft.

QUIETSCHEN

Störgeräusche wie Quietschen oder Ticken entstehen an Kurbeln, Pedalen, Kettenblattschrauben oder Tretlagerschalen. Trockene Berührungspunkte können die Ursache sein. Tragen Sie beim Zusammenbau einen Hauch Öl auf. Bei den Kurbeln kann das aber nur das äußerste Mittel sein - versuchen Sie erst, sie trocken festzuschrauben.

Bremsen

Um absolut verlässlich zu sein, brauchen Bremsen viel Aufmerksamkeit. Eine Bremse soll weich ansprechen, progressiv verzögern und notfalls massiv zupacken. Dazu muss der Bremsbolzen frei, jedoch ohne Spiel arbeiten, die Räder müssen mittig laufen und die Felgen sauber und gut zentriert sein.

Bremsbeläge sind anfällig gegen Schmutz, der die Felgen abschleift und die Bremswirkung mindert. Entfernen Sie Fremdkörper, besonders bei raspelnden Bremsen. Montieren Sie neue Beläge, wenn die Rillen weggeschliffen sind oder die Kontroll-Linie erreicht ist.

Neue Bremsbeläge müssen sorgfältig ausgerichtet werden. Pfeile werden nach der Drehrichtung des Rades ausgerichtet. Bei asymmetrisch geformten Bremsklötzen gehört die dicke Seite nach unten. Einige Bremsschuhe sind an einer Seite offen, diese muss nach hinten weisen.

Stecken Sie den konischen Zwischenring (falls vorhanden) innen und den flachen außen auf. Mit konischen Ringen können Sie den Bremsbelag vorne 1 mm dichter an die Felge stellen als hinten. Diese Einstellung verhindert Quietschen und Vibrationen und bewirkt eine bessere Verzögerung. Checken Sie, ob der Bremsbelag parallel zur Felge und 1 mm unterhalb der Felgenkante ausgerichtet ist. Ziehen Sie den Haltebolzen fest an.

Probieren Sie, die Bremshebel am Griffkörper herumzudrücken. Sitzen sie fest? Legen Sie eine Leiste über beide Griffe. Läuft sie parallel zum Lenker? Sind die Bremsgriffe schlecht zu erreichen, müssen die Klemmbolzen gelöst, die Griffe neu positioniert und wieder befestigt werden. Aber bitte vorsichtig, damit Sie die Bolzen nicht überdrehen und die Manschette aufbrechen.

Bremszüge wechseln

Die Kabelhülle muss makellos und ohne Knicke sein, das Kabel glatt und unversehrt.

Vor dem Ausbau schrauben Sie die Spannschraube ganz hinein (bei Campagnolo in umgekehrter Richtung als bei den anderen). Die Außenhülle wird auf Maß geschnitten - mit weitem Bogen, jedoch nicht zu lang.

Setzen Sie Metall- oder Plastikhülsen am Übergang der Kabelhülle zum Bremsgriff sowie an

ÄUSSERSTES MITTEL ZUM EINWÄRTSSTELLEN DER BREMSKLÖTZE Biegen Sie die Bremsarme mit einem Rollgabelschlüssel sehr, sehr vorsichtig ein Stück nach innen .
LINKS: *Bremsklotz fixieren.*
UNTEN: *Der Klemmbolzen für den Bremshebel verbirgt sich, wie hier, unter der Hülle oder im Griff.*

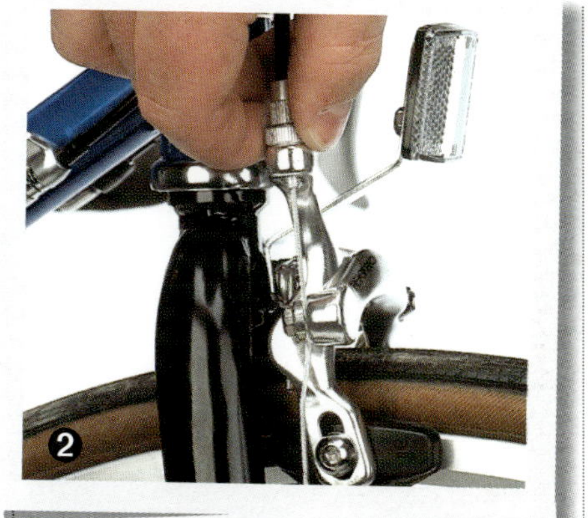

KABELMONTAGE ❶ Die Spannzange ist eine gute Hilfe, um das Kabel unter Zug zu setzen und festzuklemmen. ❷ Die Spannschraube dient der Feineinstellung. ❸ Mit der Kabelzange wird die Außenhülle zugeschnitten und die Hülse aufgeklemmt.

Kabelstoppern und Spannschrauben auf. Fetten Sie den Kabelzug samt Nippel gut ein und schieben Sie ihn durchs System.

Bei geschlossenem Bremsauslöser (s.S. 148) wird das Kabel in die Klemmvorrichtung gesteckt. Steckt die Außenhülle korrekt in ihren Führungen? Setzen Sie das Kabel per Spannzange unter Zug. Geben Sie ein bisschen Luft, bis die Bremsbeläge 1 mm vor der Felge stehen. Anschließend kann das Kabel festgeklemmt werden.

Bremsen Sie zehnmal kräftig an, um das Kabel zu dehnen. Wenn die Bremsbeläge dadurch wieder nach außen gerückt sind, drehen Sie die Spannschraube heraus. Die Bremsklötze sollten rund 2 mm von der Felge entfernt sein. Die gut eingestellte Bremse spricht leicht an, kann kräftig zupacken und hat noch eine Reserve für den Notfall.

Bremse zentrieren

Single-Pivot-Bremsen und Dual-Pivot-Modelle von Campagnolo werden mit einem Konus- oder Spezialschlüssel justiert, der die dafür vorgesehenen Flächen an der Rückseite der Bremse umfasst. Sie können die Bremse auch an dem Haltebolzen verstellen, mit dem sie am Rahmen befestigt ist: Mutter lösen, Bremse zentrieren, Mutter festziehen. Shimano Dual-Pivot-Modelle haben eine Zentriermarke, die nach oben zeigen muß. Die Einstellung erfolgt über den Haltebolzen. Zwecks Feinjustierung wird der Abstand der Bremsbeläge zur Felge mit der kleinen seitlichen Stellschraube reguliert.

BREMSE ZENTRIEREN Entweder nehmen Sie dazu ❶ einen Spezialschlüssel oder ❷ die seitliche Stellschraube bei Shimano Dual-Pivot-Bremsen.

Sattel, Lenker, Steuersatz

Sattelstütze und Sattel müssen unverrückbar festsitzen. Ein plötzliches Wegkippen kann einen Sturz herbeiführen, ein langsames Abrutschen den Sieg kosten. Ein schlecht eingestellter Steuersatz beeinträchtigt das Handling.

Sattelstützen sind berüchtigt dafür, im Rahmen festzugammeln. Reichlich Fett oder Wachs verhindern den Ärger. Stellen Sie die Sattelstütze passend ein, aber nicht über die Sicherheitsmarkierung hinaus: Mindestens 5 cm müssen im Sitzrohr verbleiben. Der Sattel muss parallel zum Oberrohr stehen und wird mit dem gut gefetteten Sattelbolzen befestigt. Die Sattelstütze muss präzise zum Rohrdurchmesser passen - zu Ihrer Sicherheit und um den Rahmen nicht zu beschädigen.

Öffnen Sie die Patenthalterung und schieben Sie den Sattel zurecht. Bei geradestehendem Fahrrad gibt eine Wasserwaage die Gewähr, dass der Sattel waagerecht ausgerichtet ist. Einige Halterungen haben Einkerbungen, die eine Feinjustierung verhindern. Schrauben Sie den eingefetteten Bolzen sehr fest. Sind zwei Bolzen vorhanden, werden sie im Wechsel angezogen. Beachten Sie dabei, dass der Sattel sich immer zum gerade angezogenen Bolzen neigt.

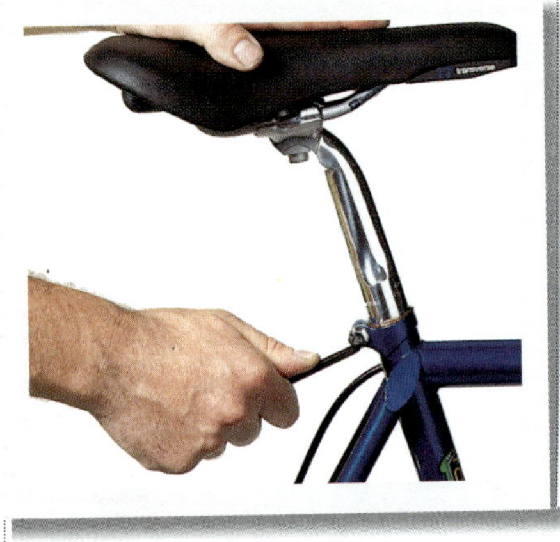

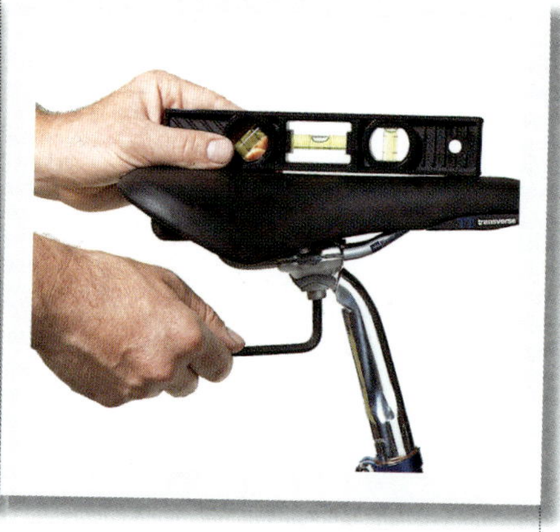

SATTELSTÜTZE EINSTELLEN
Sorgen Sie für festen Sitz, ohne die Klemmschelle überzustrapazieren.

Die Wasserwaage hilft bei der Satteljustierung.

Lenker einstellen

Bei einem konventionellen Steuersatz schrauben Sie den Vorbauklemmbolzen

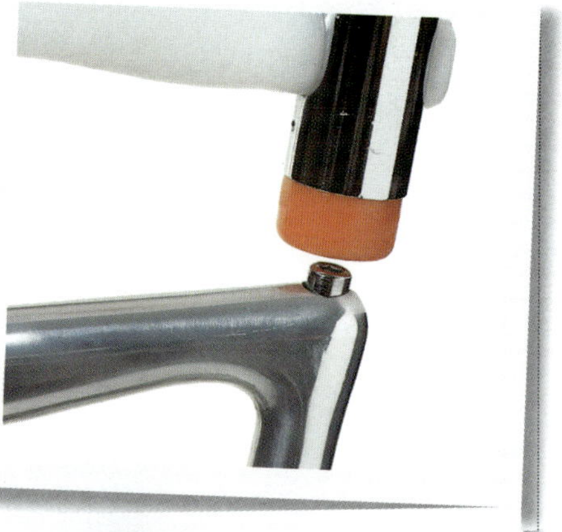

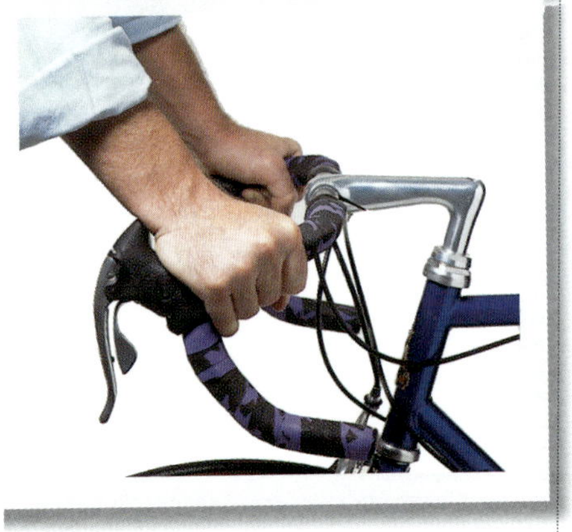

OBEN: VORBAUBOLZEN LÖSEN Ein Kunststoffhammer hilft nach.
UNTEN: LENKERWINKEL EINSTELLEN Testen Sie mit roher Kraft, ob der Lenkerbügel bei einem Fahrbahnstoß nicht nach unten abkippen kann.

ungefähr 5 mm heraus. Ein scharfer Schlag mit dem Kunststoffhammer hilft, den Klemmkonus im Gabelschaftrohr zu lösen. Mit Drehen und Ziehen kann nun die Vorbauhöhe eingestellt werden. Sonst überzeugen Sie ihn mit MOS_2-Öl oder PlusGas. Präparieren Sie den Vorbauschaft mit Sprühwachs oder Fett und stellen Sie die richtige Höhe ein. Achten Sie auf die Grenzmarkierung. Ziehen Sie den Bolzen an und reißen Sie zur Kontrolle kräftig am Lenker.
Bei gewindelosen Steuersätzen wird die Lenkerhöhe durch das Versetzen von Unterlegscheiben justiert. Wenn der dadurch mögliche Verstellbereich nicht

KONVENTIONELLEN STEUERSATZ JUSTIEREN
Die einstellbare Lagerschale wird mit einem flachen Schlüssel gehalten, der zweite Schlüssel löst die Kontermutter.

GEWINDELOSEN STEUERSATZ JUSTIEREN
Der Inbus-Bolzen in der Einstellkappe verändert das Lagerspiel. Die Einstellung wird mit den Vorbau-Klemmbolzen gesichert.

ausreicht, muß ein anderer Vorbau mit passender Steigung montiert werden. Um die Scheiben umzusetzen, müssen der Einstellbolzen und die -kappe sowie etwa darunter angeordnete Scheiben komplett entfernt werden. Lösen Sie dann die Vorbauklemmbolzen und ziehen Sie den Vorbau nach oben ab. Entsprechend der angestrebten Höhenkorrektur müssen nun mehr oder weniger Scheiben als vorher unter den Vorbau gesetzt werden, alle anderen gehören darüber. Die Gesamtzahl darf nicht verändert werden. Nun werden Einstellkappe und -bolzen wieder montiert, dann wird der Steuersatz neu justiert.

Um den Lenkerwinkel bei beiden Arten von Steuersätzen zu verändern, wird die Klemmschelle geöffnet. Lenkerstellung korrigieren, dann den Bolzen fetten und vorsichtig wieder festziehen.

Steuersatz justieren

Die Gabel muss sich frei, aber ohne Spiel drehen können. Versuchen Sie zur Kontrolle, das Fahrrad mit angezogener Vorderradbremse vor- und rückwärts zu ruckeln. Hierbei darf kein Spiel am Steuersatz spür- oder hörbar werden. Das Einstellen des Steuersatzes erfordert etwas Geduld. Bei konventionellen Sätzen halten Sie die obere Lagerschale mit einem Schlüssel fest und lösen den Konterring. Ist das Lagerspiel eingestellt, halten Sie die Lagerschale fest und ziehen den Konterring dagegen. Sollten alle Bemühungen nicht zum Erfolg führen, werden Sie den Steuersatz überholen oder ersetzen müssen.

Bei gewindelosen Steuersätzen lösen Sie zuerst die Vorbauklemmbolzen um eine Umdrehung. Dann ziehen Sie den Einstellbolzen an, bis kein Spiel mehr fühlbar ist. Nun die Klemmbolzen wieder festziehen und prüfen, ob die Gabel jetzt frei aber ohne Spiel dreht.

LENKERBAND WICKELN ❶ Lassen Sie 1 cm überstehen, das Ende wird später eingesteckt. ❷ Um die Umgebung der Bremse abzudecken, kann ein »Achter« nötig sein. ❸ Fixieren Sie das Band links und rechts der Lenkerklemmung.

Nach einem Sturz

Im dem Moment, wo Sie die Maschine aus dem Straßengraben sammeln, sieht der Schaden vielleicht nicht groß aus. Untersuchen Sie auf jeden Fall das Rad mit Sorgfalt. Diese Checks sind auch beim Kauf eines Gebrauchtrades nützlich.

Vergewissern Sie sich, dass korrekt zentrierte Laufräder mittig in Rahmen und Gabel sitzen.

Sollte das Velo die geringste Tendenz zeigen, von der Geradeausfahrt abzuweichen, so ist das ein klares Anzeichen: Hier stimmt etwas nicht. Fühlen Sie sich sicher genug, fahren Sie ein Stück freihändig. Checken Sie das ganze Rad, speziell die Unterseiten von Ober- und Unterrohr. Gibt es dort, wo sie auf den Steuerkopf treffen, Ausbuchtungen oder Falten? Prüfen Sie, ob alle Rahmenrohre auf ganzer Länge gerade sind. Viele Schäden sind mit bloßem Auge kaum zu erkennen, aber mit den Fingerspitzen gut zu erfühlen. Abgeplatzter Lack ist ein eindeutiges Symptom.

Sitzrohr und Steuerkopf müssen in Flucht stehen. Stellen Sie sich leicht seitlich vors Rad, kneifen Sie ein Auge zu und visieren Sie am Steuerkopf vorbei zum Sitzrohr. Eine an den Steuerkopf gelegte gerade Kante kann die Peilung erleichtern.

Überprüfen Sie die Sitzstreben, indem Sie sich hinters Rad stellen und beide miteinander vergleichen. Das hintere Rahmendreieck muss ebenfalls in Linie mit dem übrigen Rahmen stehen. Spannen Sie einen dünnen Draht von beiden hinteren Ausfallenden zum Steuerkopf und messen Sie den Abstand auf beiden Seiten. Die Differenz sollte nicht mehr als 3 mm betragen.

Vergleichen Sie die Gabelscheiden. Stehen sie parallel, sehen sie spiegelbildlich identisch aus? Schauen Sie die geradeausgestellte Gabel von der Seite an. Denken Sie sich eine Linie durch die Mitte von Steuerkopf und Gabelscheide. Folgt die Gabel dieser Ideallinie oder ist sie nach hinten gebogen? Heben Sie das Laufrad an und bewegen Sie den Lenker nach links und rechts. Wenn der Steuersatz auf der einen Seite klemmt und auf der anderen frei dreht, könnten der Gabelschaft oder der Steuerkopf beschädigt sein.

Lenker, Vorbau und Bremshebel werden häufig verbogen - checken Sie sie aus allen Blickwinkeln. Die Kurbeln und Pedale werden untersucht, indem Sie direkt über die Tretlagermuffe schauen. Die Pedalachsen müssen an jedem Punkt der Kurbelumdrehung parallel zur Tretlagerwelle stehen. Die Laufräder könnten beschädigt sein. Richten Sie Ihr Augenmerk besonders auf eingedellte Felgen und lose Speichen, ebenfalls auf Einkerbungen in Verbindung mit einem Plattfuß. Nicht leicht zu erkennen sind auch Schäden am Sattelgestell und an den Bügeln der Felgenbremse.

Das Schaltauge am rechten Ausfallende ist besonders anfällig, ein verschrammtes Schaltwerk spricht Bände... Wenn jetzt die Indexfunktion trotz aller Justierungen (s.S. 154-155) streikt, müssen Sie das Ausfallende in der Werkstatt richten lassen.

Glossar

Aero(-Helm, -Laufräder etc)
Abkürzung für aerodynamisch; wird bei allen speziell auf ihre Aerodynamik hin geformten Komponenten des Fahrrades und des Zubehörs benutzt

Anodisierung
Schutzbehandlung von Aluminium und Aluminiumlegierungen, erzeugt eine gehärtete Oberfläche

Audax
lizenzfreie Radsportveranstaltung, bei der meist die Absolvierung einer längeren Strecke innerhalb eines vorgegebenen Zeitlimits das Ziel ist

Ausbrecher
Einzelfahrer oder Gruppe, der/die versucht, sich vom Feld abzusetzen

Bidon
französische Bezeichnung für die Trinkflasche des Radsportlers

Domestike
Fahrer im Team, dessen Aufgabe es ist, den Teamchef zu unterstützen

Drahtreifen
der normale Fahrradreifen, dessen Mantel als zur Felge hin offene Hülle mit beidseitiger Drahtverstärkung in die Felge eingelegt und vom Druck des aufgepumpten Schlauches dort fixiert wird

Duathlon
kombinierter Wettbewerb aus Laufen und Radfahren

Entfaltung
einer bestimmten Zahnradpaarung (Gang) zugeordnete Entfernung, die das Rad bei genau einer Pedalumdrehung zurücklegt (Berggänge haben eine kleine, Schnellgänge eine große Entfaltung)

Ergopower
kombinierte Brems-/Schaltgriffe von Campagnolo und Sachs

Feld
Hauptgruppe eines Radrennens, auch Peloton genannt

Giro
(italienisch für Tour) Der Giro d'Italia ist nach der Tour de France das zweitwichtigste Ereignis im Straßenrennsport.

Grenzbereich
äußerste Belastung, die ein Sportler über längere Zeit ohne Zusammenbruch aufrechterhalten kann

Hungerast
Leistungseinbruch/Schwächeanfall auf Grund von fehlenden Kalorien

Kadenz
Anzahl der Pedalumdrehungen pro Zeiteinheit, üblicherweise in Minuten angegeben (auch: Trittfrequenz)

kardiovascular
das Herz/Kreislaufsystem betreffend

Kassette
Gruppe der Ritzel (Zahnräder) am Hinterrad, heute meist zusammengesteckt, im Gegensatz zum früher üblicheren geschraubten Ritzelpaket

Kriterium
kurzes, schnelles Rundkursrennen, findet meist auf dafür abgesperrten innerstädtischen Straßen statt

Low-Profile-Rad
Zeitfahrmaschine mit abgesenktem Vorbau, häufig auch kleinerem Vorderrad

Maglia rosa
Rosa Trikot des im Gesamtklassement führenden Teilnehmers des Giro d'Italia

Maillot jaune
Gelbes Trikot des im Gesamtklassement führenden Teilnehmers bei der Tour de France

Monocoque
bedeutet im Fahrradbereich eine als Einheit konstruierte Rahmenform, meist aus Kohlefaser-Verbundstoffen

oversized
übergroß; im Fahrradbereich sind besonders stark dimensionierte Rahmenrohre gemeint, die vor allem bei Aluminiumrahmen verwendet werden (Rohre mit größerem Durchmesser können sehr dünn gezogen werden, Ziel ist Gewichtsersparnis und Gewinn an Steifigkeit)

Pedalhaken
Vorläufer der Click-Pedale, außerhalb der Renn-Szene immer noch zu finden: am Pedal montierter Bügel, der den Vorderfuß umschließt, wird mit ein oder zwei verstellbaren Riemen festgezogen

Peloton
Hauptgruppe beim Radrennen

Radmarathon
RTF-Fahrten ab 200 km (bei bergiger Strecke auch ab 150 km), siehe Audax

Rahmengeometrie
Maßverhältnisse und Winkel der einzelnen Rahmenteile untereinander, für die besonderen Fahreigenschaften (Stärken und Schwächen) des jeweiligen Fahrrades verantwortlich

Randonée
siehe Audax

RTF
Abkürzung für Radtouristikfahrt; lizenzfreie Radsportveranstaltung (siehe Audax)

Schlauchreifen
klassischer Rennreifen, bei dem der Schlauch in den Mantel eingenäht ist; wird mit speziellem Klebstoff (Kitt) auf der Felge fixiert

STI
Abkürzung für Shimano Total Integration: kombinierte Brems-/Schaltgriffe des japanischen Herstellers

Triathlon
kombinierte Ausdauersportart aus Schwimmen, Laufen und Radfahren

Wiegetritt
pedalieren im Stehen

Index

L

M

N

O

P

Q

R

S

DANKSAGUNG

Der Verlag dankt folgenden Herstellern und Händlern für die Leihgabe von Fahrradkomponenten und Zubehör zur Illustration dieses Buches:
Argos Racing Cycles: Rahmenrohre und -muffen; **Blue Ridge:** Look-Pedale, verstellbarer Vorbau; **Briko (Jim Walker):** Sonnenbrillen; **Cambrian Tyres:** Continental-Reifen; **Campagnolo SLR:** 10-fach Gruppe Record; **Caratti Sport Ltd:** Litespeed-Titanrahmen; **Dave Bater Cycles, Bristol:** Bianchi-Rennrad mit gewindelosem Steuersatz; **Geoffrey Butler Cycles:** Bahnsportrad, Campagnolo-Komponentengruppe; **Ison Distribution:** verschiedene Werkzeuge; **Madison Cycles Plc:** Park Tools Werkzeug und Montageständer, Wasserflaschen und -halter; **Mavic:** Räder und Felgen; **MET:** Helme; **Raleigh Industries Ltd:** Raleigh-Fahrräder, Teile und Zubehör; **RJ Chicken & Sons Ltd:** Time-Pedale, TA-Kurbelsatz; **Royce UK Ltd:** Titan-Tretlager; **St. John Street Cycles:** Cannondale-Fahrrad; **SBC (UK) Ltd:** Specialized-Laufrad; **Scott UK:** Scott-Triathlonrad; **Sonic Cycles:** Primax-Steuerlager; **Trek USA:** Trek-Fahrrad; **USE:** Sattelstütze; **Velo Direct:** HED-Scheibenrad. Weiterer Dank gilt den Firmen Select Cycle Components und Karrimor (John North), sowie Michael Elson und Mark Creaby.

Ben Searle bedankt sich bei Mike Burrows und Greg Fuquay für spezielle technische Informationen, bei Russell Gasser für mitternächtliche Fachgespräche und bei Hilary Stone. Steve Thomas dankt Clive Powell und Martin Earley für ihre Unterstützung.

Abbildungen auf dem Umschlag: Titelmotive und Rückseite oben links: Daniel Kraus; Rückseite oben rechts: Jan Greune, übrige drei Motive: Nick Pope.

Bildnachweis (o = oben, u = unten, l = links, r = rechts, m = mitte):
ALLSPORT: Graham Chadwick: 24o / **Chris Cole:** 49u / **Jim Gensheimer:** 44, 45o / **Gary Newkirk:** 34o, 107m / **Richard Martin:** 41ol / **J. Olivares Jr:** 104 / **Mike Powell:** 21r / **Pascal Rondea:** 42l / **Matthew Stockman/USA:** 46r / **Vandystadt:** 22o
CARATTI SPORT LTD: 127 **OPEN ROAD: Sue Darlow:** 101or **PHOTOSPORT INTERNATIONAL: J. Coles**: 27o, 29ol, 48u / **Tim Hughes:** 25l&ur / **M. Navratilova:** 10, 16r, 40, 129o / **J. Pierce:** 4, 5, 12m, 13o, 14(x3), 15(x4), 18, 22u, 27ur, 29ul, 28m, 30or, 31or, 35o, 36o, 38, 40, 41r(x2), 42or, 43(2x), 48o, 52, 54or, 55, 91, 113, 136(x2), 137r(x2), 137o, 138m, 143, 162(x2) / **Bob Timoney:** 17l, 19o, 27ol, 53, 54
SELECT CYCLE COMPONENTS: 105 **ROBERT SMITH:** 90o, 91u, 99u, 101m, 117l, 134 **HILARY STONE:** 88(3x), 90u, 94o, 102, 103o, 105lo&ro, 106, 108(8x), 109(5x) außer or, 111, 117r(4x), 125u, 126ul&um, 128(2x), 129, 154ml&mr, 155(5x), 157ml, 158ml, 159ol, or&mr, 161or **STEVE THOMAS:** 24u, 25or, 28o, 45u, 58, 61, 62, 63(x2), 65, 72, 73, 75, 76, 77, 84, 85(x2), 118, 128, 129m(x2), 138o, 139r(x2), 139l
STOCKFILE: Steven Behr: 29r, 30(x3), 31(x3), 32(x3), 33(x3), 34(x3), 35(x3), 36(x3), 37(x3), 66, 67(x2), 74, 81, 86(x2), 87(x2), 89, 95, 96ul, 97, 129, 132-133(x4), 134r, 135(x3), 139l **GRAHAM WATSON:** 9l, 11(x2), 12or, 13u, 17r, 19u, 20, 23(x2), 26, 32o, 33o, 37o, 46l, 47(x3), 49o, 116, 124 **Alle anderen von NICK POPE**